De Benedicto a Francisco

FRAGMENTOS, 18

Arturo San Agustín

DE BENEDICTO A FRANCISCO

UNA CRÓNICA VATICANA

FRAGMENTA EDITORIAL

Publicado por FRAGMENTA EDITORIAL, S.L.L.
Plaça del Nord, 4, pral. 1.ª
08024 Barcelona
www.fragmenta.es
fragmenta@fragmenta.es

Colección FRAGMENTOS, 18

Primera edición MARZO DEL 2013

Producción editorial IGNASI MORETA
Producción gráfica INÊS CASTEL-BRANCO

Impresión y encuadernación ROMANYÀ VALLS, S.A.

© 2013 ARTURO SAN AGUSTÍN
por el texto

© 2013 FRAGMENTA EDITORIAL
por esta edición

Depósito legal B. 9.030-2013
ISBN 978-84-92416-72-1

PRINTED IN SPAIN

I

—Algunos palacios parecen más palacios por fuera que por dentro.

—¿También los del Vaticano?

—Sobre todo los del Vaticano. El cine ha creado muchas falsas imágenes. Monseñor Lucio Ángel Vallejo Balda, el secretario de la prefectura de Asuntos Económicos de la Santa Sede, dijo no hace mucho que sobre el Vaticano se escriben muchas novelas, provocadas, a veces, por la falta de información. Y admitió que, aunque es muy cierto que el Vaticano resulta fascinante, también lo es que, aunque parezca lo contrario, es mucho más simple de lo que muchos imaginan.

—¿Y está usted de acuerdo con él?

—Absolutamente.

Eso fue lo que me dijo hace unos meses un noble romano minutos antes de que me dirigiera al Trastevere, al Palazzo de San Calisto, para saludar a monseñor Miquel Delgado, subsecretario del Consejo Pontificio para los Laicos.

Al llegar al piso donde está ubicado su despacho laboral lo primero que me llamó la atención del busto que se exhibe en un oscuro pasillo fue el tamaño de la mitra. Parece exagerado. Sin duda el artista quiso transmitir la idea de que su peso es también excesivo, casi insoportable. Porque parece como si literalmente esa mitra aplastara a su usuario obligándole a torcer el cuello y la cabeza. Luego, transcurridos los primeros segundos, mientras seguía observando el busto del papa Pablo VI, concluí que el escultor, Floriano Bodini, supo realmente contar la dureza de un papado.

El Palazzo de San Calisto, pese a estar ubicado en el barrio del Trastevere, es territorio vaticano y es la sede del Consejo Pontificio para los Laicos, dicasterio que asiste al Sumo Pontífice en todas las cuestiones que tienen que ver con el aporte que los fieles laicos dan a la vida y la misión de la Iglesia.

Y ahora mismo, mientras desayuno en un café de París y me entero por los subtítulos que aparecen en la pantalla de un televisor con el sonido apagado que el papa Benedicto XVI ha decidido renunciar, vuelvo a recordar aquel busto de Pablo VI.

2

—Frates carissimi: *Non solum propter tres canonizationes ad hoc Consistorium vos...*

No todos los periodistas acreditados ante la Santa Sede están cubriendo en estos momentos el acto que se está celebrando en la Sala del Consistorio de los Palacios del Vaticano. Se trata de un acto más, de un consistorio para el voto de la causa de canonización de tres beatos.

Uno de ellos es Antonio Primaldo, sastre italiano nacido en Otranto en 1400 y que, ochenta años después, fue decapitado por los turcos al negarse a renunciar a su fe cristiana. Con él fueron también decapitadas setecientas noventa y nueve personas más.

En Roma, este lunes, 12 de febrero del 2013, el día ha amanecido gris. Y una de las periodistas que no ha considerado menor, informativamente hablando, el consistorio que está presidiendo en estos momentos el papa Benedicto XVI es Giovanna Chirri, veterana redactora de la agencia italiana de noticias ANSA.

Son las 11:46. De repente, Giovanna Chirri cree escuchar algo imposible y nota que sus piernas comienzan a temblar. Se ajusta las gafas, reflexiona, traga saliva y sí, admite que lo que acaba de decir Benedicto XVI en latín es que renuncia a seguir siendo papa. Giovanna Chirri sabe latín y, además, eso cree ella, el latín del papa alemán se entiende muy bien.

—Os he convocado a este consistorio no solo para las tres causas de canonización sino también para comunicaros una decisión de gran importancia para la vida de la Iglesia. Después de haber examinado ante Dios reiteradamente mi conciencia he llegado a la certeza de que, por la edad avanzada, ya no tengo fuerzas para ejercer adecuadamente el ministerio petrino.

La periodista Giovanna Chirri ha entendido inmediatamente lo que acaba de decir Benedicto XVI. Lo ha entendido mucho antes que algunos de los cardenales presentes en la sala. También lo ha entendido enseguida el director del coro de la Capilla Sixtina, Massimo Palombella, que ha alertado en voz baja a sus componentes. Así lo contará a un periódico peruano el barítono de esa nacionalidad, Augusto Garay, según el cual algunos cardenales no dominan demasiado el latín. Quizá el barítono exagera o quiere presumir ante sus compatriotas de que él sí lo domina.

Pocas horas después, el decano del Colegio Cardenalicio, Angelo Sodano, llamado el Diplomático, definirá muy bien el impacto, la conmoción que han provocado las palabras de Benedicto XVI.

—El anuncio de la renuncia de Benedicto XVI ha sido como un rayo en un cielo sereno.

Alessandro di Meo es uno de los fotógrafos que, segundos después de conocerse la noticia de la renuncia del papa Benedicto XVI, se ha dirigido a la plaza de San Pedro. Sabe que el papa alemán no se asomará a la ventana de sus aposentos privados, pero solo los fotógrafos de prensa o fotoperiodistas, como algunos gustan de definirse, siguen teniendo esa cualidad sin la cual el periodismo no existe: la tenacidad, la confianza en que la oportunidad, la foto, les puede salir al encuentro. Y para que eso sea posible, para atrapar, para cazar la foto, hay que estar donde está la noticia, que nunca está en las redacciones de los periódicos o las televisiones.

Alessandro di Meo observa el cielo romano o vaticano, comprueba que amenaza tormenta, ve un primer relámpago y piensa que quizá tendrá suerte.

Varias horas después, esas largas horas del cazador, a las 19:30, la tormenta le regala al fotógrafo lo que estaba esperando: un rayo impacta contra la cúpula de la basílica de San Pedro. El tiempo de exposición ha sido de 8 segundos y no ha apoyado la cámara en un trípode sino en una de esas vallas que, en determinados días, también en la plaza de San Pedro, sirven para contener o distribuir a los turistas y a los fieles.

El rayo que acaba de fotografiar Alessandro di Meo es tan oportuno, tan perfecto, que horas después, cuando la instantánea dé la vuelta al mundo, algunos lo acusarán de haber realizado un montaje. Otros fotógrafos, también presentes en la plaza de San Pedro en estos momentos, no han tenido tanta suerte. Uno de ellos ha cazado también al rayo, pero horizontalmente, y por eso se lamenta. Sabe por experiencia que cuando llegue a su diario los compañeros de maquetación le dirán que esa horizontalidad le quita mucha fuerza a la instantánea y por eso no merecerá aparecer en la portada.

Alessandro di Meo ha tenido suerte: su foto es vertical.

No solo esos aficionados a lo apocalíptico, mercaderes de profecías y vendedores de misterios a granel utilizarán esa foto como un signo, como una señal, como un aviso, como un presagio. Después de ese rayo, incluso algunos de los periodistas católicos más influyentes en el Vaticano están pensando en estos momentos en el popular Malaquías, que aunque se le tenga por santo no lo es, pero que da igual porque siempre se recurre a él cuando muere un papa.

Esta tarde, pese a la lluvia, entran y salen muchos periodistas de los estudios de Radio Vaticana, cuyo director es el también portavoz vaticano y jesuita Federico Lombardi. Esos estudios y sus oficinas parecen la ONU, algo que suele suceder en casi todas las dependencias de la Iglesia católica en Roma y, sobre todo, en el Vaticano. Indios, colombianos, keniatas, tamiles, croatas, argentinos, mexicanos, alemanes, irlandeses, españoles, nigerianos, polacos, brasileños, chinos, etcétera.

Radio Vaticana emite en más de treinta idiomas. También en tigriña, que es una lengua que se habla en Etiopía.

Un periodista italiano, que quizá sea también sacerdote, habla por teléfono con alguien que le ofrece algo que no parece entusiasmarle o tal vez no le concede demasiada credibilidad.

—¿Me estás diciendo que conoces a alguien que está escribiendo un libro que vincula la renuncia de Benedicto XVI con el tercer secreto de Fátima? ¿Que ya lo ha escrito? ¿Y dices que es profesor en la universidad?... No sé qué decirte. ¿Y cuándo sale ese libro?

Dos semanas después alguien será noticia con un libro que sostiene ese mismo argumento, pero eso aún no ha sucedido.

Lo único cierto o real es que en el vestíbulo de Radio Vaticana, peleándose con dos o tres teléfonos móviles, puede verse muchas veces a la periodista española Paloma Gómez

Borrero, a quien un colega de la BBC me definió en cierta ocasión como «el mejor atajo» si tienes que transitar por el Vaticano.

Cambian los papas, pero Paloma, a su manera, permanece.

Pero esta tarde-noche, la del rayo caído en la cúpula de la basílica de San Pedro, la de la renuncia de Benedicto XVI, Paloma Gómez Borrero está muy afectada.

También ella esta mañana estaba presente en la Sala del Consistorio, pero parece confundir las horas y en estos precisos instantes, a través de una radio nocturna, ignoro si en directo o en diferido, cuenta que el rayo cayó sobre la cúpula de la basílica de San Pedro minutos después del anuncio de la renuncia papal.

—Pues no sé… Pensando en un papa que renuncia, aunque tenga todo el derecho a renunciar, pues no sé… piensas… no sé… piensas que quizá sí que ese rayo ha sido un signo, pero en fin… Yo creo que el papa renuncia, pero no huye. Y fíjate, yo intuía que iba a pasar algo parecido a lo que ha pasado. Lo digo porque veía como menguaba su fuerza física, como se iba reduciendo, como se iba consumiendo. Se estaba quedando pequeñito. Y ese ojo nublado que tiene y que se le iba poniendo gris, velado…

A Paloma Gómez Borrero algunos de los periodistas italianos más veteranos y corresponsales españoles más jóvenes la llaman cariñosamente la Abuela. Y, casi todos, la consideran un símbolo creado por el papa polaco.

Paloma Gómez Borrero sabe que ya casi nada es igual que cuando vivía su muy querido Juan Pablo II. Antes, durante los vuelos de los viajes papales, el pontífice abandonaba su butaca, se dirigía a la parte del avión que ocupaban los periodistas y los saludaba uno por uno. Cuando el papa polaco ya tenía problemas de movilidad respondía sentado, desde su butaca, pero siempre tenía una atención especial con la periodista española. O sea, que cuando el entonces portavoz Joaquín Navarro-Valls decía que se habían acabado las preguntas, Juan Pablo II, con el micrófono en la mano, replicaba:

—No, no. Paloma sí puede preguntar.

El periodismo sabe que, en materia de cardenales papables, casi nadie acierta en sus vaticinios, sobre todo los que presumen de estar mejor informados. Pero pese a esa terca realidad el periodismo sigue insistiendo. Además, cuando muere un papa o, como en este caso, renuncia y no se sabe qué preguntar a un cura, obispo o teólogo popular, que es algo que suele pasar muy a menudo, sobre todo en España, en tiempos de cónclave siempre se acaba preguntando por los cardenales favoritos. Y también Paloma Gómez Borrero los tiene.

—Yo creo que los cardenales intentarán que el nuevo papa sea italiano. De los italianos se habla mucho de Angelo Scola, arzobispo de Milán, pero aunque solo tenga 71 o 72 años yo lo veo ya muy mayor. Yo vería más a Angelo Bagnasco, que es el presidente de la Conferencia Episcopal Italiana. Es un hombre muy válido. También me gusta Mauro Piacenza, el prefecto de la Congregación para el Clero. Ah, y tengo a mis americanos. Entre ellos a un capuchino de Boston, que a mí me recuerda mucho a Francisco de Asís.

Quizá se refería al barbado cardenal de Boston, Sean Patrick O'Malley.

No sé por qué, pero en estos momentos acude a mi mente la imagen de cierto salesiano español, ya fallecido, secretario personal de un influyente cardenal de la curia romana, que en una ocasión me dijo:

—No hay cardenales progresistas y conservadores. Solo hay cardenales, pero esto los periodistas no lo queréis entender.

—Yo tenía entendido que solo hay cardenales de derechas y de muy de derechas.

Aquel diligente secretario, buen cura y buena persona, negó con la cabeza.

No habrá cardenales progresistas, pero a Carlo Maria Martini, que afirmaba que cada uno guarda en su interior a un creyente y a un no creyente que se interrogan recíprocamente, se le tenía por progresista. Un cardenal progresista, aquel Martini elegante y solo derrotado por el Parkinson, que se despidió diciendo o escribiendo: «He llegado al tiempo en el cual la edad y la enfermedad me envían una clara señal de que es hora de apartarse de las cosas de la Tierra para prepararme a la próxima llegada del Reino. Prometo mis oraciones para todas vuestras preguntas no contestadas.»

¿De qué hablarían el papa Benedicto XVI y aquel cardenal con fama de progresista cuando se reunieron por última vez en Milán hace solo unos meses?

3

Sor Carmen se acerca decidida a sus noventa años. Es una monja navarra que pertenece a las Hermanas de la Concepción, congregación fundada en Mataró por la francesa Alfonsa Cavin y cuyo objetivo fue escolarizar a niñas pobres y huérfanas. Pero la demografía, sobre todo en Europa, a veces obliga a cerrar colegios por falta de alumnos. Por eso sor Carmen trabaja desde hace muchos años en una residencia para peregrinos ubicada cerca del Vaticano, en Via Monti di Gallo. Una residencia austera, pero limpia y cálida.

Mientras observo a sor Carmen, simpática, menuda, activa y sonriente, pienso que solo se puede llegar a viejo así: conservando la mirada y la sonrisa de cuando eras niño o niña, si es que se ha tenido una infancia más o menos feliz, porque tampoco conviene idealizar la infancia.

—Obedecer es muy fácil. Se trata de no querer mandar. Así de sencillo. Entendámonos: obedecer por amor a Dios, claro. Y, hombre, pues no se puede negar que a veces tienes tus días con sombra, pero con fe eso solo dura un rato. Como todas las tormentas.

—¿Y el rayo…?

—Un rayo.

—¿Y lo del papa?

—Pues Dios sabrá. Dios lo sabe todo.

Sor Carmen ha tenido muchos hermanos y quizá por eso y porque su padre siempre pensó que alguno de sus hijos acabaría en la Iglesia no tuvo problemas cuando decidió hacer público que quería meterse a monja.

—Cuando se lo dije a mi padre me sorprendió diciendo que le daba una alegría porque él siempre había querido que uno de sus hijos fuese cura o monja. No tuve, pues, problemas.

La residencia en la que trabajan sor Carmen y varias monjas más, entre ellas una nacida en Morella, Castellón, ha conocido ilustres visitantes. Sobre todo en los tiempos del Concilio Vaticano II. Pero entonces, Juan Pablo II solo era un prelado polaco llamado Karol Wojtyła y Benedicto XVI un teólogo que respondía por Joseph Ratzinger.

El arzobispo Justo Mullor, que ha sido nuncio apostólico en varios países, observador permanente en el Consejo de Europa y Naciones Unidas, presidente de la escuela diplomática de la Santa Sede y miembro de la Congregación de los Santos, era entonces, cuando él y sor Carmen eran jóvenes, un cura andaluz y un hijo único muy orgulloso de su madre. Justo Mullor no ha llegado a cardenal por decir la verdad y en su momento, que ese es el mérito.

—Fíjese si han pasado años y aún me acuerdo de la madre de don Justo. Era una mujer muy guapa: rubia, con ojos azules. Y mire si el mundo ha dado vueltas desde entonces. Él ha llegado muy alto y yo sigo aquí. Pero ya se lo he dicho antes: obedecer, por amor a Dios, es muy fácil.

—Cuando visite a don Justo le daré recuerdos de usted.

—Hágalo, sí. ¿Cuándo lo visitará?

—Un día de esta semana. Don Justo suele decir que Dios cree en el hombre.

—Yo también lo creo.

Roma siempre me cuenta algo nuevo.

Hoy, pegadas en la base de la estatua de Pasquino, próxima a la Piazza Navonna, dos de las muchas cuartillas ironizan sobre el cardenal Tarcisio Bertone, secretario de Estado y hombre fuerte del Vaticano. Él será el camarlengo desde que Benedicto XVI renuncie hasta que se elija a un nuevo papa. Otras cuartillas se ocupan de las próximas elecciones, es decir, de Berlusconi y de Monti. Sobre todo de Berlusconi, a quien en un poema satírico definen como Berlusca Pare Dracula, «*che come morde, eiacula*».

La estatua de Pasquino, donde tradicionalmente los romanos han liberado sus malos humores, es el fragmento de una escultura helénica que quizá representa a un guerrero. Unos ven en ella a Menelao, otros a Áyax y los hay que se deciden por Hércules. El nombre, Pasquino, la leyenda se lo atribuye a un barbero y poeta satírico. Y otros creen que el nombre se debe al parecido físico del supuesto guerrero con cierto profesor llamado Pasquino.

La estatua de Pasquino es, pues, una de las cinco «estatuas parlantes» de Roma. Quizá la más «parlante».

Llego, andando, por supuesto, hasta Campo di Fiori, observo que a los pies de la estatua de Giordano Bruno hay una rosa roja y me dirijo hasta la Universidad Pontificia Gregoriana, la de los jesuitas. Es una manera de rendir un pequeño homenaje al padre Josep Maria Benítez, quien durante muchos años fue profesor de historia de la Iglesia en esta universidad.

La noche es fría, y en las escaleras de la Gregoriana veinte o treinta inmigrantes paquistaníes, más o menos paquistaníes aunque quizá sean indios o tamiles, parecen esperar sentados que una nueva tormenta se haga realidad. Si llegara en estos momentos san Francisco Javier supongo que sonreiría. Ahora ya no es necesario viajar al lejano Oriente. Ahora el Lejano Oriente, el Oriente Medio y África están ya en Europa.

Los paraguas plegables, esos que apenas duran una hora de lluvia no muy intensa, los vendedores ambulantes los tienen escondidos adecuadamente en varios puntos de la Piazza della Pilotta. Todo está, pues, preparado para cuando llegue la lluvia. Si llega la lluvia se activará inmediatamente la venta de paraguas plegables. Si llega la lluvia toda Roma se convertirá en un mercado ambulante de paraguas plegables.

El marketing directo que hacen posible estos inmigrantes, supongo que muchos de ellos ilegales, es desoladoramente eficaz. Si llueve, paraguas. Si hace sol, sombreros. Si amanece con sol, bolsos de imitación. O relojes.

Observo a los desesperados del paraguas plegable, a esos nuevos y cada vez más numerosos esclavos y pienso en esos seis mil manuscritos y códices antiguos que durante cinco siglos estuvieron escondidos tras un muro y que pertenecen al archivo histórico de la Gregoriana.

La visión del presente me horroriza.

Decido ir a cenar a la Cantina Tirolesa, situada en la Via Vitelleschi, lugar que solía frecuentar Benedicto XVI cuando era cardenal. Así lo recuerda una placa metálica en la mesa seis, que era la que acostumbraba a ocupar. Pero al llegar a la cantina descubro que cierra los lunes.

Cambio el gulasch por una pizza. Doy, pues, media vuelta y me dirijo al Trastevere.

En el televisor, situado en la entrada de la pizzería, han comenzado ya los reportajes llamados «humanos». En estos

momentos, tras la barra del bar de la pizzería, un caballero
de esmerado bigote habla de los mocasines rojos de Benedicto XVI y de su zapatero, que, según el del esmerado bigote,
es Adriano Stefanelli.

—Acabo de leer que se los hace un zapatero peruano que
tiene una tienda en Borgo Pio: Antonio Arellano.

—Son de Stefanelli. Se lo digo yo. Con un italiano no se
puede discutir de zapatos.

El hombre de esmerado bigote, que parece ser el dueño
de la pizzería, se ha convertido repentinamente, como sucede
con muchos periodistas, en un experto vaticanólogo.

—Aquí todos piensan que el papa Benedicto es aburrido
porque es alemán y sabe tocar el piano, pero se equivocan.
Pocos saben que la serie de televisión que más le gustaba era
Don Camilo y Peppone. Toda la gente inteligente tiene sentido del humor.

Para entrar en ambiente le pregunto por el rayo.

—Señor, ese rayo ha tenido una única intención: el de
arriba, el que manda, quiere que el próximo papa sea italiano, que ya va siendo hora. ¿Usted es español?

—Sí.

—Perdone, pero ustedes no tienen nada que hacer en el
próximo cónclave.

—¿Está usted seguro?

—Seguro.

Tanto en Roma como en el Vaticano la tormenta no ha
pasado. Ya no llueve, pero la tormenta real, la verdadera, aún
no ha pasado. No ha hecho más que empezar.

El amigo de Benedicto XVI y expresidente del Senado
italiano, Marcello Pera, ha dicho esta tarde que el papa ha
querido evitar el cruel e inhumano espectáculo que prota-

gonizó Juan Pablo II. «Aquello fue un calvario.» Y el jefe de la oficina de prensa de la Santa Sede, el jesuita Federico Lombardi, que es matemático, hace gala una vez más de saber lidiar los peores morlacos. Lombardi es la seriedad, la credibilidad, la solidez peinada con raya, pero sin información todo eso acaba siendo insuficiente. Lombardi nunca ha tenido el acceso ni por supuesto la amistad que su predecesor en el cargo, Joaquín Navarro-Valls, tuvo con su papa, con Juan Pablo II. Lombardi, hasta hace unos meses, ha tenido que improvisar y eso, tratándose del Vaticano, tiene mucho mérito.

Lombardi ha dicho ante los periodistas que hasta que la renuncia de Benedicto XVI no se haga efectiva el 28 de febrero a las ocho de la tarde seguirá ejerciendo como papa. Luego, el jesuita ha añadido que a partir de ese día y esa hora, el papa dejará de serlo y partirá hacia la residencia vacacional de Castel Gandolfo, situada a veintitrés kilómetros del Vaticano. Allí permanecerá hasta que concluya el cónclave, que se convocará el mismo día 28.

Tras la elección del nuevo papa, el cardenal Ratzinger, que quizá sea nombrado obispo emérito de Roma —eso es lo que ha comenzado a insinuarse—, se instalará en un monasterio de monjas de clausura ubicado en el Vaticano, el Mater Ecclesiæ.

—Pero eso no quiere decir que el papa vaya a vivir recluido. Podrá viajar, ver a gente, escribir libros, etcétera. En definitiva podrá hacer lo que le apetezca.

Finalmente cambio la pizza por unos tortellini. La culpa la tiene mi amigo Jordi Pujol Soler, que hace pocos minutos me acaba de contar por teléfono una anécdota que solía contar el cardenal Carlo Caffarra y atribuida a su predecesor en el arzobispado de Bolonia, el también cardenal Giacomo Biffi.

—Biffi, que, cuando se jubiló, también decidió recluirse en un lejano y perdido monasterio, siempre solía decir que comer tortellini teniendo la certeza absoluta de que el llamado Paraíso existe es la mejor manera de saborearlos.

4

Regreso andando a la residencia donde estoy hospedado. En determinados momentos, en Roma, al periodismo le sienta mejor una residencia dirigida por monjas que un hotel.

Y este es uno de esos momentos.

Al llegar al Vaticano, en la Via della Conziliacione, frente a la Sala Stampa, varios mendigos se preparan para dormir su noche, que es más fría que la mía. La Sala Stampa es donde el portavoz del papa acostumbra a dar las ruedas de prensa.

Imposible no recordar en este instante a Federico Lombardi, el portavoz de Benedicto XVI.

—Disculpe, pero no soy su portavoz. Soy el director de la Sala Stampa.

—De acuerdo.

Al jesuita Federico Lombardi, también director de Radio Vaticana, lo conocí un día del mes de octubre del 2006. Fue una semana después de que ciertas palabras de Benedicto XVI pronunciadas en Ratisbona se entendieran mal y causaran algún revuelo en el mundo islámico. El papa, posteriormente, se disculpó, pero Lombardi me dijo que Benedicto XVI no tenía que haber pedido perdón porque, además de que sus palabras se descontextualizaron, nunca tuvo la intención de ofender a nadie.

Al recordarle que, siendo aún cardenal, Benedicto XVI dijo que la Iglesia católica no era cuestión de cantidad, Lombardi, hombre sereno, reflexivo y sutil, me respondió que la vida no está hecha de momentos excepcionales. O sea, que no estaría de acuerdo con mi anterior reflexión sobre la residencia de monjas y el hotel.

—La vida no está hecha de momentos excepcionales porque también existe la cotidianidad que profundiza en la fe. Creo que también Juan Pablo II sabía que no todo reside en la concentración de grandes masas. Pero si estas se viven como una gran manifestación de fe puede ser algo muy positivo.

Lombardi me describió a Benedicto XVI como una persona de una amabilidad y humildad excepcionales.

—Por cierto, es también muy espontáneo. ¿Le sorprende?

—Francamente, sí.

—Pues lo es.

Al abordar la personalidad intelectual de Benedicto XVI el director de la Sala Stampa me dijo.

—Las cualidades intelectuales del papa permitirán dar una gran riqueza de contenido a su magisterio. Algo que puede ser muy útil para el diálogo entre la Iglesia y la cultura contemporánea.

Luego, mientras mi compañero y amigo el fotógrafo Agustí Carbonell se desesperaba, muy educadamente, porque la austeridad del despacho oficial de Lombardi era lo más alejado a esa escenografía vaticana que siempre aparece en las películas, le pregunté si es cierto que cuando la religión languidece renace la magia.

—No toda la religiosidad es buena. Ciertas formas de superstición son una corrupción de la idea de Dios y de la religión y se transforman en una esclavitud para el hombre, no en su liberación.

—¿Por eso el papa ha dicho que quiere ampliar el concepto de razón?

—Sí. La razón es muy importante para una religión pura, porque el uso de la razón en la fe ayuda a la propia fe y, además, impide que la religión se corrompa.

—¿Cómo pueden llevarse bien religión y razón?

—¿Pretende que resolvamos en esta entrevista todos los problemas intelectuales?

—Sí.

—Ja, ja. Pues vamos a intentarlo. Bien, hablando en serio: la fe es razonable. Es razonable creer. Yo no puedo obligar a creer con la razón. La razón no me obliga a creer, pero me puede permitir entender que creer es razonable. Una razón que se enroca, que se encierra en sí misma, no reconoce ciertas dimensiones del misterio, es decir, del límite al que la razón llega en su ejercicio. También en las ciencias existen unos confines a los que la razón llega dándose cuenta de que no puede ir más allá y que hay cosas que no se pueden explicar.

Faltan unos minutos para las once de la noche, que es la hora en que, según me han dicho, Benedicto XVI se va a dormir. Quizá sí. Lo cierto es que mientras cruzo la plaza de San Pedro miro hacia las ventanas de sus apartamentos privados y observo que en dos de ellas hay luz. Y sí. A las once en punto se apagan.

Reanudo mi andadura y pienso que Benedicto XVI es el primer papa que realmente me ha interesado. Lo que quiero decir es que he leído bastantes cosas suyas. También me han hecho reflexionar algunas de sus respuestas. Sobre todo sus respuestas más libres, que fueron, quizá, las de su época de cardenal. Este papa que acaba de anunciar su renuncia me ha obligado a pensar. Y sé que ha obligado a pensar a muchos intelectuales, incluso agnósticos y ateos.

Lo primero que me viene ahora mismo a la memoria es su primera aparición, el día que fue elegido, en el balcón principal de la basílica de San Pedro. Aquel jersey negro, cuyas mangas se veían bajo sus primeros paramentos papales, comenzaron a humanizar a un personaje del que nunca se dudó de su brillantez y capacidad intelectual, pero sí de su talante. Yo creo que a un verdadero inquisidor no se le distraen las mangas de su jersey negro.

El teólogo que, en su día, antes de que algunos de sus amigos, admiradores y estudiantes le acusaran de haberse convertido a la intolerancia, dijo que en Roma no se hacía buena teología, se había convertido en el obispo de Roma.

Luego, una respuesta suya, «Europa no se quiere a sí misma», me pareció de una lucidez aparentemente sencilla que aún hoy sigo pensando que es el mejor diagnóstico clínico que se ha hecho sobre nuestro continente. Más tarde, cuando hablaba de sus compositores favoritos y describía alguna de sus obras, volvía a demostrar que hasta a los papas les sienta muy bien la cultura.

Dicen los entendidos que todo papa es un misterio. Quizá sí. Y si eso es verdad no hay duda de que Benedicto XVI ha sido un misterio muy musical.

Ignoro si a la famosa curia romana le habrá sentado bien que un papa haya despertado el interés de muchos intelectuales, incluso ateos o agnósticos. Sospecho que no. Lo cierto es que este papa, al hablar de «fe adulta», ha demostrado que demasiadas veces y demasiados sacerdotes, obispos, cardenales y religiosos lo único que hacen es aburrir a la parroquia improvisando unos tebeos que no interesan a nadie. Ni siquiera a los creyentes.

Sin cultura no hay buen discurso o, en el caso que nos ocupa, buena homilía.

Ignoro también si el extravertido, ameno y culto cardenal Gianfranco Ravasi, presidente del Consejo Pontificio para la Cultura y quien predicará los ejercicios espirituales de Cuaresma a Benedicto XVI y la curia romana, estaría de acuerdo con lo que digo. Sí sé, porque he escuchado alguna intervención suya en actos culturales, que no aburre a las ovejas.

Ravasi, de quien, por cierto, se dice que es uno de los cardenales que podría ser el nuevo papa, ha comparado a Benedicto XVI con Moisés.

—Su presencia será contemplativa, como la de Moisés, que sube al monte para rezar por el pueblo de Israel, acampado en el valle y combatiendo a los amalecitas. Valle donde hay polvo, miedo, terror e incluso íncubos, pero también esperanza.

Íncubos. ¿En quién estaría pensando el cardenal Ravasi?

5

«DE LA CRUZ no se baja.»

Leo el tuit y pongo en duda su autenticidad. No creo que el cardenal Stanisław Dziwisz, grueso y de aspecto bonachón, secretario y amigo de Juan Pablo II, haya dicho lo que casi todos los periodistas que se ocupan de la información vaticana están divulgando en estos momentos.

Luego, pensándolo mejor, me imagino al cardenal Dziwisz en su despacho oficial del palacio arzobispal de Cracovia, Polonia, poniéndose en pie y acercándose a la ventana central, que da a una plaza. Si no recuerdo mal, la fachada de ese palacio es del mismo color que cierta tierra sevillana: albero. Me lo imagino mirando a la plaza y llevando en la mano los folios que contienen el texto íntegro del inesperado discurso de la renuncia de Benedicto XVI. Me lo imagino volviéndolos a leer.

«Para gobernar la barca de san Pedro y anunciar el Evangelio es necesario el vigor que en los últimos meses ha disminuido en mí de tal forma que he de reconocer mi incapacidad para ejercer bien el ministerio que me fue encomendado.»

Sigo imaginándome al cardenal Dziwisz levantando la vista del papel y pensando en lo que en cierta ocasión le dijo un ya muy enfermo Juan Pablo II. Luego, mientras lo imagino recordando cuántas veces se le aplaudió desde la plaza que está observando, pienso que le viene también a la memoria aquella larga entrevista que el periodista alemán Peter Seewald le hizo al cardenal Ratzinger para el libro *La luz del mundo*. En aquella entrevista Ratzinger dijo que cuando un papa tiene conciencia clara de que ni física, ni mental ni espiritualmente es ya capaz de realizar adecuadamente su labor, su ministerio tiene, en determinadas circunstancias, no solo el derecho sino el deber de dimitir.

Me imagino al cardenal polaco regresando a su escritorio, sentándose y leyendo ahora lo que el portavoz de Benedicto XVI, el jesuita Federico Lombardi, ha dicho tras la renuncia.

«En aquella ocasión, cuando el cardenal Ratzinger habló ante el periodista Peter Seewald de la posibilidad de una renuncia por parte de un papa, también dijo lo siguiente: "Un pastor nunca huye de los lobos y deja solo al rebaño." De modo que si acaba de anunciar su renuncia es porque las aguas de la Iglesia están lo bastante serenas como para favorecer una transición pacífica. El papa no está ni triste ni deprimido y ha renunciado al ministerio de obispo de Roma con plena libertad.»

Dudo de la autenticidad del tuit que acabo de recibir, pero la imaginación es libre. Por eso me imagino al cardenal Dziwisz llamando a su secretario personal y decidiendo que, aunque algunas de las palabras que utilizará en su declaración escandalizarán a algunos, su deber, su conciencia y su amistad con Juan Pablo II le obligan a decir exactamente lo que piensa. Y eso es lo que va a decir ahora mismo.

«De la cruz no se baja.»

Mañana, cuando asista en la sala de prensa del Vaticano a la rueda de prensa que dará Federico Lombardi, no podré evitar sonreír. Lombardi, siempre serio, siempre entero, dirá que la frase que ayer circuló por todas las redacciones de los medios de comunicación es falsa, que el cardenal Dziwisz no dijo: «De la cruz no se baja.»

—Desmiento categóricamente esas supuestas declaraciones. El cardenal Dziwisz, en las declaraciones que acaba de hacer públicas, ha mostrado su respeto y emoción por el anuncio que ayer hizo el papa relativo a su decisión de renunciar al gobierno de la Iglesia. El cardenal Dziwisz ha dicho: «Acojo con gran respeto y emoción la decisión del Santo Padre.»

Un colega italiano me mira, sonríe y me pregunta.

—¿Te lo crees?

—A ratos. No sé si lo dijo, pero creo que sí lo pensó.

La tormenta real sobre Roma o el Vaticano no ha cesado y apenas se cita ya al también dimisionario Celestino V. Desde Tokio, concretamente desde la universidad católica Sophia, el jesuita y profesor de bioética Juan Masiá Clavel publica en el diario español *El País* un artículo que acabamos de comentar en el Caffè Sant'Eustachio entre algunos periodistas españoles que estos días nos encontramos en Roma.

—Masiá ha escrito que la renuncia de Benedicto XVI es una revelación o una profecía.

—Masiá tiene muchos enemigos y por eso los suyos lo enviaron muy lejos, a Japón. ¿Os acordáis cuando dijo que Jesucristo había sentido náuseas y sufrido alucinaciones en el desierto?

—Yo creo que Masiá le ha cogido el gusto a la provocación y eso es siempre peligroso. Pero entiendo que esté resentido.

—Todos sabemos que *El País* es anticlerical. Eso es algo que todos saben en el Vaticano. Y es una pena, porque un diario que se tiene a sí mismo como de referencia no debería ser anti nada.

—Lo que más habrá cabreado a muchos creyentes es el final del artículo. Acaba diciendo que muchos creyentes con buena voluntad invitan a confiar en el Espíritu Santo. Y haciendo referencia a un viejo chiste, recuerda que para proteger la cúpula de San Pedro se instalaron redes eléctricas que ahuyentan a las palomas. Por consiguiente, según Masiá, el Espíritu Santo no podrá entrar en el cónclave volando.

La tormenta sobre Roma o el Vaticano no cesa, y también en Madrid ha habido controversia.

Yago de la Cierva, que fue director ejecutivo de la Jornada Mundial de la Juventud del 2011, la que se celebró en Madrid, ha publicado en *El Mundo* un artículo titulado «Una traición a la tradición». En el texto, entre otras cosas, se dice lo siguiente:

Joseph Ratzinger ha sido testigo en primera fila de que la decadencia física no es obstáculo para ser papa. En plena agonía de Wojtyła, afirmó que el magisterio del papa, cuando no podía hablar, era más elocuente que la mejor de las encíclicas.

Benedicto XVI ha hablado de falta de vigor de cuerpo y de espíritu. Si hubiera que poner el acento en uno de los dos, elegiría el segundo. El único modo en que se consigue entrever qué puede pasar por la mente y el corazón del papa es una crisis espiritual. Porque si hay algo que este papa ama es la tradición. Se ha esforzado con denuedo para que las reformas del Concilio Vaticano II no se interpretaran en clave rupturista sino en comunión con la tradición; se ha volcado para que la liturgia actual no rompa sus lazos con las de siglos anteriores y ahora rompe con esa tradición de manera neta, completa, radical. Ha tomado una decisión que cambia el futuro del papado para siempre: desde ya sus sucesores se verán presionados como nunca hasta ahora.

Ha roto con su predecesor, Juan Pablo II, que siguió a pesar de los pesares. Y si ese seguir hasta el final fue una de las manifestaciones más elocuentes de la santidad de Karol Wojtyła, ahora muchos fieles no comprenderán por qué su sucesor, en mucho mejor estado de salud que Juan Pablo II, entiende que su deber es renunciar.

España, en algunas ocasiones, suele ser categórica. Sobre todo cuando la voz pertenece a un periodista. Por eso, José Luis Restán, director editorial de la COPE, que confiesa entender perfectamente que es muy saludable la diversidad de sensibilidades en la Iglesia, algo que por cierto aconsejó Benedicto XVI, ha replicado, indignado y escandalizado, a Yago de la Cierva; y lo primero que le dice es que en la decisión de Benedicto XVI no hay ninguna crisis espiritual. También afirma que difícilmente se puede traicionar la tradición cuando el Código de Derecho Canónigo contempla con toda normalidad la posibilidad de la renuncia del papa.

Yago de la Cierva ha respondido pidiendo perdón a quienes pudo ofender con su artículo, pero argumenta que le cambiaron el título. Algo que suele pasar en casi todas las redacciones de diarios.

Yago afirma que el título de su artículo no era «Una traición a la tradición» sino «Ruptura de la tradición».

«Mi título fue "robado" para la portada del diario y ese cambio en el titular distorsionó todo el artículo.» Y prosigue así: «Decir que el papa ha sufrido una crisis espiritual y no física pienso que no es ofenderle sino todo lo contrario: lo incomprensible sería pensar que ha tomado esta decisión en una situación sin ningún tipo de presión. Crisis espiritual no es una pérdida de fe sino la situación ante un cruce de caminos en que las dos opciones tienen gran trascendencia. Y nadie mejor que él para saberlo.»

Lo que sí reconoce Yago de la Cierva es que el empleo del símil del divorcio para ilustrar la renuncia de Benedicto XVI fue desacertado. Y vuelve a pedir perdón a quienes pudo ofender.

A Yago de la Cierva lo conocí aquí, en Roma, en la redacción de la agencia Roma Reports, que entonces dirigía. Lo conocí días antes de que se iniciara el cónclave del que salió elegido papa Benedicto XVI. Durante aquellos días casi todos apuntaban a Joseph Ratzinger como el nuevo papa, pero Yago de la Cierva lo razonaba mejor.

—Una de las novedades que presenta este cónclave es que va a serlo de novatos. Si dos cardenales no se recuperan físicamente será solo Joseph Ratzinger el único cardenal que ha participado en otros cónclaves. De modo que a su prestigio habrá que añadirle una autoridad indiscutible.

Yago de la Cierva también me contó un chiste, uno de esos chistes que tanto le gustaban a Juan Pablo II y que tal vez sean algo más que un chiste.

—Los dos principales y mayores problemas que se planteó Juan Pablo II fueron cambiar el mundo y cambiar la curia romana, es decir, el gobierno de la Iglesia. Y decidió cambiar el mundo porque le resultaba más fácil.

En Jerusalén, uno de los vicarios de la custodia de Tierra Santa, el padre Artemio Vitores, lo tiene muy claro.

—Recuerdo cuando Benedicto XVI visitó la iglesia del Santo Sepulcro y oró en ella. Los pastores, eso lo saben todos, han de cuidar a sus ovejas, y si el pastor está enfermo o ya no puede subir con ellas al monte, esas ovejas se pierden o se las come el lobo. Creo que la decisión del papa ha sido admirable.

Ignoro si el padre Artemio sabe que cuando *L'Osservatore Romano* describió a Benedicto XVI como un pastor rodeado por lobos no se refería a los lobos de fuera sino a los de dentro.

6

VEINTITRÉS HECTÁREAS de jardines y parques situados en la colina vaticana y rodeados de muros de piedra.

Gracias a monseñor Miquel Delgado puedo acceder a los jardines privados del Vaticano. A Benedicto XVI lo han fotografiado en alguna ocasión paseando y rezando el rosario en estos jardines junto a su secretario personal, el ya arzobispo Georg Gänswein. Al acercarme a una réplica de la cueva de Lourdes recuerdo también haberlo visto rezar en ella. Un poco más allá, observo una imagen de la virgen de Guadalupe, otro de los lugares en los que solía detenerse y meditar.

Pinos, palmeras, palmas, fuentes, encinas. Todo es silencio, pájaros, estatuas, frescor, verdor y verdín en estos jardines, que en su origen medieval fueron huertas y viñedos. Todo es silencio hasta que los cuervos hacen acto de presencia y te observan con desconfianza.

Avenida San Marco, avenida Gregorio XVI, Largo Madonna della Guardia, avenida de Benedicto XV. Una estatua regalada a León XIII recuerda el encuentro de Atila con el papa León I el Magno, que supo convencer al rey de los hunos para que no siguiera avanzando hacia Roma.

Observo el edificio que alberga las instalaciones técnicas, las antenas y la administración de Radio Vaticana. Vuelvo sobre mis pasos y abajo, a los pies de la colina vaticana, des-

cubro el convento de clausura Mater Ecclesiæ, donde acabará sus días Joseph Ratzinger como obispo emérito de Roma
según las últimas pero no definitivas informaciones. En ese
convento, ahora deshabitado y creado por Juan Pablo II, vivió
una monja española que ahora reside en Madrid y que por
vivir en clausura solo ha querido decir que su misión era rezar
continuamente por el papa y por el éxito de sus viajes.

En el huerto del convento Mater Ecclesiæ se cultivan las
naranjas y se elabora la mermelada que todas las mañanas,
a las ocho en punto, después de celebrar la misa, desayuna
Benedicto XVI. Café con leche, una rebanada de pan con
mantequilla y mermelada de naranja. Hace ya tiempo que el
médico le prohibió los bizcochos o las galletas.

En otra parte de los jardines descubro una zona en la
que crecen las plantas y árboles citados en la Biblia. Es una
buena idea, pero mal resuelta.

La vid, el ciprés, el olivo, el cedro del Líbano, el alga-
rrobo, el sicomoro, el mirto, el laurel, el ricino, el áloe, la
artemisa, el cedro, el papiro, la palma de dátiles, la caña, el
granado, el ficus, el tamarisco.

Decido sentarme en uno de los bancos en cuyo respal-
do aparece el escudo papal de Benedicto XVI. Y sentado,
mientras otro cuervo o pájaro córvido, negro, por supuesto,
me observa a una prudente distancia, intento hojear algunos
periódicos y sobre todo recordar lo que Federico Lombardi,
el portavoz de Benedicto XVI, ha dicho hace unas horas en
la segunda rueda de prensa desde que se anunció la renuncia
del papa.

Cuando se enfrenta a los periodistas, el jesuita y matemático Lombardi, que viste habitualmente *clergyman* y en
invierno se protege de la humedad romana con un jersey

gris de pico bajo la chaqueta, se suele llevar la mano derecha al corazón. Y ese gesto, espontáneo, símbolo de la sinceridad, del respeto o del afecto, logra que sus palabras parezcan siempre sinceras, que quizá lo son. También sobre el corazón del papa ha hablado su portavoz y ha reconocido o admitido que es cierto que lleva un marcapasos desde hace diez años, dos antes de que fuera elegido obispo de Roma.

—Es cierto que lleva un marcapasos desde hace diez años. Y también lo es que hace dos meses el cardiólogo Luigi Chiariello le cambió la batería.

Lo que más ha interesado a los periodistas es una frase que podría ser reveladora.

—Es posible que el Santo Padre haya tenido en cuenta y valorado algunos problemas de gobernabilidad, pero fundamentalmente el papel de la Iglesia en el mundo actual.

La razón por la que dejará de ser papa a las ocho de la tarde del 28 de febrero ha causado cierta decepción entre los periodistas. Benedicto XVI cesa sus actividades laborales a las ocho de la tarde. Esa es la razón. Y se va a dormir a las once en punto. Esa es, por lo menos, la hora en que se apagan las luces en las ventanas de su apartamento.

Hoy, algunos diarios publican los breves comentarios que Georg Ratzinger, el hermano del papa, hizo ayer en su casa, en Ratisbona. El hermano mayor del papa, amante del vino español, suele compararlo con las voces de la escolanía del monasterio de Montserrat, algo que el abad Josep Maria Soler no logra entender muy bien. Quizá la influencia de su hermano Joseph tenga algo que ver.

La capa que aparece en el escudo papal de Benedicto XVI indica, según los expertos, un ideal inspirado en la espiritualidad monástica y, sobre todo, benedictina.

Benedicto XVI tiene el perfil de ratón de dibujo animado, experto en bibliotecas. De ratón intelectual nacido en la factoría Disney. Y su hermano mayor, pese a sus cualidades musicales o corales, cada vez se parece más a un párroco jubilado, pero, eso sí, de lujo. Lo que quiero decir es que en el semblante de Georg Ratzinger no se adivina o intuye esa amarga soledad que suele anidar en los rostros de muchos curas diocesanos jubilados, condenados a oscuras habitaciones y a pasillos también oscuros en los que siempre parece habitar el peor de los inviernos.

Al descender de la colina vaticana, antes de abandonar los jardines del papa, me acerco hasta la vieja estación de tren. Un vagón de carga, fuera de servicio, es la única referencia ferroviaria que queda de un pasado a vapor o eléctrico. Un vagón de carga y la boca cerrada de un túnel.

Todas las estaciones de tren son tristes. La estaciones de tren siempre hablan de despedidas, nunca de llegadas. Pero la estación de tren del Vaticano tiene pretensión de casi palacete. Así parecen querer demostrarlo sus ocho columnas de mármol verde talladas, según me apunta un gendarme, de un solo bloque.

—¿Entiende?

—Creo que sí.

La estación del Vaticano la mandó construir Pío XI, pero nunca utilizó su propio tren. Sí lo utilizó Juan XXIII. Viajó a Asís y Loreto antes de inaugurarse el Concilio Vaticano II. El papa Juan Pablo II lo utilizó en 1979 para celebrar cierto aniversario de los ferrocarriles italianos y para viajar también a Asís.

Pío XI solía decir que la estación del Vaticano era la más bonita del mundo. Y quizá tenía razón, pero no hay estación de tren alegre. Sobre todo cuando paseando por su pequeño andén compruebas que no hay pitidos, humos y vapores. Ni locomotoras. Cuando ya solo queda un triste vagón de carga. Y unos metros más allá se descubre la boca cerrada de un túnel.

7

Cuando el *tramonto* alcanza su mejor momento me acerco hasta el Vaticano, concretamente a la Piazza de Santa Marta donde está ubicada la Casa Santa Marta. En ella se hospedarán los cardenales electores que participarán en el ya inmediato cónclave.

Antiguamente, el edificio, remodelado por Juan Pablo II, fue un hospital que albergó a las víctimas de la epidemia de cólera que asoló Roma en 1881. Y, durante la Segunda Guerra Mundial, sirvió de refugio a muchos judíos italianos. Suele ser la residencia donde se hospedan los obispos, cardenales y personajes importantes que por razones de trabajo llegan al Vaticano.

Estos días, en la Casa Santa Marta se aloja el sacerdote, teólogo y doctor en historia Josep-Ignasi Saranyana, buen conocedor del papa Benedicto XVI. Pulcro, culto, vestido con *clergyman* y propietario de dos ojos inteligentes y azules, Saranyana, que es miembro del Comité Pontificio de Ciencias Históricas, tiene aspecto de profesor alemán. Y no solo porque domina esa lengua.

—Está todo esto muy tranquilo, doctor Saranyana.

—No tanto como parece, pero, claro, los días movidos aún no han llegado.

—¿Seguirá hospedado aquí durante el cónclave?

DE BENEDICTO A FRANCISCO

—No.

—¿Qué le parece si damos un paseo?

—De acuerdo.

—¿Sorprendido, estupefacto…?

—¿A qué se refiere?

—Al tsunami papal.

—No, no ha sido para mí una sorpresa, la renuncia de Benedicto XVI. Si usted me lo permite creo que antes de abordar el tema de la renuncia deberíamos contextualizarla y recordar la psicología, la manera de ser de Benedicto XVI. Lo digo porque su actitud no ha sido ninguna sorpresa para aquellos que conocemos un poco su vida.

—¿Lo de ahora no es nuevo?

—No, no es nuevo. Ya ha actuado así en alguna otra ocasión. Mire, en 1966 o 1967, deberíamos comprobar este dato, Joseph Ratzinger era profesor en Münster, que fue donde se firmó la paz de Westfalia. Su cátedra era la de Teología Dogmática. Fue entonces cuando le ofrecieron ser profesor en la universidad de Tubinga, que, desde el punto de vista de la teología, es quizá lo máximo. Allí escribió uno de sus libros más importantes: *Introducción al cristianismo*. Siendo decano se produjeron las revueltas de 1968, que en Tubinga fueron muy activas. Dos o tres años después, habría que comprobar también este dato, se creó en la universidad de Ratisbona, población cercana a donde él había nacido, una facultad de teología.

—¿La universidad de Ratisbona era…?

—Una universidad sin relieve especial, de provincias. Y, sin embargo, no dudó en aceptar esa oferta. Renunció, pues, al privilegio que significaba ser profesor en Tubinga y prefirió la tranquilidad de Ratisbona, donde se compró una casita. Allí, en esa población por la que pasa el Danubio, vivía en paz y tranquilidad con su hermana María y fue precisamente allí donde yo lo conocí.

—Pero lo nombran arzobispo de Múnich.

—Y poco tiempo después, cardenal. Durante una visita a Múnich, en 1980, Juan Pablo II, que había leído su libro *Introducción al cristianismo* y que lo había conocido siendo teólogo en el Concilio Vaticano II, le ofreció la posibilidad de volver a trabajar en paz en la Congregación para la Doctrina de la Fe.

—Trabajar en paz.

—Sí, me refiero, sobre todo, al ritmo laboral. El cargo era comprometido, mucho, pero le permitía trabajar con tranquilidad, a su aire. Ya sabe usted que el edificio que alberga a esa congregación está aparte, lejos de la curia.

—Lejos de la curia, pero no lo suficientemente lejos. ¿Fue allí donde se entera del asunto del llamado caso Maciel, el mexicano fundador de los Legionarios de Cristo?

—Sí. En el Vaticano, algunos asuntos, no se sabe por qué, los ve antes que nadie la Congregación para la Doctrina de la Fe. Y bien, el gravísimo tema de Maciel, ese monstruo o enfermo, no sé cómo llamarle, llegó a su manos, pero cada vez que intentaba ponerlo en marcha era frenado por las altas instancias. Cada vez que se presentaban ante él los abogados de las víctimas de pederastia, Ratzinger les decía que entendía su postura, pero que él no podía hacer nada. Y yo creo que, cuando en el vía crucis del 2005 sustituyó a Juan Pablo II y habló de la «mucha porquería que hay en la Iglesia», se refería muy especialmente al llamado caso Maciel. Por eso una de las primeras cosas que hizo cuando fue elegido papa fue solucionar ese triste capítulo.

—Capítulo que no sé si se ha cerrado bien.

—Creo que el tema de los Legionarios sigue sin resolverse.

—¿Qué quiso decir cuando al anunciar su renuncia habló de «crisis espiritual»?

—Aquí la palabra *espiritual* no hay que entenderla como referida a la fe. Mire, la ventaja que tenemos los teólogos es que sabemos que la razón ayuda mucho a mantener la fe. Y cuando no se puede razonar se acepta el misterio. Y eso no nos crea ningún problema. Cuando Benedicto XVI habla de «crisis espiritual» creo que se refiere a una crisis anímica. Tiende una mano a los lefevrianos y ese gesto no lo entienden ni los lefevrianos ni el resto de la Iglesia. Cuando ha intentado ofrecer unas palabras de esperanza y consuelo a los que esperaban de su papado más cambios se le han echado encima los conservadores. Y cuando ha querido arreglar algunas de las cosas de la curia, o no le han hecho caso o han filtrado determinados documentos.

—Y a Gotti Tedeschi, el presidente del Banco del Vaticano, le cortan la cabeza.

—Por honesto. Porque precisamente por eso Benedicto XVI lo nombró.

Mientras un colega italiano, que ha reconocido a Saranyana, lo invita, no sé si con éxito, a ser entrevistado en el canal de televisión donde trabaja, intento recordar algunas de las palabras que Gotti Tedeschi dijo en Madrid hace unos meses. Tedeschi llegó a temer por su vida y eso explica que cuando llegó la policía a su casa y supo que era la policía, suspiró y dijo: «Ah, son ustedes policías.» Tedeschi trabajó para el Banco de Santander y siempre se refiere a Benedicto XVI como «nuestro santo padre Benedicto».

Cuando nuestro santo padre Benedicto denuncia el nihilismo dominante de la cultura actual nos pone ante la necesidad de recuperar las riendas de la economía, de la política, de las finanzas, de la propia medicina, etcétera. Todas estas disciplinas, todos estos instrumentos y algunos más se han desarrollado mucho, pero el hombre no ha madurado. Hemos olvidado la centralidad del hombre. Hemos creado un desarrollo económico únicamente materialista. Convertir los instrumentos en fines, no en medios, ha sido una desgracia.

Cuando un instrumento deja de ser un medio y se convierte en un fin adquiere una especie de autonomía moral, y cuando esto ocurre ya no sirve al hombre.

Saranyana ha decidido no ir al programa de televisión que presenta el colega italiano. No contará, pues, que en cierta ocasión, cuando fue recibido por Benedicto XVI y lo iban a presentar, el papa dijo: «A este ya lo conozco.» Luego, al hablar de su último libro publicado, un volumen grueso, de mil quinientas páginas, que trata sobre la teología en América Latina, Benedicto XVI, en alemán, hizo un juego de palabras. En alemán, se pronuncia igual un libro «importante» que un libro «pesado».

8

Enfilamos Via Giulia y la crisis que nos aflige, tanto a italianos como a españoles, griegos y portugueses, se evidencia también en esta calle romana. Solo la máscara grotesca de la Fontana del Mascherone, de cuya boca cae un hililo de agua, pone la misma cara de siempre. Una cara quizá de asombro.

—Esto está un poco más triste que la última vez que la recorrí.

Josep-Ignasi Saranyana, cabello níveo, es un hombre culto y bien informado. Es capaz de estar en la teología y en los temas políticos más actuales. Y por eso, porque casi todo lo humano no le es ajeno, se detiene ante un tienda de antigüedades y se interesa por las ventas.

El propietario, que responde por Mario, hace un gesto muy significativo con su mano derecha, sonríe y responde.

—Hasta los amigos americanos que pueden pasean y miran pero no compran. Y los rusos y los chinos aún no han llegado, como algunos esperamos, a las antigüedades. Los chinos, además, lo tienen más difícil para fingir o improvisar antepasados con posibles.

Cuando le pregunto a Saranyana si en el Vaticano lo importante es la curia y no el papa se detiene y tarda en responder.

—Lo que usted apunta ocurre en todos los gobiernos. Y, créame, en la Iglesia pasa menos.

—Pues no lo parece.

—Vamos a ver. La curia vaticana es muy pequeña. Son unos cuantos dicasterios y en cada uno de ellos hay dos personas y un grupito de administrativos. Quizá el único dicasterio poderoso, me refiero a su estructura, es el del secretario de Estado.

—Si el papa reina y gobierna no se entiende que la curia, y disculpe la expresión, se lo toree.

—Porque la cosa está mal organizada. Benedicto XVI no ha querido o no ha podido organizar correctamente la curia. Pero yo quisiera decir que el papado de Benedicto XVI ha sido muy brillante, mucho. El mismo hecho de renunciar es muy importante.

—¿Y esa renuncia va a cambiar algo a partir de ahora en la Iglesia?

—Sí, va a cambiar algo o mucho. Mire: una de las teologías inacabadas es la que se conoce como la teología del primado romano. Me explico: el papa es automáticamente el obispo de Roma y el obispo de Roma es automáticamente papa. Benedicto XVI es el segundo papa en la historia, después de Juan Pablo II, que ha firmado sus documentos como obispo de Roma. Estoy hablando de la época moderna.

—¿Cómo firmaba Pablo VI?

—Obispo de la Iglesia católica. Y los anteriores como Pontífice Máximo, siervo de los siervos de Dios. El hecho de que el papa sea obispo de Roma es lo que facilita que, como cualquier obispo, pueda renunciar a su cargo.

—Pero solo el obispo de Roma es el Vicario de Cristo.

—Sí, claro. La renuncia de Benedicto XVI probablemente provocará una nueva reflexión sobre lo que es el Primado Romano y eso puede ayudar a que avance la teología.

—¿Qué quiere usted decir?

—Cuando concluyó el Concilio Vaticano II una de las tareas que debían emprenderse era la creación de un Código de Derecho Canónico acorde con el espíritu del Concilio Vaticano II, pero los juristas dijeron que antes se tenía que redactar una Ley Fundamental de la Iglesia, es decir, algo así como una Constitución. Y esa Constitución definiría qué significa ser papa y cuáles son sus derechos y sus obligaciones. Porque el papa no puede hacer todo lo que quiere.

—¿Y?

—Que esa ley, tras muchas discusiones y debates, quedó finalmente aparcada. Benedicto XVI siempre ha sido muy consciente de todo esto. La prueba es que siendo cardenal convocó un congreso internacional para que se estudiara qué significaba ser papa durante el primer milenio. Al final hubo muchas actas, pero, como casi siempre ocurre, pocos progresos.

—¿Qué significa ser papa?

—Ser papa no es un sacramento. Tampoco imprime carácter. Ser obispo sí es un sacramento, pero no lo es ser papa. El papa es un obispo determinado que, por razones históricas, ocupa la misma sede donde murió el primer obispo, que fue san Pedro, y por eso es automáticamente el Vicario de Cristo. Por eso algunos teólogos perspicaces ya han apuntado que la renuncia de Benedicto XVI puede ser un detalle que obligue a repensar algunas cuestiones acerca de la sacralidad de lo que es propiamente el pontífice.

—Benedicto XVI ha publicado libros como Joseph Ratzinger.

—Libros de teología, porque eso es lo singular. Juan Pablo II publicó libros, pero no de teología. Y en esos libros de teología, en sus prólogos, manifestaba que estaban escritos como persona privada y que eran criticables. Atención, pues, mucha atención, porque estos gestos, muy bien leídos, podrían ayudar a perfilar adecuadamente el oficio o ministerio papal.

—¿A quién cree usted que Benedicto XVI ha defraudado más?

—A los conservadores. Ha desmitificado, por ejemplo, el papel asesor de los elementos técnicos que tiene la curia.

Saranyana me cuenta que Benedicto XVI siempre ha tenido una cierta admiración por la nobleza centroeuropea.

9

—La Iglesia no es una organización sino un organismo vital.

Benedicto XVI parece haber recuperado un cierto vigor físico, una cierta agilidad. Y su mirada parece volver a querer sonreír. Ayer, Miércoles de Ceniza, cuando apareció en el escenario del Aula Paulo VI, segundos antes de iniciar su penúltima audiencia, esos mocasines rojos que algunos medios de comunicación siguen atribuyendo al zapatero peruano Antonio Arellano parecían más livianos, más ligeros.

Hoy, pese al discreto bastón que maneja con su mano derecha, cuando en ese mismo escenario se dispone a despedirse de los obispos y sacerdotes de Roma, aún parece más liberado de cargas excesivas que ayer. Tanto que, durante cuarenta y cinco minutos, hablará sin consultar ningún papel.

Poco a poco parece renacer en Benedicto XVI el teólogo, el cardenal, el intelectual que siempre ha sido, pero que el traje de papa ocultaba.

—Aunque ahora me retiro en oración siempre estaré cerca, y estoy seguro de que ustedes también estarán cerca de mí, aunque permanezca oculto para el mundo.

Algunos de los presentes no pueden evitar las lágrimas. El primero en llorar ha sido Agostino Vallini, el cardenal vicario de la diócesis de Roma, a quien le ha sido imposible no emocionarse mientras leía el discurso inicial de agradecimiento.

El papa cuenta que, cuando habló por primera vez ante Juan XXIII, temió equivocarse, no estar a la altura del momento, pero se ve que el llamado «papa bueno» lo felicitó. Yo, al escuchar esa anécdota, no puedo evitar pensar en otra más surrealista. O simplemente surrealista.

Cuando Juan XXIII, aún cardenal Roncalli, visitó la ciudad catalana de Lérida, su entonces obispo le dijo lo siguiente: «La sequía que sufrimos solo tiene un culpable: la conspiración judeomasónica.» Y cuentan que Roncalli, hijo de campesinos, puso una cara de asombro que ha pasado a la historia. Aquello sucedió en la España del general Franco.

Benedicto XVI habla ahora del Concilio Vaticano II.

—El desafío es encontrar en la palabra de Dios una palabra para hoy y mañana. El Concilio de los periodistas se contó en clave política: para ellos fue una lucha por el poder entre distintas facciones de la Iglesia. La banalización del concilio fue violenta, parecía una visión nacida e interpretada fuera de la fe.

Mientras tomo un café en la Tazza d'Oro leo en la revista quincenal *Civiltà Cattolica*, editada por los jesuitas, un editorial que afirma que falta mucho tiempo para que se pueda entender y valorar el gesto de Benedicto XVI. Y prosigue diciendo que se equivocan quienes interpretan la renuncia del papa como simple consecuencia de agotamiento físico. «Al renunciar al pontificado, Benedicto XVI invita a la Iglesia a que no tenga miedo, a abrirse y a aceptar los desafíos sin tener en cuenta lo rápidos que actualmente se producen los cambios.»

Anoche, en la televisión, el cardenal arzobispo de Génova y presidente de la Conferencia Episcopal Italiana, Angelo Bagnasco, también aseguró que la renuncia de Benedicto XVI no ha sido una rendición. «El Santo Padre ha afrontado momentos dificilísimos con respecto al presente. Hablo de problemas que todos conocemos y de los que los medios de comunicación informan estos días. Por consiguiente, si la renuncia de Benedicto XVI se interpreta como una huida, como una rendición, ese supuesto habría sucedido hace tiempo y no ahora, que es un momento más tranquilo.»

Y en RAI News, en un programa titulado *La scelta del Papa*, moderado por Flaviano Masella, el colega Orazio La Rocca, vaticanista de *La Repubblica*, define a Benedicto XVI como un padre. Cuenta Orazio que, en cierta ocasión, acertó a encontrarse en la calle, a hora muy temprana, con el entonces cardenal Joseph Ratzinger.

—Esa imagen que de él se ha dado, es decir, de alemán distante y frío, es absolutamente falsa. Creo que en aquel primer encuentro fortuito que duró una media hora estuvimos hablando y dando vueltas por la plaza de San Pedro. Probé suerte abordando el tema de la bioética y aceptó el diálogo. Aquel primer encuentro me animó y durante algún tiempo iba a su encuentro y nunca huyó de mí, algo que no es normal en la mayoría de cardenales. Casi todos huyen de los periodistas. Pero el cardenal Ratzinger siempre aceptó entablar un diálogo conmigo. Y con él hablé del famoso secreto de Fátima, del islam, etcétera. Nunca rehuyó ninguno de los temas que le planteé. Conmigo se portó siempre como un verdadero padre.

Algunos de los colegas más influyentes parecen querer demostrar que la renuncia de Benedicto XVI se ha debido exclusivamente a problemas físicos. Y que ha sido un papa que, además de transparente, ha sido pionero en muchas cosas: en enfrentarse a la pedofilia de algunos sacerdotes y obispos o en invitar a los miembros de otras religiones a asistir a los sínodos. Y parece que nunca le gustó que le besaran el anillo. Peter Seewald, su biógrafo, ha contado estos días que, en cierta ocasión, uno de sus antiguos alumnos intentó besarle el anillo y Benedicto XVI se lo impidió mientras le decía: «Comportémonos normalmente.»

Al vaticanista de *La Stampa*, Marco Tosatti, lo conocí horas antes de que muriera Juan Pablo II.

Recuerdo que hablamos de Polonia y los polacos.

—Creo que todos los pueblos que han sufrido mucho han madurado y han transformado su sufrimiento en un determinado valor. Naturalmente, Polonia ha sufrido mucho y hay que decir que, objetivamente, los polacos son personas muy particulares, que, consecuentemente, tienen una creatividad también muy particular.

Según Tosatti, no todos los italianos que se declaran católicos siguen las indicaciones de la Iglesia.

—Ocurre que, desde hace unos años, muchas de las personas que no mostraban interés alguno por la religión o por la Iglesia pretenden ahora darle lecciones morales, argumentando que no defiende suficientemente los valores cristianos de Italia. Y esto es algo muy curioso, porque en los dos últimos siglos en Europa y en Italia, y sobre todo durante los últimos treinta años, la Iglesia ha sido acusada de haber influido y de haber jugado un papel excesivo en la política y en la sociedad.

—Curioso.

—Muy curioso. Ahora incluso los agnósticos reprochan a la Iglesia que no diga que el mundo islámico supone un gran peligro para Europa, para Italia. Aunque lo que más preocupa a la Iglesia es que muchos europeos, muchos italianos, viven como si Dios no existiera.

Tras la renuncia de Benedicto XVI, el colega Marco Tosatti ha decidido publicar los apuntes sobre la salud del papa que ha ido escribiendo durante los últimos años y también las confidencias que periódicamente le han hecho algunos de los allegados al pontífice romano. Tosatti decidió que solo publicaría este material periodístico cuando Benedicto XVI dejara de ser papa. Y ese momento ha llegado.

Hace dos años escribí que Benedicto XVI no podía dormir y se negaba a tomar medicamentos. Eso explicaba su aspecto desmejorado, cansado. Su médico personal, el doctor Polisca, recomendó que lo prudente sería que el pontífice viajara lo menos posible en avión. Sus problemas de presión arterial así lo aconsejaban. Y, desde luego, los vuelos más peligrosos eran los intercontinentales.

Otro de los problemas provocados por los viajes es que Benedicto XVI se caía de la cama si esta era pequeña, es decir, muy estrecha. Eso es, probablemente, lo que debió de suceder en el Valle de Aosta, cuando se rompió la muñeca. Pudo caerse de la cama. Durante su estancia en Malta, le habilitaron una habitación con muebles de época. La cama era de la época napoleónica con baldaquino, pero al ser tan estrecha no pudo dormir en toda la noche: tenía miedo de caer al suelo. Eso explica que al día siguiente, durante la misa, se quedara dormido. Lo tuvo que despertar uno de sus asistentes tocándole el brazo.

Apenas ve con su ojo izquierdo. En otoño del 2012 se sintió débil y lo dijo. Antes no lo decía. Usa el bastón también cuando está en su apartamento privado porque le duele la rodilla y la cadera derecha. Todos sabemos ya que sufrió un ictus en 1992 y que lleva un marcapasos. Lo que muchos ignoran es que el cardenal Tarcisio Bertone, su secretario de Estado, sufre también problemas de visión y parece que fue operado recientemente en un hospital de Génova.

También el periodista Peter Seewald ha avanzado estos días en el *Corriere della Sera* parte del contenido de la biografía del papa alemán, que aparecerá en breve. Seewald cuenta que, estando con él hace dos semanas, comprobó que su audición se había resentido, que no veía bien y que su cuerpo se había encorvado.

Según Seewald, el caso de Paolo Gabrielle, el mayordomo traidor, parece que no le afectó demasiado, pero confesaba que no lograba entender su psicología.

«Cuando en nuestro último encuentro le pregunté a Benedicto XVI si él era el final de lo viejo o el principio de lo nuevo, me respondió: "Soy las dos cosas."»

10

Sotana blanca y *zucchetto* o solideo. Porque el camauro, ese gorro escarlata forrado de armiño, que resucitó Benedicto XVI, quizá regrese para siempre a los armarios vaticanos.

También los calcetines de Benedicto XVI se pusieron de moda entre algunos ilustres para satisfacción de su fabricante. Son de Gamarelli: 100% hilo de Escocia o lana, a gusto del correspondiente papa.

Como siempre, la próxima elección de un nuevo pontífice ha vuelto a activar un género periodístico que goza de mucha aceptación entre los lectores.

Hablo de los sastres y zapateros del papa.

En el tema del calzado, esos mocasines rojos, *L'Osservatore Romano* zanjó cierta discusión iniciada en la prensa estadounidense: «Benedicto XVI nunca ha usado zapatos de Prada sino de Cristo.»

El problema de los sastres es ya más complicado, es decir, más italiano. En realidad, más que un problema ha llegado a ser una guerra.

Estos días algunas televisiones y algunos turistas se dirigen a la sastrería Gamarelli, que es la que, tradicionalmente, desde 1798, ha vestido a los papas. Ocurre que, durante el papado de Benedicto XVI o al principio del mismo, Raniero Mancinelli presumió no solo de ser el nuevo sastre del papa sino que se atrevió a decir que los sastres de Annibale Gamarelli no sabían coser. Luego, aparecieron dos sastres más: Alessandro Cattaneo y Michele Ombroso. Y, en los canales de televisión colombianos, quien figuraba como sastre de Juan Pablo II y Benedicto XVI era el colombiano Luis Abel Delgado, que saltó a la fama días antes de que Juan Pablo II fuera beatificado.

Un lío, pues, el de los sastres del papa. O una guerra.

Lo cierto es que la cabra sigue tirando al monte, y muchos colegas siguen tirando hacia la Via Santa Chiara, 34, que es donde está Gamarelli.

—¿Pero quién es o ha sido el sastre de Benedicto XVI?

La respuesta italiana es que depende de a qué sastre de los ya mencionados le preguntes.

A través de un colega romano logro tomar una cerveza en Penny Lane con quien el colega me asegura que es un empleado del Vaticano, un «sampietrino», que, por supuesto, se niega muy amablemente a decirme su nombre.

—¿Qué es un nombre? Una vanidad. Solo eso. Y ya le adelanto (no sé lo que le habrá dicho de mí, Marco) que amo a la Iglesia católica y no diré nada malo contra ella.

—No pretendo que me hable mal de la Iglesia…

—Ni del papa Benedicto.

—Por supuesto.

—Se lo digo porque quizá a muchos les ha sentado mal que haya renunciado, pero yo lo entiendo. Lo de ser papa no es tan fácil como ustedes los periodistas creen.

—¿Por qué cree usted que a partir de cierto momento y no antes salen a la luz muchos trapos sucios?

—Yo no soy ni un periodista ni un historiador ni un intelectual como el papa Benedicto. ¿De acuerdo?

—De acuerdo.

—Yo no soy nada, pero creo que si los trapos sucios salieron es porque existían. Y eso ya lo dijo el papa Benedicto. Fue el primero en llamar a las cosas por su nombre y en denunciar que existían. Y no sé si eso se lo han reconocido. Mire, yo creo, eso es lo que alguien me dijo en cierta ocasión, que cuando el papa Juan Pablo II no aplaudió, ya me entiende, la guerra contra Irak es cuando comenzaron los problemas para el Vaticano. Me refiero a lo de los trapos sucios.

—Papa Bush se vengó.

—Eso lo dice usted.

—¿Quién será el nuevo papa?

—Vaya pregunta. Y yo qué sé.

—Algo habrá oído.

—Lo mío son los andamios.

—No me lo creo.

—Pues no se lo crea.

—¿Quién será el nuevo papa?

—Un italiano. De eso estoy bastante seguro.

—¿Y quién es ese italiano?

—Yo he oído que el papa que ahora interesa a la Iglesia debería ser alguien que hable muchos idiomas, que sepa de derecho y que tenga carácter.

—Un tipo así podría ser el cardenal canadiense...

—No me tome en serio. Yo solo digo lo que digo. Y lo que digo es que el cardenal Ravasi a mí me gusta mucho. Y sabe lo que es la curia. Ya sabe lo que se decía del papa Juan Pablo II.

—¿Qué se decía?

—Que mucho viajar, pero no se atrevía a viajar a la curia. ¿Cuándo viajará el papa a la curia? Eso se decía.

—¿Y ahora qué se dice?

—Algo que, según mi modesto entender, creo que es muy cierto. El papa Benedicto se ha comportado como un hombre y de esta manera quien le suceda no tendrá que actuar como un superhombre, que así definían muchos al papa Juan Pablo II.

—Ravasi, ya que usted lo ha mencionado antes, tiene cara de buena persona. ¿Usted cree que sería capaz de dar un puñetazo en la mesa?

—Yo nunca lo he visto enfadado. No puedo, pues, opinar. Se dice, a propósito del puñetazo en la mesa, que el papa Pío XI era así.

—¿Pío XII?

—Yo he dicho Pío XI. Y solo digo lo que he oído. También dicen que el húngaro puede ganar.

—¿El cardenal…?

—El húngaro, sí. No sé cómo se llama.

—¿Y el cardenal Scola, que es italiano?

—¿El de Milán? Sí, de ese también hablan muchos y bien. Pero, mire, ¿sabe cuál es uno de los mayores problemas que puede tener la Iglesia y que ustedes, los periodistas, nunca lo mencionan?

—¿Tampoco los vaticanólogos, que son todos italianos?

—Estos se creen que son de primera división. ¿En España hay vaticanólogos?

—No.

—Bueno, pues el problema, el gran problema que puede tener la Iglesia si las cosas no se remedian es la falta de monjas. Yo suelo hablar a menudo con algunas de ellas y tienen muy claro que son muy importantes para la Iglesia y que sin ellas no funcionaría casi nada. Ahora las monjas no son como antes. Algunas se atreven a hablar y a mí me han dicho eso: que las monjas son muy importantes. ¿Le han contado ya la anécdota de los obispos suizos?

—No.

—Pues en cierta ocasión el papa Benedicto XVI recibió a los obispos suizos, era una visita o audiencia privada, ya no me acuerdo, que había quedado pospuesta por la muerte del papa Juan Pablo II. A la hora de iniciar el discurso uno de sus ayudantes le tendió los folios que se habían preparado para que los leyera el papa Juan Pablo II. Al darse cuenta del error, el papa Benedicto, rápidamente, decidió no leerlo e improvisó. Al día siguiente, lo primero que hicieron los obispos suizos fue ir a comprar *L'Osservatore Romano* porque les había gustado mucho el discurso del papa. ¿Y qué se encontraron?

—Otro discurso.

—Ja, ja. Sí. Se encontraron con el discurso que habían redactado para Juan Pablo II.

—¿Y es verdad que Benedicto XVI quiso que su portavoz fuera una mujer, concretamente una periodista estadounidense?

—El padre Federico Lombardi es una buena persona y lo ha hecho bien. Bueno, yo no entiendo mucho de estas cosas, pero creo que lo ha hecho bien. A mi mujer le cae también muy bien. Está por la labor, ya me entiende.

—¿Pero Benedicto XVI quería una mujer inteligente, elegante, guapa...?

—Eso aseguran algunos. Quizá sí, pero yo no sé nada. Pero algo he oído sobre eso, sí.

—¿Qué más cosas ha oído usted?

—Pues que, según algunos, el papa Benedicto se equivocó al rodearse de gente de su confianza, aunque no tuvieran experiencia. Aquí algunos dicen que el papa Juan, me refiero a Juan XXIII, lo hizo al revés: se rodeó de gente experimentada. El papa Juan parecía un campesino, pero no lo era. A mí me han dicho que no se llevaba bien con el cardenal Tardini, que fue su secretario de Estado, pero lo mantuvo.

—¿El cardenal Bertone traicionó al papa Benedicto?

—Yo, de esto, ni sé nada ni quiero saber. Pero no lo creo.

—¿Qué no cree?

—Que lo traicionara. El cardenal Bertone, para mí, es una buena persona. Es muy simpático y entiende mucho de fútbol. Yo creo que al cardenal Bertone le ha faltado el colmillo, ese colmillo que no solo has de tener sino que lo has de enseñar de vez en cuando. Como mínimo una vez al día. O eso es lo que dicen en mi pueblo.

—¿Donde nació usted?

—En un pueblo. Ya sabe: todos los pueblos son el mismo pueblo.

—¿El cardenal Angelo Sodano sí tenía y mostraba colmillo?

—No lo sé. Eso me cae muy lejos. Pero por lo que he oído decir el cardenal Sodano, vaya usted a saber por qué, nunca se llevó bien con el papa Benedicto cuando este era cardenal. Algunos dicen, no sé si con razón, que el asunto de aquel mexicano...

—El padre Maciel.

—Ese. Pues se ve que el cardenal Sodano nunca le quiso dar la razón al cardenal Ratzinger porque yo estoy hablando de cuando el papa Benedicto era cardenal. Lo del mexicano ha sido muy triste, muy feo. Pero oiga, no me interprete mal: según dicen los que entienden de esas cosas, el cardenal

Sodano fue un gran diplomático. Y a Maciel, el mexicano, ya le sacó tarjeta amarilla Pío XII. Y seguramente la tarjeta hubiese tenido que ser roja.

—Y eso lo ha pagado Benedicto XVI.

—No lo sé, pero yo creo que sí.

—Por cierto, ¿quién era el sastre del papa?

—Este tema es muy delicado. Lo sé, pero no se lo diré.

11

Decido llamar por teléfono al jesuita e historiador de la Iglesia Josep Maria Benítez, profesor emérito de la Universidad Pontificia Gregoriana. Sé que en unas semanas volverá a su querida Roma para presentar un documental sobre el padre Miquel Batllori, aquel singular jesuita experto en Ramon Llull y los Borgia. Benítez ha sido el asesor de ese documental.

—¿Cuándo vienes a Roma?

—Aún no lo sé. Y tú, ¿qué haces en Roma?

—Lo de siempre, Josep Maria: estoy escribiendo una crónica vaticana. ¿Cómo te enteraste de la renuncia?

—Me llamó un compañero desde Roma. Luego, cuando escuché en televisión su discurso pronunciado en latín, lo entendí todo.

—¿Todo?

—Bueno, ya me entiendes.

—¿Habló en su discurso de renuncia de «crisis espiritual»?

—No. Habló de «crisis intelectual». Vamos a ver, lo que dijo en latín se puede traducir por «crisis intelectual». Él dijo que, debido a su edad, había perdido fuerzas físicas e intelectuales. Y no, no me sorprendió su renuncia. Quizá porque, inconscientemente, lo deseaba.

—¿Por qué?

—Pues porque yo viví en Roma muy de cerca los últimos meses de Pablo VI. Hablo de 1978. Y aquellos meses finales fueron terribles, penosos. Me refiero a que sobreactuaba, en el sentido de que se esforzaba por transmitir lo que quería decir. Recuerdo que, en cierta ocasión, me cogió las manos y me dijo: «Sed fieles a Jesucristo.» Y eso demostraba su estado de ánimo.

—¿Era tan dubitativo como se ha dicho?

—Yo he escrito de él que era hamletiano, sí. Por otra parte me molestó mucho el acto, más propio de la farándula que de otras cosas, que se organizó o le organizaron a Juan Pablo II con motivo del jubileo del año 2000. Aquel día me di perfecta cuenta de que ya no era él. Recuerda además aquella casulla de diseño que le endilgaron y que parecía uno de esos vestidos que solía vestir la soprano Montserrat Caballé cuando cantaba determinadas óperas. Aquello, para mí, fue una agonía prolongada y trivializada por los medios de comunicación y consentida, por supuesto, desde la curia.

—¿Qué crees que va a cambiar en la Iglesia?

—A ver. Esta renuncia es el prólogo de un cónclave y de un inicio de pontificado que, independientemente del nuevo papa, se verá influido por Benedicto XVI. Ya sé que ha dicho que no influirá para nada en el nuevo papa, pero la historia nos ha enseñado que su figura y sus fieles podrían influir en el próximo papa. Por consiguiente, si eso es así serán muy importantes las primeras reacciones tanto del nuevo papa como de Benedicto XVI.

A Josep Maria Benítez le han interesado muchas cosas de Benedicto XVI.

—Yo destacaría la primera parte de su primera encíclica *Deus caritas est.* Una primera parte que comenté con Liliana Cavani, la directora de aquella película titulada *Portero de noche.*

—Francamente, no os imagino juntos a los dos hablando de una encíclica papal.

—Pues cenamos juntos dos veces. Concretamente, en el hotel Minerva. Su película *Portero de noche* es, creo, la mejor interpretación psicológica de la perversión del nazismo. Entendiendo en este caso por perversión la destrucción total de la víctima sin matarla. Pues bien, hablando de su película, le dije a Liliana Cavani que ligaba con la visión ética del cristianismo y que esa visión aparecía en una encíclica que había escrito recientemente Benedicto XVI.

—¿Y qué te respondió?

—Que por su tradición familiar no se había interesado nunca ni por las encíclicas ni por los papas. Pero ojo, porque el anticatólico italiano no tiene nada que ver con el español. El anticatólico no se come a ningún cura, como pasa aquí, no es anticlerical. El anticatólico italiano acusa a los antiguos papas de haber abusado de su poder temporal y, por consiguiente, opina que no les interesa nada que venga del papa. Bueno, pues después de decirle que los prejuicios nunca son buenos, la animé a que leyera la encíclica, que habla del amor, de la amistad, y le gustó. Tanto, que organizamos un acto público en el que Liliana Cavani hablaba de su experiencia. Porque, ojo, *caritas* no significa 'limosna' sino 'amor', palabra o concepto hoy absolutamente devaluado. ¿Me explico?

—Creo que sí.

—De modo que la simpatía, la sintonía que se estableció entre Liliana Cavani y yo tuvo su origen en la sabiduría de

Benedicto XVI. Y antes de seguir hablando no te fíes demasiado de esos «vaticanólogos» que aparentan saberlo todo del Vaticano y no siempre es así. Casi nunca es así.

—Esta llamada me va a arruinar, amigo Benítez.

—Pues ya seguiremos hablando cuando vuelvas a Barcelona. Pero me encantaría que aún estuvieras en Roma unos días más. Lo digo por lo del pase del documental del padre Batllori.

—Ya hablaremos.

—De acuerdo. Y no te fíes demasiado de los vaticanólogos. Por cierto, déjame decirte que sufrí mucho cuando vi a mi buen amigo Federico Lombardi solo ante el peligro.

—¿Qué quieres decir?

—Que tras la inesperada renuncia de Benedicto XVI, mi amigo Lombardi se quedó solo ante el peligro, es decir, solo ante los periodistas. Ningún miembro de la curia se dignó a dar la cara en aquellos momentos.

12

PODER ACCEDER a la basílica de San Pedro a primera hora
de la mañana, cuando aún no está abierta al público, cuando
el barroco se despereza, cuando el silencio se lleva bien con
los mármoles y los mosaicos brillantes, cuando su inmensidad es un espacio que sobrecoge y dispara la imaginación, es
un privilegio que debo, nuevamente, a Miquel Delgado.

Quizá sí que algunos lugares de culto han de ser como la
basílica de San Pedro. También la inmensidad y la belleza
ayudan a reflexionar a los creyentes e incluso a los ateos.
Belleza e inmensidad bajo esa prodigiosa cúpula y una cierta
prevención ante esa tumba que permite observar, yacente,
el cadáver embalsamado del papa Juan XXIII y cuya cara
siempre logra hacer dudar al peregrino y al turista. Porque
esa cara, que fue campesina, irónica y astuta, parece más
una máscara mortuoria que una cara.

Pero la gran experiencia es poder pasar de la luz, los
mármoles y la inmensidad barroca a lo oscuro, estrecho y
casi agobiante. De la basílica a la gruta. A la tierra. De arriba abajo.

Desde la estatua de San Longinos, el soldado romano
que atravesó con su lanza el costado de Jesús en la cruz, una
estrecha escalera, siempre muy vigilada, permite descender
de la basílica de San Pedro a las grutas vaticanas. En esas

grutas se encuentran las tumbas de muchos papas, sarcófagos paleocristianos y remotos restos arquitectónicos.

Las llamadas grutas nuevas fueron construidas durante el papado de Clemente VIII, que fue quien mandó construir un deambulatorio desde el que, a través de un pasillo transversal, se puede llegar a la tumba del apóstol Pedro. Y en ese espacio resultante se construyó la llamada capilla Clementina dedicada a los santos Pedro y Pablo. Esa capilla es el lugar más próximo a la tumba de san Pedro y es precisamente en ella donde Miquel Delgado está a punto de celebrar una misa solo para siete personas, cuatro de ellas monjas.

La capilla, pequeña pero muy sugerente, recuerda el martirio de san Pedro, y por esa razón tiene forma de cruz latina invertida; está decorada con pinturas y estucos de Giovanni Battista Maini que representan el martirio del santo. Frente a ella se encuentra el sepulcro del papa Pío XII.

Asistir a una misa en esa capilla humilde y estrecha, casi agobiante, una misa celebrada por un sacerdote como Miquel Delgado, que cree en lo que hace y dice, es una experiencia única y reconfortante incluso para el agnóstico y el ateo sincero.

Es en esta misma capilla donde algunos papas rezan minutos después de haber sido elegidos.

También la sacristía de la basílica de San Pedro es otra experiencia, pero esta es más humana.

Al abandonar la basílica de San Pedro estalla la luz romana.

—Hoy es el penúltimo ángelus de nuestro Benedicto.

Quien así se expresa es un argentino alto y grueso, sesentón, que ha llegado a la plaza de San Pedro armado con una bandera argentina. Tiene esa presencia poderosa en la que se adivinan muchos años de bife, quizá dos generaciones. Y no parece presentar síntomas o amenazas de ácido úrico.

—Hoy están también aquí miembros del Colegio Argentino de Roma, pero los he perdido. Hermosa la enseña de mi patria, ¿verdad? Y sí, es una pena, claro, pero nuestro viejito Benedicto ha hecho bien. Y, présteme usted un minuto de atención, amigo. Ojito con nuestro cardenal Bergoglio.

—Su cardenal no quiso ser papa.

—Ojito con nuestro cardenal argentino, que es de San Lorenzo de Almagro. Como yo. Ojito porque el segundo puede ahora ser el primero.

Los teléfonos móviles, también en la plaza de San Pedro, sirven para llamar a los familiares y amigos y decir: «Estoy en la plaza de San Pedro escuchando al papa.»

A mi lado veo a cuatro o cinco monjas polacas también abanderadas. En una pancarta se lee «La Inmaculada vencerá». Y en otra, sin duda dirigida al papa, «Te queremos mucho». Un grupo de italianos de Verona comienza a aplaudir. Y tras ellos, cerca de la fuente, otro grupo de italianos muestra una gran pancarta en la que se lee, escrita con letras rojas, mayúsculas, la palabra «GRAZIE».

—Pues aquí estamos, desde las nueve.

Eso dice un español de cuyo cuello penden unos prismáticos. A su lado, su mujer se mira el rímel o lo que sea en un pequeño espejo de bolsillo. El español, que dice ser de Sevilla, asegura que el cardenal Carlos Amigo sería un buen papa.

—Pero ya sabe usted que ha hablado con el Espíritu Santo y han pactado que no saldrá elegido papa.

Un grupo de mexicanos comenta que el nuevo papa podría ser mexicano.

—Por muchas razones, compadre. Porque la Iglesia católica ya hace tiempo que no tiene cara exclusivamente europea y por lo que usted ya sabe.

—No sé.

—Lo de los legionarios famosos. En realidad, lo de su fundador. ¿Pero dónde no hay, si usted me lo permite, suciedad? Y si el nuevo papa no puede ser mexicano, que sea latinoamericano, hombre. ¿Usted conoce mi país?

—Un poco.

—Lindo país, pero ya sabe, demasiado cerca de Estados Unidos. Yo creo que la violencia, buena parte de ella, va a cesar poco a poco. A quien usted ya sabe no se le puede hacer frente sin talento y sin complicidades internacionales. Soy de México DF, sí.

—Nadie lo ha descrito mejor que Monsiváis.

—¿Lo conocía usted? Qué bueno, sí, el Monsi. Tenía sus cosas, ya sabe, pero era bueno con la pluma, sí, muy bueno. ¿Es usted español?

—De Barcelona.

—Pues ahí la tienen también ustedes un poco movida, como si dijéramos. Y el rey Juan Carlos, que entre el yerno, las hernias discales, los elefantes y las muletas no parece que le vayan las cosas tan bien como antes. Ah, ahí está el papa, compadre. Tómese usted a su salud, esta tarde, un tequila reposado. Yo haré lo mismo. Y a ver si hay suerte y el próximo es mexicano.

Benedicto XVI, asomado a la ventana de su apartamento, comienza a leer los folios que le acaba de colocar en el atril su secretario personal, Georg Gänswein, que es también quien anteriormente ha tendido desde la ventana una balconera o tapiz de color granate. El papa habla del demonio, de las tentaciones del demonio y del desierto, ese desierto que, según el papa, constituyó uno de los primeros descensos de Jesús propiamente humanos.

—En los momentos más decisivos de la vida, en realidad en todos los momentos, siempre nos encontramos ante una bifurcación. ¿Qué decidimos? ¿Tomamos el camino que nos interesa individualmente, egoístamente, u optamos por el que nos lleva a Dios?

No todos parecen analizar las palabras de Benedicto XVI. Además, el sonido es bastante deficiente. Pero, pese a esos problemas técnicos, creo que se entiende todo lo que dice y parece insinuar. En realidad, los turistas que están aquí, en la plaza, no escuchan, simplemente fotografían al papa. Y los peregrinos, los católicos, lo único que quieren es que el pontífice compruebe que lo quieren.

—Seguid, seguid rezando por mí y por el próximo papa.

Lo acaba de decir en su alocución dirigida a los españoles.

El papa, que acaba de aplicar un buen rejón a quienes solo se preocupan por alcanzar el poder, dice lo que todos sabemos que está diciendo, pero es muy probable que mañana algunos acusen a los periodistas de interpretar mal el sentido de sus palabras.

Ayer, por ejemplo, leí el artículo de un sacerdote en el cual criticaba a los periodistas por, según él, analizar con interés morboso cada una de las palabras que Benedicto XVI ha pronunciado desde el lunes. Quizá ese sacerdote no sabe lo que es o debería ser el periodismo.

Jordi Pujol Soler, que está estudiando teología en Roma y anda metido también en latines, sonríe, entiende perfectamente todo lo que está diciendo o insinuando el papa y dice:

«*Qui potest capere capiat.*» O sea, más o menos: el que tenga oídos para oír que oiga.

Cuando Benedicto XVI se dirige a los italianos en su idioma es cuando se escuchan los mayores aplausos en la plaza de San Pedro.

—Saludo a los fieles de la diócesis de Verona y de Brescia. Y saludo muy particularmente a la administración de Roma, guiada por su alcalde, y a todos los habitantes de esta hermosa ciudad.

Dos *carabinieri* uniformados alzan sus respectivas banderas y Jordi Pujol me descubre entre los turistas y peregrinos al alcalde o *sindaco* de Roma, Gianni Alemanno, que abandona la plaza de San Pedro entre varios *carabinieri* que le abren paso.

—*Grazzie, scuzzi, signora, grazzie, scuzzi.*

Consulto el reloj y me pregunto si a partir del 28 de febrero seguirá siendo verdad que el tiempo en el Vaticano es otro. También recuerdo aquel capítulo protagonizado por el cardenal Domenico Tardini que, cuando era secretario de Estado, recibió la visita de un muy apurado monseñor que, tras saludar al cardenal, le dijo que era urgente solucionar cierto problema en un país africano. Tardini siguió leyendo sus cosas sin inmutarse, sin mirar a los ojos del muy apurado monseñor, quien, cada vez más apurado, volvió a hablarle de lo urgente que era solucionar aquel problema. Entonces, el romano Tardini cogió los folios que el muy apurado monseñor llevaba en la mano, los metió en un cajón de su mesa de trabajo y le dijo: «A ver si lo entiende usted de una vez: los problemas urgentes se resuelven con mucha calma, sin prisa alguna. Y los muy urgentes se resuelven solos.»

Monseñor Edoardo Maria Viganò, director del Centro Televisivo Vaticano, vuelve a observar el contraplano que, por primera vez, un realizador del CTV ha utilizado en la emisión en directo del ángelus que acaba de presidir Benedicto XVI.

Parece satisfecho.

Los espectadores han podido ver por primera vez un plano tomado desde el interior del apartamento papal en el que aparece Benedicto XVI, visto de espaldas, rezando y saludando a los peregrinos y turistas que hasta hace unos minutos se encontraban en la plaza de San Pedro.

Todo son ensayos. Viganò piensa en el próximo miércoles 28 de febrero. Las cámaras de la CTV seguirán al papa hasta que a las cinco de la tarde del jueves 29 suba al helicóptero que lo trasladará a Castel Gandolfo.

Las últimas imágenes del papa en el Vaticano serán, sin duda, un documento histórico.

El próximo día 28, su último día en el Vaticano, Benedicto XVI saludará a todos los obispos que estén en Roma y el 29 hará lo propio con los cardenales. A las cinco en punto saludará en el patio de San Dámaso al secretario de Estado y camarlengo, el cardenal Tarcisio Bertone. Y en el helipuerto se despedirá del decano del Colegio Cardenalicio, el cardenal Angelo Sodano.

13

«TODO GIRA en torno al sexto y séptimo mandamiento.»
Así lo anuncia la revista *Panorama*.

Nueva conmoción. Porque a la renuncia de Benedicto XVI se une hoy la publicación de parte del contenido de un informe secreto que, según dos medios de comunicación italianos, habría provocado la renuncia del papa. Informe elaborado con las respuestas de cardenales, obispos y laicos.

La revista *Panorama* primero y después el diario *La Repubblica* hablan, pues, de parte del contenido del informe secreto de trescientas páginas y cubiertas rojas que Benedicto XVI encargó a tres cardenales de su máxima confianza tras el escándalo provocado por el robo y la posterior publicación de sus papeles personales, lo que periodísticamente se conoció como el Vatileaks. Un informe secreto que Benedicto XVI guarda en la caja fuerte que tiene en su apartamento privado y que entregará al próximo papa.

Los ya famosos tres «detectives vaticanos» son el cardenal español Julián Herranz, miembro del Opus Dei, el cardenal eslovaco Jozef Tomko, a quien durante un tiempo algunos situaban al frente de lo que podría definirse como el servicio de contraespionaje del Vaticano, y el cardenal italiano Salvatore De Giorgi, que fue obispo de Palermo y a quien se le vincula con la Acción Católica y con el expresidente de la Conferencia Episcopal Italiana, Camillo Ruini.

Ninguno de los tres participará en el cónclave que en breve elegirá al nuevo papa. Los tres tienen más de ochenta años.

El informe secreto, elaborado por los tres detectives vaticanos —y siempre según la revista *Panorama*—, pondría en evidencia tres grupos o *lobbies* de eclesiásticos y laicos que se dedicarían a hacer negocios, a promover o destruir carreras eclesiásticas y a favorecer encuentros homosexuales para posteriormente chantajear a sus protagonistas.

—Pueden salir más esqueletos de los armarios.

Eso es lo que le dice Ignazio Ingrao al colega y amigo Rossend Domènech, corresponsal de *El Periódico de Cataluña* en Roma.

Ignazio Ingrao es un tipo amable que hoy sonríe satisfecho mientras se ajusta sus gafas de ver. Es el primer periodista que ha informado sobre alguno de los contenidos del informe secreto que, eso dicen, está guardado en la caja fuerte de Benedicto XVI.

Ingrao trabaja en la revista *Panorama* y le asegura a Domènech que su información no se debe a ninguna filtración vaticana ni al acceso directo o indirecto del informe sino al testimonio de alguno de los investigados.

—No todos son italianos. Y algunos de ellos, clérigos o laicos, ni viven en Roma ni trabajan en el Vaticano. En fin, que hasta que comience el cónclave aún pueden salir muchos esqueletos de algunos armarios.

Rossend Domènech, un hombre experto en tomates, vuelve a mencionar a uno de los detectives vaticanos, Salvatore De Giorgi. Parece como si le negara categoría para formar parte del trío de detectives.

—Ya te he dicho que está vinculado al cardenal Ruini, expresidente de la Conferencia Episcopal Italiana. Y ya sabes que él es digamos que adversario del cardenal Tarcisio Bertone.

Al despedirse de Ingrao, Domènech recuerda dos cosas. La primera, que cuando Juan Pablo II era reticente a destituir al cardenal de Viena, Hans Hermann Groër, implicado en un escándalo de pederastia, el entonces cardenal Ratzinger presentó su dimisión al papa polaco. La segunda es que cuando Ratzinger se convirtió en Benedicto XVI pidió al cardenal Carlo Maria Viganò, entonces secretario general del Vaticano, información sobre la corrupción interna, fundamentalmente económica, en el mismo. Ese informe, en el que se hablaba de robos en villas pontificias, facturas falsas, etcétera, Viganò lo entregó al papa y, curiosamente, según Domènech, algunas partes del mismo aparecieron en el libro titulado *Su Santidad*, escrito por el periodista Gianluigi Nuzzi. El cardenal Viganò fue enviado como nuncio a Estados Unidos, parece ser que por el especial interés de Tarcisio Bertone, el secretario de Estado. Y aquello no fue el inicio de una buena amistad sino el preámbulo del llamado caso Vatileaks.

En el bar de un hotel próximo a la Sala Stampa, varios colegas comentan que el informe secreto de los tres detectives vaticanos podría ser un torpedo en la línea de flotación de dos grandes buques insignia vaticanos: Tarcisio Bertone y Angelo Scola, dos de los más influyentes e importantes electores en el ya inmediato cónclave. Además, Bertone, durante el período que se denomina «sede vacante», será el cardenal camarlengo.

—Desde que el papa anunció su renuncia, Bertone no ha parado de cesar y nombrar a tipos influyentes en el sector económico.

—Y ayer, el cardenal Timothy Dolan estuvo respondiendo durante más de tres horas a las preguntas de los abogados de las víctimas de presuntos actos sexuales. El cardenal tardó demasiados años en reaccionar sobre lo ocurrido en su anterior diócesis, Milwaukee; en facilitar los nombres de los culpables.

—Es un cachondo.

—Eso sí. El otro día, cuando alguien le preguntó si era uno de los cardenales papables, Dolan respondió: «Eso únicamente lo puede decir o pensar alguien que fuma marihuana.»

Hoy, tras conocerse parte del presunto contenido del informe encargado por Benedicto XVI, el papa alemán aún es más valorado por muchos y comienza a ser entendido por quienes hasta hoy no aceptaban ni entendían su renuncia.

Finalmente aparece en la Sala Stampa el jesuita Federico Lombardi, que se adelanta a todos:

—No voy a hacer ningún comentario sobre el llamado Vatileaks. Cada cual ha de asumir su propia responsabilidad. Y, desde luego, los tres cardenales autores del informe ni harán comentarios ni concederán entrevistas. No podemos contestar a todas las historias, hipótesis, fantasías, opiniones y rumores que se dicen pública o anónimamente.

Mientras el padre Lombardi intenta responder a los periodistas acreditados ante la Santa Sede, recuerdo que hace dos meses, comiendo buena pasta en el Instituto Cervantes de Roma, un gran conocedor de Roma y del Vaticano habló de Marco Simeone, de quien se dice que era un protegido de Tarcisio Bertone y que el actual nuncio en Estados Unidos, Carlo Maria Viganò, ya relacionó hace tiempo con ciertos casos de corrupción vaticana. Luego, a Marco Simeone se le relacionó también con la decapitación de Ettore Gotti Tedeschi, el banquero y amigo de Benedicto XVI que recibió amenazas de muerte y fue fulgurantemente destituido de su cargo: presidente del banco del Vaticano.

Intento recordar el nombre del nuevo presidente del banco del Vaticano, el llamado Instituto para las Obras de Religión (IOR), y no lo consigo. No es fácil retener el nombre del barón alemán Ernst Von Freyberg. Sí es fácil de entender que una de las primeras decisiones que tomó Benedicto XVI tras su renuncia fuera nombrar a un nuevo presidente del IOR.

Von Freyberg es un caballero calvo y pulcro, un abogado que conoce las Bolsas de Fráncfort y Londres, que pertenece a los Caballeros de Malta y cuya afición es cazar. Pero Benedicto XVI se fijó en él porque anualmente se le puede ver en Lourdes, entre enfermos y discapacitados, manejando camillas y sillas de ruedas. Participa, pues, muy activamente, en la organización de peregrinaciones y echa más de una mano a sus protagonistas.

14

Como con un colega alemán, bávaro como el papa, en una pizzería del Trastevere. El sábado por la noche este barrio romano se llena de romanos y eso hace más soportables a los turistas. Pienso en el cantante Meloni, que solía amenizar la pasta, las pizzas, el lambrusco y las grapas con su guitarra y sus canciones. Le recuerdo gordo, sonriente, romano, trasteverino. Como un personaje de Fellini.

La conversación gira en torno al informe de trescientas páginas ordenado por Benedicto XVI. Markus me pregunta si conozco a alguno de los tres cardenales detectives y le respondo que solo he hablado una vez con el español, con el cardenal Julián Herranz.

—Ha sido el jefe de los detectives.

—Es un andaluz senequista.

—¿Qué quieres decir?

—Que parece estoico. Herranz nació en Baena, un pueblo de Córdoba famoso por su aceite de oliva. Y Séneca era también cordobés. O eso se dice. Nada que ver, pues, con la imagen tradicional o tópica del andaluz. Herranz, que tiene ochenta y dos años, parece un hombre austero. Le recuerdo fumador y muy hermético. Y con gafas de cristales oscuros. He de reconocer que tiene un rostro inquietante. Es canonista, médico y psiquiatra. Y el burro es uno de sus animales

favoritos. Sospecho que es influencia de san Josemaría Escri-
vá, quien también admiraba mucho a los burros.

—Porque Herranz es del Opus Dei.

—Sí. No es fácil entrevistar a Herranz. Bueno, hablo
desde mi experiencia. Y ya te he dicho que solo lo entrevisté
una vez. En realidad fue media entrevista. Recuerdo que
en cuanto le preguntaba por algún problema actual de la
Iglesia se escapaba y me hablaba, por ejemplo, de Abrahán y
la eternidad. Es de los que siempre dice que la Iglesia ya no
tiene poder. Estos días ha negado que el caso Vatileaks haya
influido en la renuncia del papa. Es curioso…

—¿A qué te refieres?

—A que me estás obligando a pensar en aquella media
entrevista. Le medio entrevisté unos días antes de que Juan
Pablo II falleciera. Y recuerdo que me dijo «¿Qué se espera de
un padre? Pues que se sacrifique por sus hijos. Y si se trata
de un buen padre se sacrifica hasta el final. Y Juan Pablo II
ha sido un buen padre.»

—¿Y?

—Pues que a una compañera le dijo hace dos días que entendía muy bien, incluso como médico, que Benedicto XVI
haya renunciado por problemas psicofísicos.

—¿Quién es esa compañera?

—Lola Galán. Escribe en *El País*. Hace unos días, hablando con ella, Herranz le aseguró que todas las especu-
laciones que se estaban haciendo sobre el contenido del
informe encargado por Benedicto XVI eran exageradas. Mi-
nimizó el resultado de sus investigaciones. Hablaba, creo, de
una anécdota, de una burbuja curial que se había pinchado
ella misma. Y negaba la existencia en el Vaticano de mafias,
víboras, lobos y esas cosas. Sí reconocía que había ovejas

negras, como en todas partes, como en todas las familias. Y llegó a asegurar que el Gobierno del Vaticano era menos corrupto y mucho más transparente que la mayoría de gobiernos u organismos internacionales.

—¿Decía algo de cómo se imaginaba al nuevo papa?

—Sí. Decía que no debería tener vocación de monje, como aquel Celestino V, que estos días ha resucitado. Para él es preferible un papa que viva muy atento a los problemas actuales, que viva en el mundo. Y que sepa comunicar. Sí recuerdo bien que me hizo gracia cuando habló de la importancia de su nacionalidad.

—¿Prefiere a un italiano?

—No lo sé. Creo que dijo que la edad era importante, pero no mucho. Que era más importante que supiera idiomas y le gustara viajar. Y, eso sí que lo recuerdo muy bien, dijo: «puede que también sea importante su nacionalidad». Igual insinuó que mejor que no fuera italiano.

—¿A ti este papa te ha interesado?

—Es el primer papa que me interesa. Yo no me dedico al periodismo religioso. Pero sí, contestando a tu pregunta, este papa ha hecho pensar a muchos, incluso a ateos o agnósticos. Eso sí: hay que leerlo. Porque se le lee mejor que se le escucha. Y, si me permites, como buen teólogo y buen alemán, lo latino, ya me entiendes, lo descubrió no hace mucho. Cuando llegó a Roma. Para él, eso me han dicho algunos expertos, la filosofía y la teología siguen hablando alemán.

Ha llegado la hora de la grapa. Y aparece en la conversación Alemania o Germania, Europa y sus raíces cristianas, etcétera.

—No te cabrees, Markus, pero yo he leído que los déficits culturales de las tribus germánicas eran considerables.

O sea, que la cultura latino-cristiana era superior y eso facilitó mucho la difusión del latín como lengua franca. Fue así como se preparó el camino de la unificación litúrgica de la mayor parte de Europa a medida que esos pueblos se incorporaban a la Iglesia católica.

—Eso lo has leído en Joseph Lortz.

—Eso me lo ha contado un buen doctor en teología, Josep-Ignasi Saranyana. Según él, esa unificación tuvo su reverso, un efecto perverso inesperado, en términos religiosos: el distanciamiento progresivo entre occidente y oriente que acabó en el cisma de 1054.

—¿Te has interesado por el paganismo germánico?

—Solo desde que Wagner me comenzó a gustar. Donde primero me encontré con los dioses germánicos fue en un tebeo cuyo protagonista era el capitán Trueno. Su novia se llamaba Sigrid y era rubia, claro. Y, bueno, ni te cuento lo que me gustó aquella película, *Los vikingos*, protagonizada por Kirk Douglas.

—Por Odín.

—Ja, ja. Por Odín, sí. Odín, el Valhala. ¿Qué edad tienes?

—Solo sesenta y dos.

—Somos de la misma cosecha. Bueno, yo tengo un año más. Sobre ese mundo de Odín y compañía he leído también algunos libros. Uno de ellos es *Europa y sus raíces cristianas*. Su autor, si no recuerdo mal, es José Orlandis. José o Miguel. No, no, José.

—Wotan, Tiwaz, Diu, Donar, Thor.

—No sé qué autor clásico asimilaba Wotan con Mercurio, Tiwaz con Marte y Donar con Hércules.

—Ese es Tácito, hombre. Lo dice en *Germania*.

—Tendremos que pedir otra grapa.

—Hecho.

—Los árboles, los astros, las fuentes, los ríos y las montañas eran también sagrados para ellos.

—Tus antepasados eran ya ecologistas.

—Sí. Luego, rodeando a los dioses mayores, estaban los menores y los seres semidivinos: los trols, los elfos, las valquirias. El martillo de Thor, dios mayor, era el símbolo pagano que se enfrentaba a la cruz cristiana.

—Los bávaros erais celtas. Y suerte tuvisteis de los romanos, que son los nuestros.

—Éramos celtas, nos conquistaron los romanos y luego nos dominaron los *baiuvares*, que no aceptaban el cristianismo y seguían con sus dioses.

—*Baiuvares*.

—Sí. Seguro que salen en el libro ese del que me hablabas antes.

—Pues no me acuerdo.

—En un monasterio bávaro, el de Wessobrunn, seguro que Benedicto XVI lo sabe, se descubrió la llamada *Oración de Wessobrunn*, claro. Es de la época carolingia y es un texto cristiano. Lo único que recuerdo de esa oración, de ese manuscrito, es un poema muy corto. Por eso lo recuerdo. Más o menos dice así: «Cuando no existía nada | en ninguna parte | ya existía el uno, | el omnipotente Dios…» Y ya no recuerdo más.

15

«Dietro le *mura vaticane*.»

Detrás de los muros vaticanos.

El periodismo y los muros del Vaticano siempre han estado muy unidos. O muy separados.

Cuando algún colega comenta o sugiere que determinada información se la ha facilitado alguien del Vaticano es cuando aparece la expresión ya mencionada.

«*Dietro le mura vaticane*.»

Y a la curia romana se la define como «el muro de goma».

Comienza a llover en Roma. Y mi amigo y colega Jordi Fernández, redactor jefe de Europa Press, me dice que acaba de ver pasar a Berlusconi en un coche. Italia está también inmersa en campaña electoral. Las últimas encuestas predicen que el cómico genovés Beppe Grillo y su movimiento Cinco Estrellas pueden ser la segunda fuerza política más votada en las elecciones del próximo domingo.

Paso junto a la muralla del Vaticano, miro hacia el interior cuando llego a la puerta de Santa Ana y pienso, claro, en el periodista Giovanni Maria Vian, que trabaja aquí mismo, detrás de esta muralla vaticana, en la Via del Pellegrino, pero no me decido a incordiarle. Son días también muy movidos para él.

—El del coche era Berlusconi.

—Le teníamos que haber parado.

L'Osservatore Romano.

No puedo evitar pensar también en León XIII, aquel papa de grandes orejas que supo retratar el pintor Jean Joseph Benjamin Constant. Según cuenta la leyenda, la primera vez que León XIII habló con el director del diario *L'Osservatore Romano* le dijo: «Haga usted un diario independiente, pero antes consúltemelo todo a mí.»

Cuando entras en la redacción de *L'Osservatore Romano*, el único diario que no informa sobre deportes, espectáculos y que tampoco ofrece pasatiempos, lo primero que llama la atención es el orden. Todo está en su sitio. O eso me pareció. Nada que ver, pues, con esa especie de manicomio desordenado y tal vez también desajustado que suele ser una redacción periodística. O que debería ser, porque las redacciones de los diarios o de los medios de comunicación se parecen cada vez más a una oficina al uso, eso tan frío y que ahora hemos inundado de millones de litros de agua mineral, lo que podría explicar ciertas cosas.

El día que eligieron papa a Benedicto XVI un colega italiano me dijo en la plaza de San Pedro lo siguiente:

—Espero que mañana no se equivoquen los de *L'Osservatore.*

—¿Qué quieres decir?

—No sé si sabes que si se nombra a un arzobispo y en *L'Osservatore* se le define como obispo se queda obispo hasta un próximo nombramiento. Lo que cuenta oficialmente no es lo que ha sucedido sino lo que publica a la mañana siguiente *L'Osservatore.*

En *L'Osservatore* también está en orden el despacho de su director, Giovanni Maria Vian, historiador y periodista, que dirige el diario oficial del Vaticano desde el año 2007. Romano de 1952, Vian es un hombre menudo de mirada inquieta, rápida y prudente. Una mirada que habita tras unas gafas metálicas de montura redonda. Una mirada que cree que la confrontación de ideas es siempre positiva. Se toca con sombrero, suele mesarse la barba cuando escucha y en su despacho se adivina que Tintín, el reportero Tintín, es un personaje que le resulta simpático.

Creo que fue Vian quien primero escribió que Benedicto XVI estaba rodeado de lobos y todos entendimos que se refería a lobos que habitaban en el Vaticano, no en lejanas montañas, sierras o bosques. Ahora, cuando algún colega, como Álex Rodríguez de *La Vanguardia*, le habla de lobos, el director de *L'Osservatore Romano* dice que sí, que el papa se ha encontrado como un pastor entre lobos, pero «como cualquier buen pastor dentro de la Iglesia. ¿Quiénes son los lobos? Pues los lobos son los que persiguen a los cristianos y los matan, que es lo que está sucediendo en algunos países africanos y asiáticos.»

Vian dice que Benedicto XVI, el papa que se va, ha sido, es y seguirá siendo una sorpresa. También reconoce que con su renuncia ha abierto una puerta de consecuencias históricamente imprevisibles. «Es un gesto coherente con su pontificado, pero no hay que parangonarlo con la cruz. No escapa del Vaticano, volverá como Joseph Ratzinger. Él no quiere que su gesto de renuncia se interprete como un alejamiento del nuevo obispo de Roma. Va a vivir a trescientos metros de los palacios apostólicos y renuncia en mitad del Año de la Fe para que lo complete su sucesor.»

Giovanni Maria Vian es un experto en papas. Uno de sus abuelos fue amigo de Pío X y su padre lo fue de Pablo VI, aquel papa que, según Vian, sabía cultivar la amistad. Hace dos semanas, antes de la renuncia, antes de casi todo, le dije que algunos sacerdotes valoran y celebran los cambios que ha sabido introducir en *L'Osservatore*, pero que se asombran del protagonismo que la mujer comienza a tener en el periódico.

—El deseo de Benedicto XVI fue que la presencia de la mujer en nuestro diario fuera una realidad.

Cuando en el año 2011 *L'Osservatore Romano* celebró sus ciento cincuenta años, el papa Benedicto XVI acudió a la redacción y quiso saludar uno a uno a todos los redactores y trabajadores del diario. A todos. Ciento cincuenta años. De aquellas máquinas de escribir construidas en Turín hasta los actuales ordenadores. Desde las enormes patillas de Nicola Zanchini y aquellos repartidores del diario en bicicleta, que vestían pantalones bombachos, corbata y bigote, hasta Giovanni Maria Vian, que es un entusiasta de Tintín.

El director de *L'Osservatore Romano* es uno de los fijos en todos los viajes del papa. Tiene plaza reservada en el avión papal.

O sea, que me imagino el libro que podría escribir si quisiera porque no creo que el libro que me estoy imaginando lo escriba alguna vez Giovanni Maria Vian, quien, se me olvidaba, fue bautizado en la basílica de San Pedro por un papa. O por alguien que acabó siéndolo: Pablo VI, de quien siempre ha dicho que «fue un buen sacerdote, que tuvo siempre conciencia muy clara, incluso dramática, de su papel como papa».

Al hablar de conciencia dramática no puedo dejar de pensar en el busto de Pablo VI que se guarda en uno de los pasillos del Palazzo de San Calisto. Aquella enorme mitra, aquel cuello torcido, aquella cabeza torcida intentan reflejar, sin duda alguna, ese dramatismo del que habla el director de *L'Osservatore Romano*.

Vian asegura haber heredado de su abuelo lo que él define como «una fidelidad intransigente» a la Santa Sede. Luego matiza y dice «evidentemente sin caer en esa papolatría excesiva y empalagosísima que algunos practican. Y, desde luego, mi conciencia sabe que ha de estar siempre muy atenta.»

Tras la renuncia de Benedicto XVI, Vian escribió un artículo titulado «El futuro de Dios» en el que, entre otras cosas, decía que «Benedicto XVI, con una decisión humana y espiritualmente ejemplar, en la madurez plena de un pontificado que, desde su inicio, día tras día y durante ocho años, no ha dejado de sorprender, dejará una huella profunda en la Historia, esa Historia que el papa lee con confianza en el signo del futuro de Dios».

Uno de los periodistas que mejor conocen la historia de *L'Osservatore Romano* es Salvador Aragonés, que escribió un libro sobre el diario del papa titulado *Los Papas, Italia, el comunismo y el diario del Vaticano*.

Aragonés me contó en cierta ocasión que, durante los años franquistas, el embajador español ante la Santa Sede solicitó entrevistarse con el cardenal Domenico Tardini, que entonces era secretario de Estado. La queja era por lo que se había publicado sobre España en *L'Osservatore*. Tardini, haciendo un significativo gesto con las manos, le preguntó al embajador español:

—Pero, señor embajador: ¿aún lee usted *L'Osservatore*? Usted debe de ser la única persona que aún lo lee.

16

Hᴀᴄᴇ ᴀÑᴏꜱ Qᴜᴇ ɴᴏ soporto los mítines políticos, pero esta tarde-noche, este viernes 22 de febrero del 2013, decido acercarme a la Piazza de San Giovanni donde actúa el cómico Beppe Grillo. Sospecho que en España, en las próximas elecciones generales, aparecerá alguien muy parecido.

Un colega italiano me dijo en cierta ocasión que la influencia del Vaticano en la política italiana es mucho más importante de lo que algunos creen.

—Repara que, como los cardenales y el papa, los presidentes de la República y los primeros ministros son personas de edad avanzada, incluso de edad provecta. Piensa, por ejemplo, en Berlusconi o en Giorgio Napolitano, nuestro actual presidente de la República. Además, intentan no pelearse demasiado entre ellos. Hoy por mí, mañana por ti. Ya me entiendes.

—Veremos qué pasa en el próximo cónclave.

—Igual hay sorpresas, pero no creo.

—¿Y en las elecciones del próximo domingo?

—Pues no lo sé. Bersani, el de centroizquierda, no sé… Y de Berlusconi, que ha dicho que un problema de conjuntivitis le ha impedido cerrar hoy su campaña en Nápoles, no quiero decir nada, no vaya a ser que favorezca su suerte. Se dice, lo dice sobre todo Berlusconi, que Bersani y el exprimer ministro Mario Monti han pactado sus respectivos futuros.

Algo no parece ir bien en la Piazza de San Giovanni. Las gentes de Beppe Grillo pretenden que los periodistas extranjeros ocupen los mejores lugares. Los colegas italianos protestan. Solo alcanzo a ver un equipo de televisión, el de Sky News.

De repente, aparece el profeta laico Beppe Grillo, sesenta y cuatro años, cabeza poderosa, pelo canoso alborotado, barba italiana y bufanda blanca al cuello. Es un ejemplar de genovés grueso que ha alborotado a todos los políticos italianos.

—Rendíos, estáis rodeados.

Eso grita el nuevo profeta de la antipolítica a sus adversarios políticos y a toda la clase política italiana, a la que llama la Casta.

—Ya hemos logrado lo que pretendíamos, ya estamos en otra fase que no sé cómo acabará, pero ya estamos en ella.

La ventaja de los mítines políticos es que casi nadie analiza lo que dice el actor que actúa en el escenario. Quizá por eso Grillo, agarrado a su micrófono, dice que la fase que él y los suyos creen haber provocado no sabe cómo acabará.

—Nos llamaban locos, pero les hemos dado un buen puñetazo en la nariz. Rendíos, estáis rodeados. Ni el papa ha podido, porque el papa será rehén de la curia en Castel Gandolfo.

Grillo comenzó en 2007 con unas actuaciones callejeras que él denominaba Vafanculo Day; en 2012 logró que el nuevo alcalde de Parma fuera Federico Pizzarotti, un miembro de su movimiento, y ahora, después de recorrer toda Italia llenando las plazas donde actúa, culmina hoy su campaña electoral en la plaza donde está ubicada la catedral de Roma, la archibasílica de San Juan de Letrán, cuyo palacio anexo fue residencia papal hasta que la misma se trasladó al Vaticano.

El movimiento Cinco Estrellas (medio ambiente, agua, redes, transportes y desarrollo), según me informa Gianfranco Pietri, uno de los seguidores de Beppe Grillo, es transversal, y en él abundan los italianos de clase media.

—Grillo no entrará en el parlamento porque quiere ser coherente.

—No cree ni en él mismo.

—Ja, ja. No. Un tribunal lo condenó en 1988 por homicidio. Tuvo un accidente en el que murieron un matrimonio y su hijo de ocho años. El que conducía el coche era Grillo, que opina que nadie que no tenga un historial judicial limpio puede entrar en el parlamento.

—¿Qué otras cosas dice?

—Que los miembros de su movimiento no pueden superar los cinco mil euros brutos.

—¿Al mes?

—Pues supongo que sí. Solo puede ejercer un cargo público durante dos mandatos y no han de aparecer jamás en las tertulias televisivas.

Mientras Beppe Grillo arremete en el escenario contra la canciller alemana Angela Merkel, para alegría de los seguidores del cómico genovés, observo la fachada de la archibasílica de San Juan de Letrán. Es obra del arquitecto Alessandro Galilei, el mismo que realizó la Fontana di Trevi y que era descendiente del famoso Galileo Galilei.

«*Omnium urbis et orbis ecclesiarum mater et caput.*»

Madre y cabeza de todas las iglesias de la ciudad de Roma y del mundo.

Eso se lee en el frontis de la fachada de la primera basílica de la cristiandad. San Juan de Letrán es la catedral del papa. Y fue precisamente en esta archibasílica donde se firmó en 1929 el tratado de Letrán entre el Estado del Vaticano y la República Italiana. Y lo firmaron el cardenal Pietro Gasparri y el primer ministro Benito Mussolini.

En San Juan de Letrán, donde está enterrado León XIII, el papa celebra la misa de Jueves Santo y el día de Corpus Christi.

Mi vecino de mitin y seguidor de Beppo Grillo me dice:

—¿Sabe quién es el canónigo honorario de esta archibasílica?

—No.

—Pues el presidente de la República Francesa.

—Vaya.

17

SÁBADO 23 DE FEBRERO del 2013. Son las nueve de la mañana.

En la capilla Redemptoris Mater, la capilla de los papas, situada —así lo dicen sus entusiastas— en el corazón del Vaticano, Benedicto XVI y la curia vaticana acaban de finalizar los ejercicios espirituales de Cuaresma.

El secretario de Estado, el cardenal Tarcisio Bertone, se ajusta las gafas y observa a Benedicto XVI. Ayer, uno de los más estrechos colaboradores del cardenal, el políglota Ettore Balestrero, fue nombrado nuncio en Colombia. Hasta ayer, monseñor Balestrero, un genovés de cuarenta y siete años, trabajaba en la Secretaría de Estado. Era subsecretario de relaciones con los Estados.

El papa se dirige a los cardenales y les da las gracias por haberle ayudado a llevar con gran competencia, amor y fe el peso del ministerio petrino. También les alerta sobre el mal, el sufrimiento y la corrupción. Y acaba diciendo que, después del miércoles, cuando deje de ser papa, permanecerá en cercanía espiritual con todos ellos.

Sentado en primera fila, el cardenal Peter Turkson parece emocionarse. El africano Turkson, sesenta y cuatro años, nacido en Ghana y actual presidente pontificio de Justicia y Paz, es, según algunos vaticanistas, uno de los papables.

Hace unos días, en una entrevista que le hizo la agencia Associated Press, dijo que la Iglesia está y siempre ha estado preparada para tener un papa no europeo. «Las Iglesias jóvenes de Asia y África son los suficientemente sólidas y cuentan con sacerdotes y prelados también muy capaces de ejercer liderazgos institucionales.»

Georg Gänswein, el secretario personal de Benedicto XVI, le recuerda que a las 11:30 ha de recibir al presidente de la República, Giorgio Napolitano.

La capilla Redemptoris Mater ha sido considerada por algunos, quizá precipitadamente, la Sixtina del siglo XXI. Solo se usa para el retiro especial, los ejercicios espirituales de Cuaresma y para el rezo de Vísperas con representantes de otras confesiones cristianas. A través de la pintura y del mosaico las imágenes que decoran las paredes de la Redemptoris Mater sintetizan la historia de la Salvación.

La historiadora del arte y escritora Simona Sarah Lábadiová define la capilla Redemptoris Mater como una síntesis de espiritualidad, arte y teología. Fue Juan Pablo II quien la mandó construir en 1996 para que simbolizara el ecumenismo del Vaticano.

El primer artista que se contrató para decorar la capilla fue el ruso y ortodoxo Alexander Kornukov, que interpretó la Jerusalén celestial y mostró a santos de occidente y oriente comiendo juntos en la misma mesa. Pero pronto comenzaron los desacuerdos y el artista ruso abandonó la obra. Parece que su estilo era considerado por algunos como algo antiguo.

El resto de la capilla fue decorada con los mosaicos del jesuita Markus Rupnik, a quienes algunos definen como un artista del color y los contrastes. Quizá, pues, el desencuentro artístico sirvió para que en la capilla Redemptoris Mater se hiciera realidad el mundo occidental y el oriental.

Pero el portavoz vaticano, el jesuita Federico Lombardi, vive muy alejado estos días del arte y los artistas. Esta mañana, Lombardi responde a algunas de las informaciones, calificadas por él como chismes y calumnias, que han aparecido estos últimos días en varios medios de comunicación italianos. Lo hace en la emisora que él dirige, Radio Vaticana.

—Algunos parecen disfrutar y aprovechar el momento de sorpresa y de aparente desorientación que en los espíritus débiles ha provocado la renuncia de Benedicto XVI para confundir y desacreditar a la Iglesia y su gobierno recurriendo a instrumentos tan antiguos como la maledicencia, la desinformación y, en algunos casos, mediante la calumnia, ejerciendo presiones inaceptables para condicionar el ejercicio del deber al voto de algún miembro del Colegio de Cardenales. Quien antepone el sexo, el dinero y el poder a todo y está acostumbrado a interpretar con esos criterios las diferentes realidades no es capaz de ver otra cosa. Ni siquiera en la Iglesia, de la que se hace una descripción profundamente injusta.

Federico Lombardi celebra que no se tenga que llorar a un papa amado, pero reconoce que eso no está impidiendo unas presiones insoportables y unas opiniones totalmente ajenas al espíritu con el que la Iglesia desearía vivir este tiempo de espera.

En el bar del hotel Columbus, situado en la Via della Conziliacione, un sacerdote le dice a un individuo alto, de aspecto severo y que no parece periodista, no entender el nombramiento del nuevo nuncio en Colombia.

—Por el amor de Dios, ¿tú crees, Sergio, que era ahora el momento de hacerlo? Eso es dar la razón a quienes probablemente no la tienen.

—¿Y si la tienen?

—No, no. No la tienen, Sergio.

—Comienzo a creer que nuestro aún papa, incluso en estos momentos, sabe lo que hay que hacer.

—Qué Dios te oiga.

Yo me dispongo a leer la entrevista que, en el diario en que escribo, *El Mundo*, en la edición de hoy, 23 de febrero del 2013, la colega Rosalía Sánchez le ha hecho al sacerdote y teólogo suizo Hans Küng, que de colaborar con Benedicto XVI o, mejor, con Joseph Ratzinger, en el Concilio Vaticano II, pasó a convertirse en su máximo azote. Los separó para siempre la algarada estudiantil del famoso Mayo del 68. Pero antes de entrar en teologías o teólogos, mientras pido un café, sonrío al ver el chiste de Idígoras y Pachi.

Un apesadumbrado Benedicto XVI, que se dispone a tomar un café, como yo, se dice a sí mismo: «Escándalos económicos, escándalos de corrupción, escándalos sexuales, casos de espionaje, problemas de salud...» Mientras el papa sigue lamentándose aparece el rey Juan Carlos y le dice: «Tienes suerte. No tienes yerno.»

Hans Küng, a sus ochenta y cuatro años, aún conserva la cresta del gran gallo intelectual y teólogo que siempre ha sido. Un gran gallo que, mientras Joseph Ratzinger tiraba de bicicleta y sudaba intentando vencer las empinadas colinas de Tubinga, tiraba de Alfa Romeo Giulia, según él, de segunda mano. Quizá por eso, por su famoso y ya legendario automóvil, el suizo Küng aprovecha la pregunta para decir que aquel Ratzinger de la boina vasca, cuando fue elegido papa, extrajo del baúl de los recuerdos gorros papales de armiño del siglo xix e incluso algún que otro paramento también recuperado o vuelto a diseñar, que usaba un Medici, León X.

Tan brillante como Benedicto XVI, Küng confiesa que la renuncia al papado de su colega y antiguo compañero revaloriza su figura y sitúa a los católicos ante un reto singular.

—Su decisión nos obliga a replantearnos el balance de este pontificado y la figura de Benedicto XVI, que posiblemente solo podamos comprender mejor cuando el tiempo nos conceda algo más de perspectiva.

Hans Küng afirma que los católicos tienen pendiente una revolución para forzar una reforma radical en el Vaticano. Y que el problema del papado es que se ha convertido en una institución monárquico-absolutista.

—Me equivoqué al creer que Benedicto XVI era una especie de Putin, pero no creo que los cardenales, en el próximo cónclave, elijan algo parecido a un Gorbachov. Al conocer a todos los cardenales ha tenido la oportunidad de influir en la elección del próximo papa. Aunque estoy convencido de que no tomará parte activa en el cónclave. Su gran iniciativa ha sido la renovación del papado, que es casi tanto como iniciar la renovación de la Iglesia.

Küng concluye reconociendo que, guste más o menos, resulta imposible negar que el papado es el elemento central del paradigma católico-romano. «El problema es que desde el siglo xi ese ministerio petrino que fue en sus orígenes se ha convertido en un papado monárquico-absolutista que ha dominado la historia de la Iglesia católica. Quizá fue comprensible en un momento histórico-cultural, pero ese momento ya ha pasado.»

Luego leo el texto del comunicado emitido por la Secretaría de Estado vaticana.

La libertad del Colegio de Cardenales, que tiene la tarea, según establece el Derecho, de elegir al Romano Pontífice, siempre ha sido fuertemente defendida por la Santa Sede, como garantía de una decisión que estuviera basada en evaluaciones únicamente motivadas por el bien de la Iglesia.

A través de los siglos, los cardenales han debido afrontar múltiples formas de presión ejercidas sobre los electores individuales y sobre el propio Colegio de Cardenales y cuyo fin era condicionar sus decisiones, doblegándolas a lógicas de tipo político y mundano. Si en el pasado eran las denominadas potencias, es decir, los Estados, los que intentaban hacer valer sus condicionamientos en la elección del papa, ahora se intenta poner en juego el peso de la opinión pública.

18

Domingo, 24 de febrero del 2013.

Último ángelus de Benedicto XVI.

El papa se asoma a la ventana de su apartamento privado. La plaza de San Pedro rebosa de turistas y peregrinos. Algunos comienzan a llorar.

El papa se refiere a la Cuaresma, de la que dice que ayuda a dar respiro a la vida espiritual de los creyentes. Cita el Evangelio de san Lucas y a san Agustín.

—La oración no es aislarse del mundo y sus contradicciones, como en el Tabor hubiera querido hacer Pedro, sino que la oración reconduce al camino, a la acción. La existencia cristiana, así lo he escrito en el mensaje para esta Cuaresma, consiste en un continuo subir a la montaña para el encuentro con Dios para después bajar trayendo el amor y la fuerza que derivan de Él a fin de servir a nuestros hermanos y hermanas con el mismo amor de Dios.

A un grupo de franceses que está a mi lado, entre los que hay dos o tres monjas, no se les ha escapado la alusión a la «montaña». Salvo los turistas presentes en la plaza, que únicamente están pendientes de sus fotos, los peregrinos y católicos que han acudido a escuchar el último ángelus de Benedicto XVI saben que hoy puede decir o insinuar algunas cosas importantes. Y no se equivocan.

—Queridos hermanos y hermanas: la palabra de Dios la siento de un modo particular dirigida a mí en estos momentos de mi vida. El Señor me invita a subir a la montaña, a dedicarme aún más a la oración y a la meditación, pero esto no significa que abandone a la Iglesia. Todo lo contrario. Si Dios me pide esto es precisamente para que yo pueda seguir sirviendo a la Iglesia con la misma entrega y amor con que lo he hecho hasta ahora, pero de un modo más apto para mi edad y mis fuerzas.

Joseph Greethafonkalan es un seminarista tamil, de Sri Lanka. Se enteró de la renuncia de Benedicto XVI cuando estaba en Lourdes. Greethafonkalan es un treintañero de mirada inteligente que asegura haber leído mucho a este papa, que acaba de decir que Dios le ha pedido que suba a la montaña.

—Cuando leo a Benedicto XVI no veo letras sino a Dios. Creo que transmite a Cristo como nadie. Juan Pablo II hablaba de Dios, pero Benedicto XVI transmite a Dios, a Cristo. Me entristecí cuando me enteré de su renuncia porque pensé que aunque siga vivo ya lo habíamos perdido.

—¿Tu familia es católica?

—Mis padres y mis abuelos, sí. Supongo que mis antepasados serían hindúes, pero no lo sé. ¿Puedo hablarte del hinduismo y del buddhismo?

—Claro.

—Creo que muchos europeos y occidentales confundís el buddhismo con el Dalai Lama. Pero en mi país, en Sri Lanka, el buddhismo es otra cosa. Cuando alguien me dice que los budistas son pacíficos sé que estoy hablando con una persona que no está informada. Un católico en Sri Lanka no puede ser, por ejemplo, presidente del Gobierno.

¿Por qué los periodistas europeos y occidentales nunca habláis de los católicos asesinados en muchos países asiáticos y africanos?

—Pues no lo sé.

—En mi país los buddhistas machacan mucho a la Iglesia católica. Y en India quienes machacan a los católicos son los hinduistas. No hace mucho mataron a un sacerdote católico como mataron a san Sebastián. Lo ataron desnudo a un árbol y lo cosieron a flechazos. ¿Por qué? Pues solo porque era católico. Pero los muertos católicos, asesinados solo por el mero hecho de ser católicos, nunca son noticia en la prensa occidental.

—¿Crees que en algunos países la vocación sacerdotal puede confundirse con el ascenso social?

—No es mi caso. Mi familia era lo que suele llamarse rica. Después de la guerra ya no es tan rica, pero, en fin, cuando yo nací en mi casa trabajaban tres criadas.

Carlos Alberto Londoño Álvarez es un seminarista colombiano. Tiene el rostro aniñado, pero una seriedad casi arzobispal.

—En la Iglesia todas las situaciones son progresivas. Un papa colombiano sería una gran sorpresa. La Iglesia ahora reconoce que sus pulmones están en países americanos y asiáticos. Un papa colombiano sería, pues, una afirmación de reconocimiento de la realidad.

—¿Qué opinión te merece Benedicto XVI?

—Es un papa que ha llevado a la Iglesia a lo esencial. Y lo esencial es la persona de Jesús.

Jean de Dieu Ndizeye es un seminarista ruandés que siempre sonríe, pese a que su vida, eso me sopla uno de sus compañeros, no ha sido nada fácil.

—Benedicto XVI tiene una gran personalidad y es un gran teólogo, pero creo que la Iglesia necesita, además de la teología, a alguien que sepa lo que es la pastoral.

—¿A Benedicto XVI lo ves como un papa de despacho?

—No, pero sí.

—Y te gustaría que el próximo papa no fuera de despacho.

—A mí me gustaría que el próximo papa no fuera europeo. Y, hombre, si fuera africano mejor, pero me conformaría con que no fuera europeo. Y, desde luego, creo que no debería ser de despacho sino un pastor. La realidad actual parece demandar a alguien que haya pisado la calle. No sé si me explico.

La presencia en la plaza de San Pedro de muchas monjas y sacerdotes asiáticos, africanos e iberoamericanos me obliga a pensar en Antonio Lucibello, actual nuncio en Turquía. Lucibello es un espectacular, un soberbio ejemplar vaticano, permanentemente simpático o irónico. Yo diría que es un italiano profesional. Cuando lo visité en la nunciatura de Ankara me aseguró que los católicos tenían que ser menos pero mejores.

—Lo nuestro es un problema de calidad, no de cantidad.

Lucibello no parecía creer en las grandes multitudes. Ni en muchas de las vocaciones que se dan en los países del llamado Tercer Mundo.

—No podemos confundir la verdadera vocación con un ascenso social.

—Cuando Benedicto XVI era cardenal su teoría era que la Iglesia católica real se fragmentará en pequeñas comunidades que serán muy fieles a las creencias básicas.

—Esa es una teoría.

—Por supuesto, pero del cardenal Ratzinger.

Hoy, esta mañana, parece que los verdaderos peregrinos se resistan a abandonar la plaza de San Pedro.

—A pesar de todo, el optimismo es cristiano.

Eso suele decir el obispo Justo Mullor, que ahora vive en el Vaticano, a veinte metros de donde me encuentro, en un apartamento de la Casa San Benedetto. Se cuenta que también allí vivió durante un tiempo el pintor Rafael.

Mullor, Justo Mullor, don Justo.

Intento descubrir entre los presentes a don Justo, pero es tarea imposible. Y si lo intento es porque sé que debe de andar por aquí. Todos los domingos pasea por esta plaza a la hora del ángelus. Reza con el papa y, después, pasea. Todos los días pasea por esta plaza y mira a las ventanas de la tercera logia del Palazzo de Maderno, que es donde, hasta el miércoles, vivirá Benedicto XVI.

Justo Mullor es un andaluz setentón, menudo y pulcro, que tiene algo o mucho del niño que fue. Pero, además, es un hombre valiente.

En uno de sus libros, *Entre el Cenáculo y Roma*, dice algo que he aprendido de memoria y que siempre que puedo lo cuento. Cuando lo conocí personalmente le hizo gracia que me supiera de memoria esa valiente reflexión suya.

—A ver si te la sabes.

—Me la sé porque lo que dice se puede aplicar a cualquier ámbito laboral.

—A ver si te la sabes.

—Un momento. Sé por experiencia que, a pesar de mis defectos y vacíos existenciales, decir la verdad (y no precisamente al papa) puede constituir un martirio o el comienzo de un martirio. Tan dolorosa experiencia solo acontece cuando uno de los responsables de juzgar una idea o un concepto personal, considerados dignos de ser conocidos por el Romano Pontífice, lejos de ser juzgados detenida y colegialmente, son tachados, sin consulta alguna, como arbitrarios por algún colaborador secundario, aunque importante, de alguno de los servicios curiales.

—Pues supongo que eso fue lo que escribí.

—También me sé de memoria el consejo que le dio el cardenal Dell'Acqua cuando usted fue trasladado a la nunciatura de Bruselas. También es válido para cualquier ámbito laboral.

—A ver.

—No digas jamás a tus superiores lo que estimes que ellos piensan sobre las cuestiones que sometan a tu estudio o juicio. Diles lo que piensas tú. Será un bien para ellos y para ti. Luego, haz lo que ellos determinen. Porque son ellos quienes tienen la autoridad y la responsabilidad.

—El cardenal Dell'Acqua fue un gran hombre de Iglesia y un gran ejemplar de sana humanidad. Fue el primer superior y maestro que tuve en la Secretaría de Estado. Y el suyo fue un buen consejo.

Justo Mullor ha sido nuncio en muchos países. Y Observador Permanente en el Consejo de Europa y Naciones Unidas. Y presidente de la Escuela Diplomática de la Santa Sede.

Nunca habla del tema, pero fue él, siendo nuncio en México, quien alertó de la realidad oculta o escondida de aquel sujeto, de aquel Maciel, fundador de los Legionarios de Cristo, aquel Maciel corruptor de menores, marido de varias mujeres y padre de unos cuantos hijos. Aquello, decir la verdad y explicarla a quien no quería oír o fingía no oír, le costó muy caro, a Justo Mullor, pero nunca habla de aquello, nunca se queja.

Este hombre, que no ha sido cardenal porque se atrevió a decir la verdad, asegura tener un amigo, Nicodemo, que vive en un monasterio. Y ese amigo, un día que ambos paseaban juntos por esta plaza de san Pedro lo crujió a preguntas.

«¿No crees que en lugar de un cardenal secretario de Estado, un sustituto y un secretario para Relaciones con los Estados, se podría contar con un cardenal canciller para los asuntos prevalentemente eclesiales y de alto gobierno y un cardenal secretario de Estado para las cuestiones internacionales y diplomáticas? Junto a cada uno de ellos podrían trabajar varios sustitutos y varios secretarios para las Relaciones con los Estados.»

Este amigo que afirma tener Justo Mullor, este Nicodemo, no se cansa de hacerle preguntas.

«¿Los grandes problemas de la Iglesia se estudian colegialmente? ¿Cuántas veces se reúne al año la curia romana en torno al papa, como prevé su Reglamento? ¿Con qué frecuencia se encuentran con el papa los responsables dirigentes de los diferentes dicasterios? ¿No sería oportuno que los futuros diplomáticos vaticanos, al menos algunos, tuvieran concretas experiencias pastorales? ¿Nadie percibe entre quienes frecuentan hoy las altas cimas de la Iglesia que el sistema hasta ahora seguido se ha convertido en un sistema poco humano?»

A Justo Mullor le gusta hablar de su madre, que era rubia, guapa y también valiente.

—Se quedó viuda muy joven. La pretendieron muchos. Entre ellos un marqués. Pero no quiso volver a casarse. «No pienso darle un padrastro a mi hijo. Aunque sea marqués.» Eso decía mi madre.

Su madre, aquella mujer de la que aún se acuerda sor Carmen, la monja de la residencia donde estoy hospedado estos días.

Al cruzar la Piazza Navonna observo que ningún caricaturista de turistas exhibe entre sus mejores obras la de Benedicto XVI. Sí observo que dos de ellos exhiben la de Juan Pablo II. El papa alemán no ha triunfado mucho o demasiado como icono de masas.

19

Miércoles, 27 de febrero del 2013.

La invitación roja de la Prefettura della Casa Pontificia dice lo siguiente: «*Udienza Generale di Sua Santità Benedetto XVI. Mercoledì 27 de febbraio – ore 10:30*». El número de la invitación es el 60.308. Al pie de la invitación, escrito en italiano, francés, inglés, alemán, español y portugués, se lee la advertencia: «La entrada es gratis».

En el reverso de la invitación bajo el título *Professio Fidei* se lee el texto del Credo escrito en latín. «*Credo in unum Deum, Patrem omnipotentem, factorem cæli et terræ…*»

A las ocho de la mañana las calles próximas a la plaza de San Pedro aparecen tomadas por miembros voluntarios de la Cruz Roja, de Protección Civil y otras organizaciones. Cuatro o cinco mujeres maduras, aparentemente burguesas, visten uniforme de enfermera antigua, como aquellas que Ernest Hemingway describió en alguna de sus novelas. Enfermeras con capa y cofia blanca. Estas mujeres vestidas o disfrazadas de enfermera aprovechan el momento para obtener fondos destinados a la organización hospitalaria y social que representan.

En la puerta de Santa Ana conversan dos cardenales tocados con ese birrete rojo que les da apariencia de gallos. No puedo evitar pensar en el capuchino italiano Roberto Ferrari, párroco de Mersin.

Nunca olvidaré a aquel hombre de ochenta y seis años, que hacía ya sesenta que vivía en Turquía, vestido con una vieja chaqueta azul y un no menos viejo pantalón de pana marrón, algo corto de perneras. Aquel hombre era la viva imagen de la dignidad, de la austeridad. Parecía un pobre, recién duchado, a quien alguien le acababa de regalar ropa de segunda mano.

Y eso es la Iglesia: los gallos cardenalicios y el pobre aliño indumentario, pero digno, de Ferrari, que probablemente muera solo y olvidado en Turquía.

Un grupo de peregrinos enfila la Via della Conciliazione. Dos de ellos despliegan una pancarta: «*Corinaldo saluta a Benedetto XVI*».

Luce un sol espléndido y en el cielo romano no hay ni una nube. Pese a ello, a la grata temperatura primaveral, entre los sacerdotes jóvenes abunda la boina española que los franceses llaman vasca y que no es la chapela. Pasa el secretario del cardenal Ravasi, uno de los papables, y saluda con la mano a un periodista italiano. En otra pancarta se lee «*Voglio dirti grazie*». Una monja acude a la última audiencia de Benedicto XVI armada con una guitarra. Un equipo de televisión japonés descubre a cuatro jóvenes bávaros luciendo su traje tradicional y son inmediatamente entrevistados.

—Este es el traje tirolés.

—Bávaro. Nosotros somos bávaros. Como el papa. Somos del Estado Libre de Baviera. Alemania.

—No Tirol.

—No, no Tirol. Eso es Austria.

Un grupo de dominicos precede a otro de benedictinos. Un sacerdote francés luce un espectacular bisoñé. Pero quienes lucen más y mejor, los más altos y guapos, son varias parejas de *carabinieri* que visten uniforme de gala. Grandes capas con una banda roja, relucientes sables, botas y espectaculares gorras altivas, que a mí siempre me recuerdan los gallos. En Roma y el Vaticano abundan mucho los gallos. Los *carabinieri*, los gallos, están ahí para ser fotografiados. Todos parecen generales.

Saludo al colega Rossend Domènech, que vive en Roma desde hace ya muchos años y que, ajustándose aún más el gorro azul de pitufo con el que se toca, me dice:

—Todo apunta a que lo que viene nuevo será más de lo mismo, pero teniendo como protagonista principal a un hombre fuerte, capaz de reformar, o bien a un hombre fuerte que, además de atreverse a renovar, sea carismático.

—¿Y existe ese candidato?

—Algunos dicen que sí.

—¿Y tú qué dices?

—Que aún no he consultado con el Espíritu Santo.

Cerca de la Sala Stampa, donde el portavoz del papa recibe e informa a los periodistas y orientado hacia la basílica de San Pedro, se ha montado un andamio de dos pisos que está ocupado por diez o veinte equipos de televisión. Frente a las respectivas cámaras hablan o están a punto de hablar periodistas estadounidenses, italianos, alemanes, franceses, españoles, etcétera. Alguno de ellos está subido en una especie de cajón con objeto de dar la talla televisiva. La física.

Un miembro de la Cruz Roja parece un astronauta. Casi todas las monjas llegan sonriendo a la plaza de San Pedro. Muchas de ellas son negras o asiáticas.

—*Scusi*, está pasando la máquina.

Pero el sacerdote, que resultará ser español, de Madrid, no se da por aludido y sigue hablando a través de su teléfono móvil.

—Estoy al final de la Via della Conciliazione.

—*Scusi*, está pasando la máquina.

La máquina es un coche oficial y el *carabiniere* acaba cabreándose con el español.

—*Scusi*, está pasando la máquina.

Finalmente el español se aparta y permite que el coche pase.

Un grupo de los llamados «kikos», el movimiento neocatecumenal creado por el español Kiko Argüello, comienza a cantar. Un tipo diminuto, casi inexistente, tocado con una gorra casi cosaca y cubierto con una capa que abulta mucho más que él, precede a un grupo de peregrinos tocados con gorras blancas de visera. En la enorme capa del insólito y diminuto personaje, que hubiese hecho las delicias de Fellini, aparecen varias cruces.

—Debe de ser de la Orden de Malta.

—Ni hablar. Este hombre no parece de ninguna orden.

—Igual es de la Orden de Calatrava.

—Que no.

—Pues de la Orden del Santo Sepulcro de Jerusalén.

—No puede ser.

Un voluntario, un orondo *boy scout* de unos sesenta años, vestido con el tradicional traje de *boy scout* y armado con un grueso mostacho, es fotografiado por un periodista mexicano. El hábito no hace al monje, pero un individuo calzado con sandalias, que luce un hábito amarillento, quizá de puro lavado, y unos calcetines deportivos blancos y rojos, produce una cierta y sin duda injusta desconfianza. Ahora el hábito también hace al monje.

Llegan juntos dos obispos. Saludo a dos corresponsales españoles y comentamos que la plaza de San Pedro está llena de peregrinos, pero no la Via della Conziliazione. Finalmente se dará por buena la cifra oficial: ciento cincuenta mil personas. Estas cosas vaticanas los diarios italianos no las discuten. Ciento cincuenta mil personas y no se hable más.

Una atractiva abuela italiana y sus tres nietos rubios se sitúan frente a una de las grandes pantallas. Un grupo de cuatro chinos, más atentos a la arquitectura vaticana y al paisanaje que a la fe, lo fotografían todo. Son como los japoneses de hace treinta años, pero más asilvestrados. Allá a lo lejos, a la derecha del escenario, un paisaje de solideos rojos demuestra que todos los cardenales ocupan ya sus respectivas sillas. Son setenta los cardenales presentes. Entre ellos, los españoles Antonio Cañizares, Julián Herranz, Antonio María Rouco Varela y Lluís Martínez Sistach. Al cardenal Tarcisio Bertone, por su envergadura física, incluso sentado se le ve más que a otros. Lo mismo ocurre con el estadounidense Timothy Dolan, que no para de gesticular.

Un italiano con aspecto de cantante napolitano de los años sesenta del pasado siglo, es decir, modelo Renato Carosone, informa a su mujer:

—Lo que dijo el otro día, cuando se reunió con los sacerdotes romanos, fue que...

—Calla que comienza la audiencia.

—Aún no.

Las notas de un órgano parecen querer alertar a los peregrinos que la última audiencia pública de Benedicto XVI está a punto de comenzar.

Al escuchar las notas del órgano un italiano octogenario que viste abrigo de cachemira se quita el sombrero en señal de respeto. Al comprobar que ha sido una falsa alarma, que solo son las notas de un órgano, vuelve a cubrirse. Irrumpe ahora mismo en las alturas un helicóptero de la policía y algunos temen que el final del papado de Benedicto XVI se haya adelantado un día. El sonido del órgano y el del helicóptero policial se funden en una rara pero quizá muy descriptiva sinfonía.

—El nuevo papa ha de saber hablar muchos idiomas y ha de ser joven.

También las notas del órgano han equivocado a un argentino canoso y barbado, que, sentado en una silla de ruedas y con la pierna derecha amputada, deja de hacer declaraciones a los periodistas.

—Ya seguiremos hablando después si ustedes quieren. Pero ya les digo: el nuevo papa ha de saber muchos idiomas y ha de ser joven.

El hombre pasea su infortunio mostrando a modo de reclamo una fotografía en la que aparece recibiendo la comunión de manos de Benedicto XVI. Cuando le tomaron esa foto aún no le habían amputado la pierna.

Son las 10:30 cuando aparece Benedicto XVI a bordo del papamóvil. A su derecha viaja su secretario personal, el arzobispo Georg Gänswein. Brilla la cabeza rasurada de Domenico Giani, el inspector general de la gendarmería vaticana. Sus hombres, vestidos de negro, forman un rombo de seguridad. A mi lado, una monja vestida como Teresa de Calcuta se emociona. Un grupo de cuatro sacerdotes muestra una pancarta en la que se lee «La grandeza de un hombre en la humildad de un papa».

Algunos de los políticos presentes en esta última audiencia son Ivan Gašparovič, presidente de Eslovaquia, los capitanes regentes de San Marino y Joan-Enric Vives, copríncipe de Andorra, que al final de la audiencia, entrevistado por Jordi Llisterri, contará que el papa le ha dicho: «Llevo a Andorra en mi corazón.» La frase parece exagerada, pero tal vez un obispo y copríncipe nunca miente.

Benedicto XVI, después de saludar a los peregrinos y de circular por la plaza durante quince minutos, desciende del papamóvil, ocupa su silla, instalada en una tarima, y dice:

—Venerados hermanos en el episcopado. Distinguidas autoridades. Queridos hermanos y hermanas. Os agradezco por haber venido tan numerosos a esta última audiencia general de mi pontificado...

Observo al caballero vestido con abrigo de cachemira y compruebo que escucha al papa con el sombrero en la mano. El cardenal Rouco Varela se emociona y se enjuga las lágrimas con un pañuelo.

—Cuando el 19 de abril de hace casi ocho años acepté asumir el ministerio petrino, tenía esa firme certeza que siempre me ha acompañado, esa certeza de la vida de la Iglesia, de la Palabra de Dios. En aquel momento, como ya he dicho varias veces, las palabras que resonaban en mi corazón eran la siguientes: «Señor, ¿por qué me pides esto? Y, ¿qué me pides? Es un gran peso el que pones sobre mis hombros, pero si Tú me lo pides, con tu palabra echaré las redes y seguro que me guiarás.» Y ocho años después puedo decir que el Señor realmente me ha guiado, que ha estado cerca de mí, que he podido sentir su presencia todos los días...

El anciano del abrigo de cachemira asiente con la cabeza a casi todo lo que dice el papa.

—Durante mi camino en la Iglesia ha habido momentos de alegría y de luz, pero también momentos no fáciles en los que me he sentido como San Pedro con los apóstoles en la barca, en el lago de Galilea. El Señor nos ha dado muchos días de sol y de brisa ligera, días en los que la pesca ha sido abundante. Y ha habido también momentos en los que las aguas estaban agitadas y el viento era contrario, como en toda la historia de la Iglesia, y el Señor parecía dormir...

El individuo que parece un cantante napolitano del siglo pasado está a punto de aplaudir, pero se contiene.

—Bravo, bravísimo.

Es en este momento cuando creo ver emocionarse al secretario personal de Benedicto XVI y arzobispo, Georg Gänswein.

—He dado este paso con plena conciencia de su gravedad e incluso de su novedad, pero con una profunda serenidad de ánimo. Amar a la Iglesia significa también tener el coraje de tomar decisiones difíciles, sufrientes, teniendo siempre muy presente que lo primero es el bien del Iglesia y no el de uno mismo.

La abuela de los tres nietos rubios también llora, pero elegantemente.

—Mi *siempre* es también un *para siempre*: no se puede volver más a lo privado. No vuelvo a la vida privada, a una vida de viajes, encuentros, recibimientos, conferencias, etcétera. No abandono la cruz sino que quedo de modo nuevo ante el Señor crucificado.

El individuo que me recuerda a un cantante napolitano le dice a su mujer.

—Lo de la cruz es para que se entere el polaco.

—¿Qué polaco?

—El que fue secretario de Juan Pablo II. El otro día dijo que de la cruz nadie se debe bajar.

Benedicto XVI concluye diciendo:

—Queridos amigos. Dios guía a su Iglesia, la levanta siempre también y sobre todo en los momentos difíciles. No perdamos nunca esta visión de la fe, que es la única y verdadera visión del camino de la Iglesia y del mundo. Que en nuestro corazón, en el corazón de cada uno de vosotros, esté siempre la alegre certeza de que el Señor está a nuestro lado, que no nos abandona, que es cercano y nos rodea con su amor.

El caballero del abrigo de cachemira me sonríe y me ilustra.

—¿Periodista?

—Sí.

—Pues permita que le diga una cosa. Normalmente, el papa Benedicto acaba sus discursos y homilías invocando a la Virgen María, pero repare en que hoy ha acabado dirigiéndose a todos nosotros y diciéndonos que es Dios quien guía su Iglesia. Téngalo en cuenta cuando escriba su crónica. Y perdone.

Hoy, al final de la audiencia general de Benedicto XVI, su última audiencia general, no habrá el tradicional besamanos. Parece, según dijo ayer el portavoz Federico Lombardi, que debía evitarse que algunos se sintieran excluidos.

20

Mientras Benedicto XVI se despide, hablando en varios idiomas e instando a peregrinos y turistas a que recen mucho por todos los cardenales, aparece en la Via della Conciliazione una especie de peregrino o simple exhibicionista cargando con una cruz de madera.

En la puerta de la tienda Domus Artis una mendiga con el pie izquierdo envuelto en una bolsa de plástico sonríe al sol. Y en la terraza del Caffè San Pietro un limpiabotas le saca lustre a los zapatos de un enorme y grueso ciudadano, que está a punto de reventar. Un individuo negro con aspecto de mendigo cruza la calle, se detiene ante una gran pantalla en la que en estos momentos aparece una banda de música bávara tocando el himno de Baviera o algo muy parecido en honor a su paisano Benedicto XVI y al aparecer este se cuadra militarmente, se quita la gorra verde de visera y se la lleva con su mano derecha a la altura del corazón. Como el presidente Obama, como todos los presidentes estadounidenses.

Cuando Benedicto XVI saludaba a sus compatriotas en alemán cerraba y abría su puño izquierdo. Quizá es un problema de artrosis.

Acabada la audiencia, el cardenal estadounidense Timothy Dolan, hombre alto, grueso, extravertido y decididamente gesticulador, se acerca hasta el cardenal español Antonio Cañizares, hombre decididamente menudo y redondo, y le pasa su brazo derecho por el hombro. Ese momento es una de las mejores fotografías del día.

El cardenal Dalton concede una entrevista a la agencia Reuters y afirma que en el próximo cónclave una de las prioridades será eso que algunos han definido como «creer sin pertenecer» (*believing without belonging*). El cardenal afirma que muchas personas no tienen problemas con la fe, pero sí con la religión. «Esas personas tampoco tienen ningún problema con Jesús.»

Lejos del Vaticano, el economista estadounidense Kishore Jayabalan, director en Roma del Instituto Acton, habla por teléfono. En su despacho, ubicado en el Corso Vittorio Emanuelle II, hay un cartel de Winston Churchill y una foto de Juan Pablo II, que fue quien lo bautizó. Y también, más pequeño, descubro un retrato de Benedicto XVI. Sobre su mesa de trabajo descansa o bulle, no lo sé, un ejemplar de *The Wall Street Journal*.

—Yo trabajo para un instituto fundado por un sacerdote católico que quería ayudar a que la Iglesia y los sacerdotes entendieran la gran importancia que tiene la economía de mercado para las personas y para solucionar muchos problemas sociales.

—¿Cree usted que Jesús y su mensaje tienen algo que ver con lo que realmente es la llamada economía de mercado?

—Por supuesto que sí. Ese es precisamente mi trabajo. Para nosotros la economía no es una cosa abstracta sino algo muy concreto que ha de ayudar a las personas a vivir mejor. Benedicto XVI siempre ha tenido muy presente cómo se deben abordar los temas económicos y sociales según la moral católica. Yo acostumbro a decir que son demasiados los que creen que la moral católica solo tiene que ver con el matrimonio o con temas relacionados con la familia. Este papa ha tenido mucho interés en que exista una nueva economía, más justa y solidaria. Bastantes católicos tienen prejuicios con respecto a la economía. La tienen por algo banal y perniciosa. Por supuesto que no es lo mismo hablar de Dios que de la economía, pero esta es solo una ciencia.

En la productora Roma Reports, especializada en información audiovisual vaticana, Alberto Chinchilla me cuenta que Benedicto XVI ha autorizado que se adelante la fecha de celebración del cónclave. En uno de los estudios de la productora están entrevistando al cardenal canadiense Marc Ouellet, otro de los papables.

—Cuando comenzamos a recibir las llamadas de las televisiones de todo el mundo, al principio, más que imágenes, que también, lo que nos preguntaban era lo mismo: ¿por qué ha renunciado? Pero nosotros no estamos para responder sino para informar, para facilitar información visual de los actos que se celebran en el Vaticano y documentales.

A la una del mediodía, la Cantina Tirolesa, situada en Via Vitelleschi, parece hoy un singular seminario o una prolongación de alguna institución del Vaticano. Salvo un equipo de una televisión austriaca y yo todos los demás son sacerdotes. La Cantina Tirolesa es uno de los restaurantes, muy próximos al Vaticano, que solía frecuentar el cardenal Joseph Ratzinger. La mesa número 9 así lo atestigua. Estos días es la mesa más demandada y fotografiada.

Luce un sol generoso y el cielo romano sigue sin una nube. Quedo con el vaticanólogo Marco Tosatti en la biblioteca de la Pontificia Università della Santa Croce, ubicada en la Via Farnesse. Desde uno de los despachos de esa biblioteca se puede ver parte del imponente Palazzo Farnesse, que es la actual embajada de Francia en Italia. Y un poco más a la derecha, coronando la azotea de otro edificio, son visibles cuatro esculturas de Bernini. Cuando le pregunto a Bruno Mastroianni si es familiar del actor Marcello Mastroianni me responde que sí, que es su sobrino.

A Marco Tosatti le pregunto si percibió como una señal el hecho de que Benedicto XVI nombrara arzobispo a su secretario personal; sonríe:

—Me acuso de no haber estado lo suficientemente atento. Quiero decir que Benedicto XVI ha enviado muchos mensajes antes de materializar su renuncia. Lo que dices de su secretario personal fue realmente una gran señal. Porque no sé si sabes que él siempre había criticado que el secretario personal del papa fuera nombrado por el arzobispo u obispo.

—¿Alguna otra señal?

—Visitó dos veces, dos, la tumba de Celestino V, aquel papa que también renunció. Y la segunda vez que visitó su tumba dejó sobre ella su palio.

—Dime quién será el nuevo papa.

—Creo que el nuevo papa será un hombre que estará entre los sesenta y cinco y los setenta años. No demasiado joven, pero tampoco demasiado viejo. Lo que no importará, pese a lo que se dice, es su nacionalidad. Sí será importante el orden de sus prioridades ante los problemas actuales. Y eso ha sido así en todos los cónclaves. Y, en fin, el próximo papa será un papa libre.

—¿Por qué?

—Porque el 28 de febrero significa en realidad el final

del pontificado de Benedicto XVI, pero también de Juan Pablo II. Benedicto XVI ha tenido que hacer frente y ha sabido resolver el gran problema que significaba la alargada sombra del primero. Pero, en fin, el primer problema, el fundamental, que va a tener que solucionar el nuevo papa es el del gobierno de la Iglesia. Tenemos una curia que fue formada por Pablo VI en 1970. Han pasado ya cincuenta años. La curia, el gobierno de la Iglesia, la diplomacia vaticana, todo eso ha de repensarse a la vez. Y de una vez por todas.

—¿Será capaz el nuevo papa de hacer lo que apuntas?

—Tendrá que hacerlo. Y, si me lo permites, a título personal yo añadiría que otro gran reto es la defensa de la familia. Y da igual que uno sea creyente o no. Lo cierto, y esta es una buena noticia, es que por primera vez no se habla de diferentes categorías. Quiero decir, de cardenales progresistas o conservadores.

—Todos son conservadores.

—Ja, ja. No. Mira, Ratzinger, que tenía fama de superconservador, es quien ha hecho lo más innovador en los últimos seiscientos años de la Iglesia. El cardenal Martini, que tenía fama de ser un gran progresista, desde el punto de vista doctrinal era absolutamente conservador. Los periodistas simplificamos mucho.

—Pero a veces acertamos.

—Solo a veces. Benedicto XVI pasará a la historia como un gran papa. Solo alguien muy brillante, mucho, alguien de una potencia intelectual enorme, es capaz de explicar lo más difícil de una manera aparentemente fácil. Y eso él lo ha hecho. Además, ha sido una persona de gran coraje, de una gran libertad espiritual. Benedicto XVI me recuerda aquel principio o regla de los samuráis según la cual un solo hombre, muy seguro de sí mismo, puede enfrentarse a diez mil adversarios o enemigos y vencerlos.

Bajamos juntos en el pequeño ascensor, más literario y cinematográfico que aparentemente seguro, y es entonces cuando le pregunto por el papa que quiere o desea el cardenal Bertone.

—Ah. Mañana pienso escribir un artículo en el que explicaré que su preferido, el cardenal Ravasi, no ha sido del agrado de todos sus interlocutores. Creo que ahora se inclina por un cardenal brasileño. Lo cierto es que, dentro de unos días, podría ponerse en marcha la venganza de los diplomáticos.

—Bertone no es diplomático.

—No. Y ese ha sido uno de sus principales problemas. Porque siempre se ha visto con buenos ojos que el secretario de Estado del Vaticano sea diplomático. Piensa, además, que Benedicto XVI no ha querido recibir a los nuncios, los recibía Bertone y no siempre.

—La venganza de los diplomáticos. Oye, ¿qué opinas de los famosos «chismes» y «calumnias», de las que habló el portavoz Federico Lombardi?

—Mientras la Secretaría de Estado redactaba esa nota a la que tú haces referencia, un cardenal dimitía. Creo que algunas cosas son muy elocuentes.

Tosatti no lo menciona, pero se refiere al cardenal de Edimburgo, Keith O'Brien, acusado por algunos sacerdotes de conducta inapropiada, es decir, de acoso sexual.

21

E<small>L ABOGADO</small> Ettore Ranieri —nombre falso— vive cerca del Vaticano, en la Via delle Milicie, una calle que a partir de las siete de la tarde parece que solo la transitan los tranvías y los automóviles. Quizá la importante presencia en algunos de sus tramos de instalaciones militares tenga que ver con la sensación de soledad que proyecta. En la noche y en invierno, la aparente decadencia de ciertos barrios históricamente burgueses de ciudades europeas se ve incrementada por la presencia de alguna tienda de alimentos regentada por un pakistaní o un chino. A partir de determinada hora solo esa tienda permanece abierta e iluminada con unos cuantos fríos y deprimentes fluorescentes.

Ranieri me propone cenar fuera, pero decide que es mejor que antes hablemos de lo que me interesa mientras aprovecha para enviar unos correos electrónicos.

—Disculpe si no quiero figurar con mi nombre y apellido reales. Es la primera vez que me comporto así. No intento convertir esto en una mala «novela vaticana», pero creo que de esta manera le podré decir todo lo que sé y los lectores de su crónica me lo agradecerán. O eso creo. Y me gustaría dejar muy claro que me considero católico practicante y que no le deseo nada malo a la Iglesia católica, que es la mía.

Ranieri es menudo, usa camisa de cuadros pequeños, corbata llamativa de color verde, viste traje de buena pana y calza unos buenos zapatos marrones de cordones.

—En primer lugar puedo informarle de que cierto cardenal italiano, por supuesto papable, no saldrá elegido papa.

—¿Ha dicho italiano?

—Dejémoslo en cardenal, en un simple cardenal. La nacionalidad no importa. Y lo que le estoy diciendo no me lo ha dicho el Espíritu Santo. Me lo ha dicho alguien que conoce a su hermano, que es pederasta. Mala suerte. Todo vale en estos momentos. Lo que quiere decir que los famosos informes secretos (que son más de uno) le facilitarán bastante las cosas al Espíritu Santo en el próximo cónclave.

—¿Cree, pues, que el próximo cónclave será, como algunos dicen estos días, el Cónclave del Dossier?

—Usted, como español, debería saber que quien más va a ayudar al Espíritu Santo en el próximo cónclave será otro español: el cardenal Julián Herranz. ¿Lo conoce?

—Lo conozco. Y espero hablar con él después del cónclave. Aunque no creo que me revele ningún secreto.

—No tenga ninguna duda de que el cardenal Herranz, que es quien ha capitaneado la investigación total exigida por Ratzinger y de la que ha surgido el famoso y demoledor informe o dossier de tapas rojas que se guarda, eso dicen, en la caja fuerte de los apartamentos papales, será definitivo.

—Pero el cardenal Herranz, como sus dos compañeros, también cardenales, no participarán en el próximo cónclave.

—Para influir u orientar no es necesario que participen. Estos días previos al cónclave ya debe de estar influyendo u orientando.

—O sea, que el próximo cónclave será el Cónclave del Dossier.

—Será el Cónclave de los Dossiers. Porque hay más de uno.

—Cuente.

—Solo le pienso decir que hay más de uno.

—¿Se refiere a ese rumor que ha comenzado a circular hace dos o tres días según el cual también el cardenal Bertone se habría dedicado a labores de investigación y...?

—Solo le pienso decir que hay más de un dossier o informe. Mire, no sé lo que algunos le han dicho, pero poco a poco, los sectores más críticos, más despiadadamente críticos (en la intimidad, por supuesto) con la renuncia de Benedicto XVI, intentan hacer llegar el mensaje de que su decisión será muy buena para el futuro de la Iglesia, pero opinan todo lo contrario y actúan o se mueven en consecuencia.

—¿Qué sectores son esos?

—Eso da igual. Lo importante es que existen. Hace solo unas horas, mi informante, que es un buen sacerdote...

—¿Sacerdote o cardenal?

—Yo he dicho sacerdote. Bien, mi amigo, que es un buen sacerdote, me asegura que son bastantes los que, como él, opinan que ahora no tendría sentido o no sería oportuno prohibir o abolir la renuncia de un papa, pero parece que algunos ya están trabajando para garantizar que eso no vuelva a ocurrir. Si se acepta como algo normal y legal la renuncia papal, las futuras presiones o chantajes sobre el nuevo pontífice ya no se producirán únicamente en su entorno más inmediato. O, mejor dicho, serán mucho más efectivas que hasta ahora.

—¿Cree usted que la presencia de Joseph Ratzinger en el Vaticano complicará las cosas al nuevo papa?

—A mí, el papa Benedicto siempre me ha parecido honesto, pero aunque no salga más a la calle y, por supuesto, aunque no conceda ninguna entrevista ni escriba ningún libro más, su leyenda está asegurada y eso siempre es un inconveniente para quienes lo detestan. Usted ya sabe que a los humanos nos gustan las leyendas. Y los mitos, mucho más. Y los mitos, para acabar siéndolo, precisan del…

—…misterio.

—Exacto. ¿Y qué mejor ambiente para crear el misterio que un convento de monjas de clausura?

—¿El llamado *lobby* homosexual vaticano es una realidad magnificada y manipulada?

—Creo que deberíamos hablar del *lobby* de la doble vida.

—Pero ese es ya más conocido o previsible y tiene menos costos «políticos». Incluso menos morbo.

—Ya. Bien, pues digamos que también alguna homosexualidad ha existido y sigue existiendo en el Vaticano. Y usted sabe que, actualmente, los homosexuales, como grupo de presión, son muy importantes en el mundo político europeo, en el cultural y en el de la moda. Y no sé si en el periodismo.

—En determinado periodismo.

—Quizá es algo normal, pero es evidente que la misión de todo grupo de presión es presionar. El día que las miradas críticas se dirijan no solo al Vaticano o a la Iglesia católica sino a Estrasburgo o a Bruselas y hacia algunas organizaciones internacionales algunos nos reiremos mucho. En fin, lo que quiero decir es que los homosexuales organizados, como todos los colectivos organizados, saben presionar y, si pueden, presionan. Es su misión.

—¿Y cuál es su postura como católico practicante?

—Que no me da miedo la limpieza total de la Iglesia, aunque ya sé que eso es humanamente imposible. En la Iglesia y en cualquier organización. A veces, créame, la realidad es tan influyente como el Espíritu Santo, y no intento ser irreverente. Y, ahora, si le parece, cierre su magnetófono y vayamos a cenar.

—De acuerdo.

22

Caminar por Roma es redescubrir los adoquines. Se camina mal sobre ellos, pero los adoquines permiten sentir más esta ciudad que solo se conoce bien cuando la pisas. El adoquín parece recordarte que la vida no es ni plácida ni llana.

El diario *La Razón* publica una entrevista con quien fue portavoz de Juan Pablo II: el seductor Joaquín Navarro-Valls, hombre de verbo seguro, corbata impecable y gran fumador, el colaborador ideal que el papa polaco necesitaba. Desde Navarro-Valls se pudo preguntar sobre todo en la Sala Stampa del Vaticano. La corbata había sustituido a la sotana y el alzacuellos y todo lo periodístico parecía haberse actualizado. El siglo xx había entrado en la Sala Stampa. Luego, Navarro-Valls respondía o fingía responder, pero esa es una de las cualidades indispensables que debe tener un auténtico portavoz.

—¿Qué harán los cardenales electores? Pues no lo sé y, desde luego, no los envidio. Sí me los imagino contemplando el *Juicio Universal* en la Capilla Sixtina. Y, si usted me pregunta por el perfil que debería tener el nuevo papa, le respondería que hay unos parámetros que parecen evidentes: edad, dominio de cuatro o cinco idiomas, densidad de pensamiento teológico mostrado en obras publicadas, pasión apostólica y misionera, experiencia pastoral y, sobre todo, esa cualidad imprescindible que es la certidumbre de ser incapaz de realizar el misterio universal de un papa.

A esta hora de la mañana la plaza Campo di Fiori es un hermoso mercado al aire libre. Frutas, flores, gritos, grandes bufandas y burguesas en bicicleta. A eso de las once comenzará a ser pasto de turistas y por la noche, espacio de copas y juventud que habla lo justo de política.

«Creer es creer con los ojos de los que han visto.»

En el castillo de Sant'Angelo, junto al Tíber, estos días se puede visitar la exposición titulada Camino de la Fe. Las obras expuestas, cedidas por los mejores museos del mundo, están acompañadas por unas profundas reflexiones. El cuadro de Pietro Giovanni Corrono, titulado *Caminando hacia el sepulcro en el alba* y fechado en 1898, representa a dos apóstoles que se dirigen con ojos fascinados hacia la tumba de Jesús. «La fe es, en efecto, esencialmente fidelidad, es decir, perseverancia, pero no en el sentido de un heroico esfuerzo humano de coherencia, sino de la perseverancia como don, de la sorpresa de descubrir en uno mismo una fuerza que nos llega a través de la oración.»

En las diferentes salas se escucha el *Cántico de Funeral* para tenor, coros y arcos, del británico John Tavener.

En el Ristorante Der Pallaro, la que suena y se escucha es la apoteósica Paola, dueña y cocinera, que aparece en el comedor luciendo un digno delantal blanco y ajustando en su cabeza el gorro o cofia, también blanca. Paola, mujer menuda, locuaz y simpática, tiene la nariz decidida y los ojos italianos, como de sibila despierta; esos ojos que ven y prevén, que anuncian.

—Yo quiero que salga papa el de Génova. Es muy bueno. Aquí venía mucho con el actual Benedetto, que es una pena que se nos vaya. Qué inteligencia la de este hombre tan discreto, pero tan valiente. Yo, que soy italianísima, creo mucho en la virgen de Guadalupe, que es mexicana. Toda mi vida he trabajado: nací campesina, crecí ordeñando las vacas y a mis casi setenta años aquí me tiene: levantándome muchos días a las cuatro y cinco de la mañana, como cuando era niña y vivía en el campo.

En el restaurante de Paola no hay carta. Es su dueña y cocinera quien te canta los platos del día: lentejas, *finocchi*, *crocettine di riso*, puré de brócoli que parece guacamole.

—¿Esto es guacamole?

—Guacamole. Por favor. Una cosa es México y la virgen de Guadalupe y otra el guacamole. Esto es brócoli.

Y todo va bien, muy bien, hasta que surge la política en la conversación o monólogo y Paola dice lo siguiente:

—¿Y usted me pregunta que por qué he votado a Berlusconi? Pues porque es simpático, porque estoy harta de tristezas. Por eso le he votado.

En la embajada de España ante la Santa Sede, el cardenal Antonio Cañizares comparte mesa y diálogo con el ministro del Interior español, Jorge Fernández Díaz, y Giuliano Amato, expresidente del Consejo de Ministros italiano.

El cardenal Cañizares, aún prefecto de la Congregación para el Culto Divino y la Disciplina de los Sacramentos, es un hombre físicamente menudo, pero contundente.

—No podemos vivir pensando que somos creadores sin contar con Dios.

Jorge Fernández Díaz afirma que España tiene un problema de tibieza y que hay que defender en el parlamento las convicciones personales. Giuliano Amato, más italiano, sostiene que la religión ayuda a entender el origen de las cosas y que gracias a ella las sociedades pueden perder menos sus valores.

—El enemigo de la sociedad no es la religión sino la intolerancia.

A esa misma hora, en el Colegio Tiberino, en el Trastevere, el sacerdote Ángel Sánchez Velasco, mexicano de Puebla y estudiante de Derecho Canónico, cuenta que la tarde que Benedicto XVI informó de su renuncia se enteró por un mensaje de móvil que le enviaron desde su diócesis, en Puebla.

—Al principio tuve un sentimiento de orfandad, pero después de rezar lo entendí todo.

José Eric, diácono también mexicano, recuerda que tras acabar un examen de derecho canónico, salió a la calle, recibió un mensaje, dudó unos instantes, pero antes de llegar a su residencia, el Colegio Tiberino, en la puerta de la cárcel Regina Cæli un señor que estaba leyendo un diario le gritó la noticia.

—El papa ha dimitido. Y yo le respondí que si eso era así teníamos que rezar por él. Lo cierto es que después del mediodía el tiempo en Roma cambió totalmente, todo se oscureció y un tremendo viento y una tormenta ayudaron a crear un ambiente como de nostalgia o sorpresa. Luego, ya sabe, llegó el rayo que se precipitó sobre la cúpula de la basílica de San Pedro. Mire, la figura de Juan Pablo II representó un bello rostro de la Iglesia y el papa Benedicto es la voz del pastor, la palabra que necesitábamos.

El padre Sánchez Velasco destaca de Benedicto XVI su capacidad para que entendiéramos que la fe es razonable. A Benedicto XVI se le ha escuchado y se le ha entendido.

—Roma te enseña a entender la dimensión universal de la Iglesia católica.

La melodía lenta, sugerente, envolvente y gratamente reiterativa del *Cántico de Funeral*, la obra de John Tavener que esta mañana he escuchado en una de las salas de exposición del castillo de Sant'Angelo, parece querer regresarme nuevamente ahora, a las siete de la tarde, cuando ya es noche en Roma y acompaño a monseñor Miquel Delgado y a un amigo suyo, Pierre Fortin, un abogado italiano, a participar en la plaza de San Pedro en una *fiaccolata* silenciosa, una especie de procesión iluminada por los farolillos que sus participantes llevan en la mano.

Las ventanas de los aposentos papales están iluminadas y algunos de los presentes, al concluir una vuelta a la plaza, se detienen, miran hacia ellas y parecen esperar que aparezca en una de ellas la figura de Benedicto XVI. Pero el abogado italiano, que vive en el Trastevere, lo tiene muy claro.

—No es el estilo de este papa. Juan Pablo II sí sería capaz de asomarse y saludar con la mano, pero Benedicto XVI es un intelectual; un intelectual honesto.

—Eso tan difícil.

—Eso que es casi imposible.

Al acabar la *fiaccolata* me acerco hasta unas monjas españolas.

La hermana María Covadonga viste el hábito de su congregación, las Hijas de Santa María del Corazón de Jesús. Un hábito de color marrón claro, pero que ellas definen como de color «Teide».

—Nos gusta llevar el hábito. Es un signo que lleva a Dios.

Quizá sea el cuello blanco, redondo y pequeño pero definitivo, lo que realza su mirada. Una mirada limpia, como de mucho rezo y reflexión. Como de buenos dulces conventuales hechos con esa lentitud que cada vez se valora más. La mirada de la hermana María Covadonga, como la de su compañera Azucena María, es alegremente contagiosa, brillante. En esas miradas vive eso que se llama fe. A estas dos monjas lo que más les ha gustado del discurso que Benedicto XVI ha leído en su última audiencia pública es que ha dicho dos veces que nunca se ha encontrado solo. Y que no se baja de la cruz.

—El día que el papa renunció solo hacía cuatro días que yo había llegado a Roma. Imagine. Yo soy de Barcelona, decido venir a Roma y el papa renuncia. Estaba en la cocina, entró la madre y nos dijo que tenía que contarnos una cosa: que el papa había dimitido. Y nos quedamos muy sobrecogidas, claro. ¿Qué le pasará al papa? ¿Cuánto habrá sufrido? Eso fue lo que nos preguntamos, lo que sentimos al principio, luego ya lo fuimos entendiendo y valorando. Y ahora ya sabemos que ha sido por el bien de la Iglesia.

Al principio, la hermana Azucena María también se quedó estupefacta.

—Pero luego admiré su humildad, su profunda humildad. Solo sabiendo que Dios te ama puedes hacer lo que acaba de hacer el papa.

Al llegar a la residencia donde estoy hospedado leo en el *Corriere della Sera* un artículo de Massimo Franco, que asegura como muy significativo que en algunos ambientes contrarios a la Iglesia católica se trace un paralelismo entre los muros del Vaticano y los del Kremlin comunista, es decir, que tras el derrumbe del comunismo sería ahora el momento oportuno para que se «derrumbara» la fortaleza moral del anticomunismo.

«El Vaticano se derrumbaría por falta de adversario. Esta es la tesis que sostienen determinados círculos del norte europeo, círculos que celebrarían una alianza de las naciones protestantes frente a la manera de comportarse fiscalmente de los países católicos mediterráneos, que merecen ser castigados, países en los que se debería incluir, por supuesto, a Grecia, aunque sea ortodoxa.»

23

Paso junto a lo que fue en su día la llamada Casa de los Escritores, que estaba ubicada en la Via dei Penitenzieri. En ella discutieron mucho, siempre amistosamente, los jesuitas Josep Maria Benítez y Miquel Batllori.

El 8 de diciembre de 1965, Benítez y tres o cuatro compañeros más se encontraban muy cerca de aquí, en la plaza de San Pedro. Ese día concluyó el siempre polémico Concilio Vaticano II.

Batllori, con aquel humorismo suyo trascendente, aseguraba no haberse fiado nunca demasiado de los teólogos y de sus discusiones. Creía que se dedicaban a especular, pero viviendo muy ajenos a la realidad. Sin embargo, el Concilio Vaticano II pareció interesarle.

Cuando el padre Benítez suele contar estos episodios romanos exige a sus interlocutores que los transmitan con absoluta rigurosidad.

—El papa Juan XXIII fue el impulsor del *aggiornamento*, pero, ojo, ha de quedar muy claro que *aggiornamento* no significa 'poner al día' o 'actualizar'. Quiere decir 'profundizar en el anuncio de Jesús'. Y la visión de Batllori era que si no se profundizaba en ese anuncio la cosa podía acabar en simples discusiones teológicas o en pequeños apaños de liturgia.

Benítez cuenta que Juan XXIII, además de hablar de *aggiornamento*, dijo que había recibido un *tocco*, un toque interior insospechado, que no significaba ni una visión ni una iluminación. Y fue por ese *tocco* que decidió convocar el concilio. Y el anuncio de ese concilio parece recordar la manera como Benedicto XVI anunció su renuncia.

—Juan XXIII convocó el Concilio Vaticano II en San Juan de Letrán durante un consistorio al que asistieron pocos cardenales. Todos los presentes se quedaron confusos, pero ninguno se atrevió a hacer comentario alguno.

Fue entonces cuando corrió por toda Roma el rumor de que Juan XXIII se había convertido en un iluminado, en un iluso.

Curiosamente el anuncio de ese concilio no apareció publicado al día siguiente en *L'Osservatore Romano*.

Antes de acercarme a la Sala Stampa decido tomarme un Campari en el bar del hotel Columbus. Este hotel, que ocupa el Palazzo della Rovere, fue la sede de la Orden Ecuestre del Santo Sepulcro de Jerusalén.

«Querido hermano de hábito». Así suelen encabezar sus cartas los miembros de la Orden Ecuestre de Jerusalén, cuyo prior, en Barcelona, es el cardenal Sistach, a quien ayer entreví cerca de la plaza de San Pedro.

También para estas órdenes históricas ha pasado el tiempo y ciertas grandezas, pese a las capas, que exigen una determinada altura física, ya no son como antes. Pero en el bar —y sobre todo en el comedor del actual hotel Columbus— uno puede imaginar diálogos que nunca tuvieron lugar, pero que resultan igual o aún más convincentes.

—Su Campari, señor.

—Gracias.

A la generación de Josep Maria Benítez el anuncio del Concilio Vaticano II les entusiasmó. Sobre todo a él, que en 1964 había vivido en Liverpool y Londres el anuncio de un movimiento juvenil que acabó estallando el mes de mayo de 1968 en París.

—Comentando ese estallido con Batllori le dije que el Concilio Vaticano II quizá debería tener presente ese movimiento juvenil, que aun siendo infantiloide y quizá inconsciente hablaba del amor, etcétera. Batllori me dijo que aquellos jóvenes solo eran cuatro locos. Pero más adelante, cuando se comenzaron a divulgar las canciones de los Beatles, que precisamente por ser ingenuas llegaron a todos, fueron algunos más los que se dieron cuenta de que aquello era algo más importante que una simple movida callejera. Y ya estamos con la famosa canción «Imagine», que entre otras cosas dice: «Imagina que no hay Dios, que no hay religiones, etcétera.»

«Imagine» se convirtió en el nuevo credo de una juventud que cuestionaba la autoridad y que favorecía la irresponsabilidad. Algo de lo que las generaciones que protagonizaron aquellos pelos quizá no deberían sentirse muy satisfechos. Está bien pedir lo imposible, pero es peligroso exigirlo. Porque tal vez hablar solo de derechos y exigirlos olvidando las obligaciones no es una buena solución.

El padre Benítez gusta de recordar el consejo de Juan XXIII, según el cual había que abrir las ventanas.

—Eso dijo Juan XXIII: que era necesario abrir las ventanas del Vaticano para que los sacerdotes, obispos y cardenales vieran la realidad de fuera y los de fuera pudieran vernos y conocernos, para que nos entendieran. Pero eso fue malinterpretado.

—¿Por quién?

—Por el cardenal Ottaviani. Y ahí aparecéis los periodistas, que, en aquella época, se quedaron únicamente con las palabras de Ottaviani, que dijo que abrir la ventana para que entrara aire nuevo era positivo, pero que no lo era tanto abrir la puerta. Ya que si se abría la puerta o las puertas la corriente de aire que se crearía podría provocar a la Iglesia una pulmonía severa. Una pul-mo-ní-a.

A la muerte de Juan XXIII, su sucesor, Pablo VI, se vio casi incapaz de reconducir el Concilio Vaticano II y comenzaron las luchas entre progresistas y conservadores. Y fue entonces cuando llegó de Polonia un tal Wojtyła.

—El papado de Pablo VI provocó un desencanto total.

—Sí. Desencanto que, si me lo permites, yo detecté en Liverpool y que el padre Batllori me negó. Entre aquel desencanto emergieron, además de muchas más cosas, las conferencias episcopales que, digamos la verdad, se cargaron a Pablo VI. No todas las conferencias episcopales, pero sí algunas. Recuerda que, tras la encíclica *Humanæ vitæ*, mucha gente entendió que el papa había prohibido cualquier uso de anticonceptivos y la gente lo simplificó diciendo que había prohibido el uso del condón. Y no era eso.

—¿Seguro que no era eso?

—Seguro. El fundamento sobre el que Pablo VI impone su magisterio es muy complicado, pero en fin, él habla o se refiere a la investigación científica previa. Lo cierto es que ante las reacciones que provoca la *Humana vitæ*, el papa Pablo VI, a quien conocí personalmente, entró en una fase como de angustia vital. Estaba asustado y comenzó a sufrir problemas de índole psicológica e incluso neurovegetativa.

Una tarde, cuando Josep Maria Benítez era profesor de historia de la Iglesia en la Universidad Pontificia Gregoriana, volvimos a hablar de Pablo VI, a quien Benítez admiraba, y me mostró un libro escrito por otro jesuita, el moralista y filósofo padre Manuel Cuyás, según el cual Pablo VI quiso ser fiel a su propia conciencia moral que le hacía ver que todo lo que era un método anticonceptivo natural iba contra la voluntad de Dios.

Y el error, según algunos, fue que Pablo VI identificó la voluntad de Dios con la ley natural.

O sea, Galileo.

Mientras cruzo la plaza de San Pedro sonrío pensando en el entonces joven jesuita Benítez, que en cierta ocasión decidió que debía celebrarse un Concilio Vaticano III. Presentó su trabajo debidamente redactado, aguardó durante más de un año el veredicto para poder publicarlo, pero los censores fueron tajantes: aquella sugerencia no podía publicarse por ingenua e inoportuna.

Y ahora Benítez admite que aquellos censores tenían razón.

Pero el deseo de Juan XXIII de abrir las ventanas del Vaticano aún sigue sin hacerse realidad. Quizá sea el nuevo papa quien abra esas ventanas.

24

Jueves, 28 de febrero del 2013. Once de la mañana.

En la Sala Clementina del Vaticano, el cardenal Angelo Sodano se dirige al papa en nombre del Colegio Cardenalicio.

—Santo Padre: con gran azoramiento los padres cardenales presentes en Roma se reúnen con usted para manifestarle su profundo afecto…

La Sala Clementina del Vaticano es esta mañana un paisaje de solideos rojos y quizá de alguna ambición personal disimulada. El único que se mueve es el fotógrafo papal. Son ciento cuarenta y cuatro los cardenales presentes en esta espectacular sala. También están presentes los ceremonieros y otros cargos de la Secretaría de Estado.

Angelo Sodano finaliza su intervención diciendo en alemán «Que Dios se lo pague».

—*Vergelt's Gott.*

Benedicto XVI sonríe y agradece la cercanía y el consejo que ha recibido de los cardenales durante su papado. Habla de momentos con luz radiante, pero también recuerda o pinta alguna nube en su discurso.

—El colegio cardenalicio ha de ser como una orquesta en la que las diferentes expresiones de la Iglesia universal confluyan siempre en una armonía superior.

Y citando al teólogo Romano Guardini define:

—La Iglesia no es una institución concebida y diseñada en una mesa de despacho sino una realidad viva. La Iglesia vive en el curso del tiempo, en el devenir, y como cualquier ser vivo se transforma. Pero su naturaleza permanece siempre igual porque su corazón es Cristo.

Luego, el papa dice que entre los cardenales sentados frente a él está el futuro papa.

—Al cual yo prometo mi incondicional reverencia y obediencia.

Al final de su intervención, tras una breve pausa, el papa dice:

—La Iglesia está en el mundo, pero no es del mundo, es de Dios.

Uno a uno los cardenales se acercan a saludar a Benedicto XVI y le besan la mano. El papa permanece en pie todo el rato y bebe agua una sola vez. Cada vez se le intuye más liberado. Solo un cardenal le besa las dos manos. Y otro se acerca a él sentado en una silla de ruedas. ¿Querrá decir algo el hecho de que Benedicto XVI haya retenido entre sus manos las del cardenal Angelo Scola, arzobispo de Milán y, según algunos, el nuevo papa? Ni siquiera el *sampietrino*, vestido de frac, que es quien urge normalmente a los saludados por el papa a acabar con su monólogo, es decir, quien impide que los más osados abusen de la paciencia papal, se ha atrevido a interrumpir el diálogo entre el actual papa y quizá el futuro.

¿Y qué es lo que el papa le ha dicho al cardenal filipino Luis Antonio Tagle para que este se ría tanto? Tagle, joven para ser cardenal, es a sus cincuenta y cinco años otro de los papables.

Al estrechar la mano de Peter Turkson quizá el papa ignora que en las casas de apuestas londinenses es este cardenal ghanés el que más se cotiza, es decir, el que muchos creen que será el nuevo pontífice. Le sigue el cardenal italiano, Angelo Scola.

La presencia de Roger Mahony, arzobispo emérito de Los Ángeles, en la Sala Clementina será criticada por muchos periodistas. Mahony está acusado del encubrimiento de sacerdotes pederastas. Y está por ver si, como han pedido un numeroso grupo de católicos, renunciará a participar en el próximo cónclave.

Durante el acto celebrado en la Sala Clementina, al secretario personal del papa, el arzobispo Georg Gänswein, se le ve muy suelto, muy distendido.

Hoy, Benedicto XVI ha comido frugalmente con sus dos secretarios personales, Gänswein y Alfred Xuereb, y con las cuatro laicas consagradas, encargadas de la cocina, el vestuario y la limpieza de los aposentos papales. También ellos le acompañarán a Castel Gandolfo.

A las 16:45 la televisión vaticana permite ver cómo Benedicto XVI abandona a paso lento y apoyado en un bastón las estancias que han sido hasta ahora mismo su hogar. Siempre lentamente, el papa se dirige al patio de San Dámaso.

Gänswein, como ayer en la plaza de San Pedro durante la última audiencia general, vuelve a emocionarse.

La siempre vistosa y cinematográfica Guardia Suiza, formada, le rinde honores, y alguien grita «Viva el papa». Varios empleados vaticanos, acompañados por sus respectivas familias, también se emocionan. Benedicto XVI se despide de quien ha sido su secretario de Estado, el cardenal Tarcisio Bertone, entra en un Mercedes negro en cuya matrícula se lee SCVI y el vehículo oficial lo traslada hasta el helipuerto, situado en lo alto de la Colina Vaticana. Allí es saludado y despedido por el decano del colegio cardenalicio, el cardenal Angelo Sodano.

Antes de subir al helicóptero, de color blanco, que pertenece al cuerpo de *carabinieri* de la República italiana y que lo trasladará a la residencia de Castel Gandolfo, el papa ha querido saludar a su tripulación.

El helicóptero se eleva a las 17:07. Siete minutos más tarde de lo previsto. Y, en la plaza de San Pedro, el cardenal que más gesticula, el único que levanta sus dos brazos acabados en dos manos con dos dedos índices muy expresivos o reveladores, es el extravertido Timothy Dolan.

El cardenal emérito de Sevilla, Carlos Amigo, es mucho menos expresivo. O actúa menos.

Cuando el helicóptero papal sobrevuela el Tíber, el Coliseo y la Via Appia, el famoso y hermoso *tramonto* romano contribuye a mejorar la escenificación de un viaje, corto en el tiempo, pero muy simbólico y perdurable en lo histórico. Y comienzan a repicar todas las campanas de las iglesias de Roma. Las primeras en hacerlo son las de la basílica de San Pedro, campanas que, en cierta ocasión, el tenor Plácido Domingo me dijo que estaban afinadas en re menor.

Ese helicóptero aparecerá muchas veces en documentales y quizá en alguna película. Y, por supuesto, en más de una novela.

25

Eʟ ᴄᴀʀᴅᴇɴᴀʟ estadounidense Timothy Dolan es quien más gesticula cuando el helicóptero papal se eleva y se dirige a Castel Gandolfo, pero en la plaza de San Pedro la persona que más siente este momento quizá es Jordi Pujol Soler, estudiante de teología.

Pujol Soler es un tipo joven, alto, deportista, que recuerda a aquel protagonista de la película *El cardenal*, en la que el siempre extravertido y heterodoxo John Huston interpretaba el papel de un cardenal de Boston y en la que se abordaban temas como el aborto, la segregación racial, el nazismo, etcétera. Aquella película, dirigida por Otto Preminger, principiaba con un Stephane Fermoyle a punto de ser hecho cardenal y subiendo, incansable, todas las escaleras que existen en Roma. Incluso algunas más. El cine casi nunca refleja la realidad. Aquellas escaleras que no se acababan nunca quizá pretendían simbolizar lo duro que había sido para aquel hijo de tranviario irlandés alcanzar el cardenalato.

Lo he sabido no hace mucho: el consejero oficial de la película *El cardenal*, rodada en 1963, fue un tal Joseph Ratzinger.

—El papa es un corredor de relevos. El jefe de la Iglesia es Dios. Y yo estoy convencido de que el Jefe le ha dicho a Benedicto que tenía que hacer lo que acaba de hacer.

Eso opina Pujol Soler, quien hace unos meses pudo ofrecer a Benedicto XVI una beca —esa prenda tradicional universitaria— del colegio barcelonés Monterols, del que entonces era su director. Fue durante una audiencia general.

—Llegamos a la audiencia general, que se celebró en esta misma plaza, la de San Pedro, nos dirigimos a un sampietrini, le enseñamos el documento en el que se decía que podíamos entregarle la beca al Papa y el sampietrini nos dice que no, que imposible, que con ese documento no podemos entregar en propia mano la beca.

—Y se acabó la aventura.

—No. Tuvimos suerte. El jefe de los sampietrini abrió el estuche, comprobó que en su interior estaba la beca, leyó el documento y decidió que sí, que le podía entregar la beca al papa en propia mano.

—¿Y qué le dijiste a Benedicto XVI?

—Pensé que tenía que hablarle de nuestro colegio mayor, de Monterols, pero también de algo que aún no le había dicho ni a mi madre: que había decidido ser sacerdote. Llegó el momento, avancé con el estuche medio abierto, saqué la beca, le pedí al jefe de los sampietrini que me aguantara un segundo el estuche y en ese preciso instante escuché la voz del obispo ceremoniero que estaba junto al papa que me dijo: «No se la ponga.» Pero aquel era mi momento. Total, que le tendí la beca, le hablé de los estudiantes de Monterols y, pese a que uno me tocaba el codo derecho para decir que tenía que irme y otro me tocaba el codo izquierdo y me decía «Grazie» para que entendiera que mi momento había pasado, me quedé y le conté al papa que en unos meses me incorporaría a un seminario romano.

—¿Y te permitieron que siguieras hablando con el papa?

—No les quedó más remedio. Porque el papa me miró y cuando le pedí que me aconsejara, se quedó callado unos segundos, me cogió la mano y dijo: «¿Quiere que le dé un consejo? Pues rece mucho y trabaje mucho.»

—La cosa acabó bien, pues.

—Tanto que me atreví a acercarme a su secretario personal, Georg Gänswein, el ahora arzobispo, y como sabía que le gusta jugar al tenis le dije: «Me encantaría jugar al tenis con usted.» Y me respondió: «Hecho.»

—¿Y ya has jugado al tenis con don Georg?

—Ja, ja. Aún no.

—¿Qué crees que contiene el famoso informe encargado por Benedicto XVI y realizado por los también ya famosos tres cardenales?

—Creo que ese informe secreto al que te refieres no es una caza de brujas, sino que servirá para que el nuevo papa sepa de quién puede fiarse en la curia. Parece que, cuando Benedicto XVI se enteró de las presiones que un grupo vaticano ejercía sobre otro, solo dijo tres palabras: «Basta, basta, basta».

—Basta, basta, basta.

—Sí. Basta, basta, basta.

—Igual en esas tres palabras está la clave de todo.

—No lo sé. Yo creo que todo lo que ha dicho Benedicto XVI desde el momento de su renuncia es verdad.

Un colega italiano pasa a recogerme en su coche. Y de la plaza de San Pedro salimos hacia Castel Gandolfo, población situada a veintitrés kilómetros de Roma.

—¿Conoces Castel Gandolfo?

—No. Solo lo he visto en la televisión. Y en una película basada en la vida de Pío XII. Creo que fue en esa residencia papal donde se refugiaron varios miles de personas durante la Segunda Guerra Mundial. Unas diez mil. Y hubo cincuenta o sesenta nacimientos.

—Mar, montaña y muy buena gente. Y un lago, que se me olvidaba. No me acordaba del lago Albano.

—¿Ese es su eslogan turístico?

—No. Eso fue lo que dijo Benedicto XVI en cierta ocasión. Muchos se imaginan que la residencia de vacaciones de los papas en Castel Gandolfo es una insignificancia si se compara con el Vaticano, pero es al revés. Aquello es enorme. Cincuenta y cinco hectáreas. En su día fue la villa del emperador Domiciano.

—¿Es verdad que esa residencia es el huerto y la granja del Vaticano?

—Sí. Allí tienen vacas, gallinas, olivos, árboles frutales, campos de cultivo, de todo.

Al llegar a Castel Gandolfo compruebo que en el pueblo no cabe un periodista más. Suda el párroco que, entrevistado por una televisión, dice que está triste y contento. Triste porque Benedicto XVI ha renunciado y contento porque está en su pueblo, aunque no sea para siempre.

—Es con el papa que he tenido más relación. Es tan buen intelectual como sencillo.

Una monja, vieja conocida de muchos periodistas italianos, es también entrevistada. Me cuentan que se trata de sor Giovanna, que durante años fue la que daba o negaba las acreditaciones vaticanas a los periodistas. Ahora, eso dice, vive jubilada en un convento situado a tres kilómetros de aquí.

—Y he venido andando.

También es reconocido y entrevistado un chófer, ya jubilado, que trabajó para Juan Pablo II. Dice que no es creyente.

Faltan unos minutos para las seis de la tarde.

Benedicto XVI aparece en el balcón principal del palacio apostólico de Castel Gandolfo y las personas que abarrotan la plaza comienzan a aplaudir, a emocionarse y a gritar «Viva el papa».

Pero Joseph Ratzinger, aunque aún sea el papa durante dos horas más, ya no lo es. Ya solo es el papa emérito.

—Gracias. Os doy las gracias. Queridos amigos: estoy feliz de estar con vosotros, rodeado de la belleza de la creación y de vuestra simpatía, que me hace mucho bien. Gracias por vuestra amistad y vuestro afecto. Sabéis que, para mí, este día es distinto de los pasados. Ya no soy Sumo Pontífice de la Iglesia católica. Hasta las ocho de la tarde lo seré todavía, después ya no lo seré más. Soy sencillamente un peregrino que inicia la última etapa de su andadura por esta tierra. Pero desearía todavía, con mi corazón, con mi amor, con mi oración, con mi reflexión, con todas mis fuerzas interiores, trabajar por el bien común y el bien de la Iglesia y de la humanidad. Y me siento muy apoyado por vuestra simpatía. Vamos a ir adelante con el Señor por el bien de la Iglesia y del mundo. Gracias. Os imparto mi bendición con todo el corazón. Que nos bendiga Dios omnipotente, Padre, Hijo y Espíritu Santo. Gracias. Buenas noches. A todos vosotros: gracias.

A las ocho en punto, armados con sus largas picas, los dos guardias suizos que prestan su servicio en la puerta del palacio apostólico entran en su interior, cierran solemnemente el portón, cuelgan las largas picas en una pared acondicionada para ese menester, se cuadran militarmente ante tres nerviosos miembros de la gendarmería vaticana y siempre marcialmente se pierden por un pasillo.

Afuera, en la plaza, vuelve a sonar el grito de «Viva el papa».

Son mucho más vistosos y cinematográficos dos guardias suizos que tres gendarmes, aunque lleven guantes blancos.

Del Renacimiento se ha pasado a la actualidad, que es bastante más chata.

Pero la vida sigue. Incluso en la ahora llamada sede vacante.

A esta misma hora quien manda en el Vaticano es el cardenal camarlengo, Tarcisio Bertone, que, alto y decidido, se dirige hacia el apartamento papal. Allí lo espera, entre otros, el vicecamarlengo Pier Luigi Celata.

—Son las ocho en punto. Es la hora de la responsabilidad.

En el interior de la llamada Cámara Apostólica, situados alrededor de una mesa, sus responsables se reúnen para rezar juntos y en voz alta por el nuevo papa.

—Da a tu Iglesia un papa digno.

Tarcisio Bertone cierra la puerta con llave. En su mano derecha lleva una especie de cetro, en cuyo extremo superior está el sello de plomo. Le acompañan el sustituto de la secretaría de Estado, monseñor Angelo Becciu, y un notario.

Lacre, sello, silencio y un piquete de la Guardia Suiza.

Luego, el anillo del Pescador, el anillo papal de Benedicto XVI, no es destruido con un pequeño martillo como exige la tradición. Simplemente se le inutiliza trazando varias cruces sobre la clásica imagen de Pedro pescando, echando las redes. A su alrededor lleva escrito, en latín, el nombre de Benedicto XVI.

Antes de regresar a Roma decidimos cenar en una pizzería de Castel Gandolfo. El colega italiano me pregunta

si conozco al director de *L'Osservatore Romano*, Giovanni
Maria Vian, y le respondo que sí.

—¿Crees que es tan neocon como algunos lo pintan?

—A mí no me lo parece. Sí es una persona que, aun siendo crítica, defenderá siempre al Vaticano y al papa. Y practica con el ejemplo lo que dice: que la confrontación de ideas
es siempre positiva.

—Queda claro que te cae muy bien.

—Pues sí. Además es un fan de Tintín.

—Te preguntaba por Vian porque, si puedes, quizá debe-
rías preguntarle si sabe por qué Benedicto XVI le ha escrito
una carta de agradecimiento al cardenal Ravasi.

—¿Y qué carta es esa?

—Una en la que le agradece haber dirigido los ejercicios
espirituales de Cuaresma, a los que ha asistido el propio Benedicto XVI.

—¿No es lo normal?

—No lo sé. Sobre todo teniendo presente que estamos
a las puertas de un cónclave. Desde hace unos días todos
los gestos son interpretados en clave de cónclave, valga la
redundancia.

Será el próximo domingo, 3 de marzo, cuando conozca
el contenido de esa carta. La publicará en su segunda página
L'Osservatore Romano, y este es parte de su contenido:

Al inicio de la Cuaresma, la semana de los ejercicios constituye
un tiempo aún más intenso de silencio y oración. Y el tema de
este año —el diálogo entre Dios y el hombre en la oración sálmi-
ca— nos ha sido de particular ayuda: en cuanto entramos, por
así decirlo, en el desierto tras las huellas de Jesús hemos podido
beber de la fuente de agua purísima y abundante de la palabra
de Dios, que usted nos ha orientado a sacar del libro de los

Salmos, el lugar bíblico por excelencia en el que la Palabra se hace oración. [...]

Los Salmos orientan ante todo hacia el Rostro de Dios, hacia el misterio en el que la mente humana naufraga, pero que la misma Palabra divina permite percibir según los diversos perfiles en los que Dios mismo se ha revelado. [...]

De este modo, querido señor cardenal, la Palabra de Dios, mediada por el *ars orandi* antiguo y siempre nuevo del pueblo judío y de la Iglesia, nos ha permitido renovar el *ars credenci*: una exigencia solicitada por el Año de la fe y que se hace más necesaria todavía por el particular momento que yo personalmente y la Santa Sede apostólica estamos viviendo. El sucesor de Pedro y sus colaboradores están llamados a dar a la Iglesia y al mundo un testimonio claro de fe y esto es solo posible gracias a una inmersión profunda y estable en el diálogo con Dios. A los muchos que también hoy preguntan «¿Quién nos hará ver la dicha?» pueden responder cuantos reflejan en su rostro y con su vida la luz del rostro de Dios.

El Señor sabrá, venerado hermano, recompensarle por este compromiso que usted ha cumplido tan brillantemente.

Al cardenal Gianfranco Ravasi lo conocí en Barcelona. Es un hombre culto y ameno. Escuchándole hablar de arte en el Museo de Arte Nacional de Cataluña en un encuentro entre creyentes, agnósticos y ateos, pensé que muchas iglesias estarían llenas si cada domingo el responsable de la homilía fuera este cardenal italiano, culto y extravertido, que se pone el solideo de una manera que parece muy cercana. Porque, según tengo observado, algunos solideos cardenalicios ahuyentan por emanar una cierta y excesiva solemnidad.

26

El CARDENAL Angelo Sodano, decano del Colegio Cardenalicio, comunica oficialmente a los doscientos nueve cardenales de la Iglesia católica que ha empezado la sede vacante y que, por consiguiente, han de viajar a Roma. Muchos de ellos ya están aquí desde hace días.

En la Sala Stampa, Federico Lombardi, el portavoz de la ahora sede vacante, más relajado que de costumbre pero arqueando varias veces sus cejas, lo que demuestra que la tensión en el Vaticano sigue intacta, habla por primera vez ante los periodistas después de que Benedicto XVI ha dejado de ser papa.

—Benedicto XVI ha pasado su primera noche en Castel Gandolfo plácidamente. Cenó, rezó y durmió.

Pero la tempestad vaticana no ha amainado.

En la revista italiana *Panorama*, un reportaje titulado «Curia interceptada» da por cierto que, desde hace meses, en los palacios vaticanos ya nadie usaba el teléfono para contarse confidencias. Y tampoco los correos electrónicos son lo que eran.

Panorama informa de que el cerebro de la actividad de espionaje interior vaticano o control es el general Domenico Giani, el jefe de la gendarmería vaticana, que anteriormente trabajó al mando de la Guardia de Finanzas italiana y muy concretamente en los servicios secretos.

Según la revista *Panorama*, Domenico Giani trabaja a las órdenes del ahora cardenal camarlengo Tarcisio Bertone y con el consentimiento de Benedicto XVI. El resultado de esa labor de espionaje interno, así lo insinúa el reportaje, podría haber permitido buena información sobre el llamado caso Vatileaks, el robo de documentos protagonizado por el exmayordomo del papa, Paolo Gabrielle.

Pero también fuera de los muros del Vaticano se ha iniciado la guerra.

Roland Minnerath, el arzobispo de Dijon, tenido oficialmente como tradicionalista, se pregunta qué es lo realmente importante en el ministerio de un papa, de un obispo o de un simple sacerdote: ¿sus cualidades intelectuales o su entrega total a Jesús? Minnerath se responde que lo más importante es no renunciar a la llamada divina. Y también ha afirmado que el tema de la salud solo tiene valor en la política, pero no en el ministerio sacerdotal.

El cardenal australiano George Pell, hombre próximo incluso ideológicamente a Benedicto XVI, ha declarado que, en el futuro, si algunos quisieran que el papa dimitiera solo tendrían que organizar una campaña con esa intención. Antes esto era imposible. Los nuevos papas, según Pell, serán mucho más vulnerables.

Como en la hostería Il Bivio, que está en las afueras de Roma. Mi compañero de mesa es un amigo, un sacerdote italiano que no quiere que su nombre aparezca en esta crónica. Es alto, culto y con sentido del humor.

—Te aconsejo los *bucatini all'amatriciana*.

—De acuerdo.

—Yo voy a empezar con las lentejas. Aquí las cocinan muy bien. ¿Cómo va la crónica?

—Creo que bien.

—¿Has podido hablar ya con nuestro amigo jesuita?

—Aún no.

—¿Y qué te han contado tus amigos del Opus Dei?

—Cada uno me cuenta lo que ha sucedido y lo que cree que sucederá a su manera. Te recuerdo que también tengo amigos salesianos, benedictinos, claretianos. Incluso tú eres amigo mío.

—No te cabrees. Si he mencionado al Opus Dei (yo también tengo amigos que pertenecen a esa prelatura) es porque de pronto he recordado que en el cónclave anterior uno de los cardenales más activos e influyentes fue Julián Herranz, que ahora, es mi opinión, creo que va a volver a tener protagonismo, pese a que no podrá votar en la elección del nuevo papa.

—Algo parecido me dijo alguien no hace mucho. ¿Eres optimista, señor progresista?

—No. La curia es mucha curia. Pero ya sabes mi opinión: cada vez veo peor las cosas de la Iglesia. Desde Juan Pablo II las masas impiden a muchos católicos ver los interiores de las palacios apostólicos. Y no es que la gente haya dejado de creer en Dios de manera tan masiva como decís los periodistas, pero ha decidido prescindir de intermediarios. Cree que no los necesita.

—¿Los intermediarios sois vosotros, los sacerdotes?

—Sí, claro.

—Me estás hablando de lo que algunos teólogos llaman el «cisma del silencio».

—Sí. Y eso se da sobre todo en Europa. En 1970 solo el 39 % se consideraba católico. Ahora es el 24 %. Y ya sabes lo que dice el cardenal Saraiva, el portugués. Dice que casi todos los problemas que se le presentan a la Iglesia se originan en Europa sobre todo con el tema de la bioética. Europa es, pues, la tarea, sigue siendo la tarea, porque, pese a los esfuerzos de Ratzinger, todo sigue igual. O peor. Europa nos ve a los curas como gente trasnochada.

—Yo creo que Dios ha vuelto, que está volviendo.

—Estoy de acuerdo. Pero quienes piensan así creen que una cosa es Dios y otra la Iglesia.

—Igual tienen razón.

—Pues tal vez sí. ¿Te interesa que te dé mi opinión sobre Ratzinger o ya tienes suficientes opiniones?

—Una más no me vendrá mal.

—Es un hombre inteligente y muy culto, pero nunca ha sabido crear equipos. Sobre todo porque casi nunca ha confiado en quienes lo han rodeado. Salvo honrosas excepciones. Creo (y esto me lo confesó alguien que lo conoce muy bien) que nunca se ha adaptado a Italia. Y, sin embargo, en Alemania no lo quieren muchos. Aquí se comentó mucho la ausencia de alemanes en el Vaticano cuando nombró arzobispo a su secretario Georg Gänswein.

—¿Y no ha sido valiente?

—Sí, pero no lo suficiente.

—Pues se ha cargado a bastantes obispos.

—Ya. Pero si dejamos al margen los escándalos sexuales, la pederastia, toda esta mierda, no ha hecho cambios decisivos en la doctrina. No se ha enfrentado con valentía al tema de la comunión de los divorciados, al del celibato y el sacerdocio de la mujer. Algunas de sus declaraciones se quedaron en eso: en declaraciones, no llegaron a ser documentos, que es lo que necesita la Iglesia si quiere seguir viva, porque estos últimos días se ha repetido hasta la saciedad que la Iglesia está muy viva, pero lo único cierto es que está muy enferma. Y, si tocamos tu tema, el de la comunicación, ha sido un desastre.

—Yo creo que Federico Lombardi, el portavoz, ha toreado bastante bien.

—Él no ha sido el culpable. Los culpables fueron los que no impidieron que se metiera en un jardín. Me refiero a su famosa lección magistral de Ratisbona en la que, de alguna manera, podía interpretarse que asociaba al islam con la violencia. Y no te olvides de la que armó al recuperar la vieja oración de Viernes Santo, dedicada a la conversión de los judíos. O lo del sida. Pero, ¿cómo puede decir un hombre inteligente si está bien informado que el reparto de preservativos no solo acaba con el problema del sida sino que lo agrava?

—¿Algo positivo de él, eminencia?

—Ja, ja. Algunos de sus libros. Ya sé que a ti este papa te ha interesado, pero me has pedido que sea sincero y lo estoy siendo.

—Es el único papa que me ha hecho reflexionar sobre cosas que no tienen nada que ver con la religión. ¿Por qué ha renunciado?

—Lo sabes tan bien como yo: por el escándalo de los documentos robados.

—¿Estás seguro?

—No, pero yo creo que fue por eso. Por cierto, se me olvidaba: no olvides lo que ocurrió en la universidad romana de La Sapienzia el año 2008. Los estudiantes impidieron que pronunciara la conferencia de apertura de curso. En fin, y con esto acabo, algunos nunca hemos entendido por qué se ha olvidado del mundo mientras se obsesionaba con recuperar a cuatro obispos, quinientos sacerdotes y unos tres-cientos cincuenta mil fieles que son los seguidores del famoso y ya fallecido arzobispo Marcel Lefevre. Se ha olvidado, entiéndeme bien, de mil doscientos millones para preocuparse solo por tres cientos mil.

—Y esos tres cientos cincuenta mil aún no han firmado la paz.

—Es cierto.

—Igual él ha visto más lejos.

—Igual sí. En tu crónica no te olvides de escribir que el primer papa emérito abandonará sus zapatos rojos y calzará unos marrones. Se los ha regalado un grupo de católicos mexicanos.

27

CRUZANDO LA PIAZZA Navonna me encuentro con Sergi Rodríguez, el director del Instituto Cervantes de Roma. Se dirige a la librería del instituto, ubicada en esta plaza.

Y en una esquina me topo con un cartel insólito, del que ignoro si es una broma o una campaña para destruir a su protagonista. Porque en el cartel aparece la imagen del cardenal Peter Turkson, uno de los papables. «En el cónclave vota a Turkson.» Eso dice el texto. Al cardenal ghanés lo han fotografiado mirando al cielo y coronado por un halo de santo.

Compro los diarios y decido desayunar en el Chiostro del Bramante, un rincón delicioso, un claustro acogedor desde el que se pueden admirar algunos de los frescos que Rafael pintó en la iglesia contigua. El claustro está en la Via della Pace y desde hace un tiempo se puede visitar allí mismo una exposición de obras de Brueghel, pero yo prefiero a Rafael.

Capuccino servido en taza ancha y Rafael. Buena combinación.

Se sigue hablando en los diarios de Berlusconi, de Beppo Grillo, del próximo cónclave y del asesinato en un parque del fotógrafo de la *jet set* romana Daniele Lo Presti, un calabrés de cuarenta y dos años.

También leo el último artículo del teólogo Hans Küng, amigo-enemigo de Joseph Ratzinger y catedrático emérito de teología ecuménica en la universidad de Tubinga, que está a punto de publicar el libro titulado *¿Puede salvarse la Iglesia?* Küng es, así lo escribe en su artículo de *El País*, el último teólogo en activo de los que participaron en el Concilio Vaticano II, junto a Benedicto XVI, y se pregunta si será posible que al comienzo del próximo cónclave existan un grupo de cardenales valientes capaces de enfrentarse a los miembros más inflexibles de la jerarquía católica «y exijan un candidato dispuesto a aventurarse en nuevas direcciones. Tal vez a través de un nuevo concilio reformista o, mejor aún, a través de una asamblea representativa de obispos, sacerdotes y seglares.»

Hans Küng, que hace unos días dijo en una entrevista publicada en *El Mundo* que la renuncia de Benedicto XVI le obligaba a replantearse todo su papado, parece arrepentirse de aquella espontaneidad suya.

«Hoy, la curia, que es un producto del siglo XI, sigue siendo el principal obstáculo para cualquier reforma de fondo de la Iglesia católica, cualquier acuerdo ecuménico con las demás Iglesias cristianas y religiones mundiales y cualquier actitud crítica y constructiva frente al mundo moderno.

Con los dos últimos papas, Juan Pablo II y Benedicto XVI, se ha producido un regreso fatal a los viejos hábitos monárquicos de la Iglesia.»

Küng arremete contra su amigo-enemigo y al hablar del nuevo papa desea que sea alguien que «no se deje influir por ningún papa en la sombra del Vaticano como Benedicto y sus leales seguidores».

Cuando estoy leyendo el párrafo en el que afirma que no hay que dejarse engañar por el poder mediático de los

grandes acontecimientos papales de masas ni por los aplausos enloquecidos de los grupos juveniles católicos, porque
detrás de la fachada la casa se está viniendo abajo, suena el
móvil. Quien me llama es el exembajador de Colombia ante
la Santa Sede, César Maurizio Velásquez. El exembajador
y periodista colombiano me asegura que en cinco minutos
estará en el bar del Chiostro del Bramante.

Y es puntual. Le pregunto si ya ha leído el artículo de
Hans Küng y me dice que sí. Pero mi interés en hablar con
el exembajador colombiano no tiene nada que ver con el
teólogo austriaco sino con el teólogo alemán.

—Yo conocí al entonces cardenal Ratzinger por mediación
del cardenal colombiano Darío Castrillón, que aún vive en el
mismo edificio donde antes vivía Ratzinger. Y luego, el 18 de
octubre del 2010, que fue cuando presenté las cartas creden-
ciales ante la Santa Sede, volví a encontrarme con él, que ya
era papa. Pude hablar durante veinticinco minutos con él.

—Veinticinco minutos.

—Sí. Aquella cita me la preparé muy bien y fui muy
consciente de que tenía que hablar yo primero porque si le
dejaba hablar a él primero me sacaban enseguida de allí. Ese
encuentro tenía que ser breve, puntual, y algunos conoce-
dores del mundo diplomático afirmaban que tenía que ser,
también, muy político. Yo estaba de acuerdo en que tenía
que ser amigable, fraterno y casi filial.

—La expresión «filial» parece poco apropiada para el
mundo diplomático.

—Lo sé, pero yo quise que fuera así. Uno de los temas
que le planteé fue el del idioma. Le di las gracias porque
hablaba español, pero le dije que debería hablar más en español. Me preguntó que por qué le decía eso y yo le respondí

«porque el 42% de la Iglesia católica en el mundo es hispanoparlante y las traducciones siempre son peligrosas». La última vez que pude hablar con él fue el mes de septiembre del 2012. Le entregué la bandera de Colombia.

—¿Por qué?

—Porque sus palabras sirvieron de mucho consuelo a nuestros secuestrados por la guerrilla. Pienso que Benedicto XVI acabará siendo el santo de las grandes decisiones y el de la incomprensión.

—¿Por qué?

—Porque cuando uno tenga que dilucidar entre casarse o no casarse alguien le aconsejará que se encomiende a san Benedicto. Y lo mismo cuando se trate de temas laborales. San Benedicto, pues, porque él tomó la gran decisión del siglo.

—Antes me ha hablado de los secuestrados por la guerrilla.

—Sí. Ese día me conmoví mucho. Le presenté al papa seis policías colombianos que habían sido secuestrados por la guerrilla. Estuvieron catorce años secuestrados en las selvas colombianas por el grupo terrorista de las FARC. Cuando le contamos al papa que aquellos policías habían estado secuestrados catorce años, parecía no entender. Nos preguntó más de dos veces cuántos años habíamos dicho. Luego, se quedó en silencio y dijo: «Si vivir un solo día sin libertad es algo eterno no imagino lo que deben de ser 14 año.»

—¿Alguno de esos policías había escuchado la voz del papa por la radio?

—No, pero uno de los policías presentes aquel día en la audiencia, en el Vaticano, sí escuchó a través de un receptor de radio que el papa rezaba por ellos. Y desde aquel día fue cuando comenzó a bordar la bandera colombiana que le fuimos a entregar personalmente.

—¿En Europa y en España los periodistas hemos idealizado la llamada guerrilla?

—En España he conocido a auténticos bohemios de la violencia, bohemios del terrorismo, personas que con un whisky en la mano teorizan sobre los problemas de Colombia. En mi país, las FARC perdieron muy pronto su ideología, si es que alguna vez la tuvieron. Perdieron la ideología con la droga, con el narcotráfico. Las FARC son una máquina de secuestrar. Matar a inocentes, destruir pueblos, infraestructuras, etcétera, eso no es tener ideología. Nosotros no hemos tenido una guerra civil como tantas veces se ha escrito en España, sino una amenaza terrorista implacable.

—¿Cree que algunos periodistas españoles deberían pedir perdón?

—Sí. Porque no se puede poner en un pedestal a simples criminales. Duele comprobar que, para demasiados periodistas, los grandes criminales sean solo los llamados de derechas porque a los grandes criminales de izquierdas los consideran héroes románticos.

—Regresemos al papado.

—Pues mire, para mí es una maravilla que la Iglesia católica tenga un papa emérito y el papa. O sea, que, contrariamente a lo que dice en su artículo Hans Küng, será excelente tener dos papas.

—¿Llegó usted a saber qué es eso que llaman la curia?

—La curia es el equipo de colaboradores…

—Le he preguntado si llegó a saber qué es eso que llaman la curia.

—A Juan XXIII le preguntaron cuántos trabajaban en la curia y respondió que la mitad.

28

En Castelvittorio, una población de la Liguria de trescientos cincuenta y cinco habitantes, su párroco ha quemado durante la celebración de la misa una foto de Benedicto XVI. Mientras la foto ardía el celebrante ha sido contundente:

—No es un papa, nos ha abandonado.

Y en Edimburgo, su arzobispo, el cardenal Keith O'Brien, acusado de conducta indigna, es decir, de acoso sexual, además de dimitir acaba de pedir públicamente perdón a sus víctimas y a la Iglesia.

Mientras me dirijo a la sede del Instituto Cervantes de Roma, cuyo director es Sergi Rodríguez, atravieso el extenso parque de Villa Borghese. Por uno de los caminos, inesperadamente, aparecen dos jinetes tocados con gorras de visera, botas de montar y con hechuras de rico. La imagen resulta algo invasiva, prepotente, casi ofensiva. Quizá todo se deba a la altura de los caballos. Nuestra referencia actual son los coches, que por supuesto no tienen la envergadura de esos dos caballos que se dirigen al trote tal vez a tomar el aperitivo.

Sergi Rodríguez vive en el piso superior del palacete que alberga al Instituto Cervantes de Roma. La biblioteca rinde homenaje a María Zambrano, quien durante un tiempo vivió en Roma. Desde la azotea del instituto contemplo el gran

parque privado de los Torloni, que fue, en su tiempo, la villa
del cardenal Alessandro Albani.

—¿Has dicho parque privado, Sergi?

—Privado, privado. Estas cosas son muy normales aquí.

El despacho de Sergi es el que ocupó el conde Ciano
cuando escribía sus famosos e interesantes diarios personales
en los que contó casi toda la verdad de aquellos años de ca-
misas negras, saludo a la romana, botas de caña alta y aceite
de ricino. Ciano, que supo intuir el futuro, fue fusilado por
orden de su suegro, Benito Mussolini.

—Este palacete lo compró el conde Ciano.

—¿Solo para poder escribir sus diarios sin que nadie lo
controlara?

—Pues quizá sí.

Antes de apuntarnos a la pasta que está cocinando Olga,
la mujer de Sergi, en el televisor, en el canal Euronews, aparece la imagen de Joaquín Navarro-Valls, que estos días está
muy solicitado. Navarro-Valls, además de haber sido el portavoz de Juan Pablo II, lo fue también durante un breve tiempo
de Benedicto XVI, a quien define como alguien que ha inci-
dido de manera decisiva en las ideas de nuestro tiempo.

—Nunca le han interesado las polémicas, sino convencer
por medio de las ideas, de la razón. Y en cuanto a su renuncia,
no ha cambiado nada. Estábamos acostumbrados a que los
papas no renunciaran, pero ¿quién ha dicho que la decisión de
Benedicto XVI no es un acto consustancial a la Iglesia católica? El hecho de que los papas no renunciaran se trataba de
un acto histórico, pero no jurídico, porque el derecho de la
Iglesia prevé la posibilidad de que el papa renuncie.

Navarro-Valls, que logró que la famosa periodista italiana Oriana Fallaci tuviera una entrevista personal con

Benedicto XVI, siempre recuerda —y así lo ha escrito en *La Repubblica*— que cuando se despidió del papa dijo: «Yo soy una atea, pero una atea cristiana.» Fue en esa misma ocasión, poco tiempo después de haber sido elegido papa, que Benedicto XVI le mostró a Navarro-Valls el libro *Joseph Ratzinger, Papa*, escrito mucho antes de que ese título se hiciera realidad, y donde el autor aconsejaba sobre todo lo divino y humano al entonces aún cardenal para cuando fuera elegido papa. Benedicto XVI, irónicamente, le preguntó a Navarro-Valls si le aconsejaba leerlo y el español le respondió, también irónicamente, que solo si tenía alguna duda sobre su futuro.

La comunicación durante el papado de Benedicto XVI no ha sido bien valorada por muchos, pero Navarro-Valls niega que el papa alemán se haya desentendido de ese tema.

—Benedicto XVI es una persona extremadamente sensible y lo es, también, en los temas de comunicación. Y yo he tenido la suerte de que en determinados momentos y a su requerimiento, por supuesto, quizá he podido serle útil, ya digo, en alguna ocasión. Y no me refiero al contenido de sus mensajes sino a la forma. Pienso ahora mismo en la visita, siempre complicada para un papa y sobre todo alemán, que hizo al campo de exterminio de Auschwitz. Benedicto XVI siempre ha sido muy receptivo a los consejos. Y, desde luego, no considero que sea una persona tímida. Ningún tímido es capaz de confrontar ideas con los mejores intelectuales de su época. Y eso lo ha hecho muchas veces este papa. Y le daba igual si eran creyentes, ateos, agnósticos o de otras religiones.

Navarro-Valls concluye su entrevista contando los últimos momentos de Juan Pablo II.

—Cuando Joseph Ratzinger, entonces el decano de los cardenales, entró en la habitación donde agonizaba Juan Pablo II, se acercó a su lecho, le tomó su mano fría, le miró a los ojos y le dijo: «Gracias, Santo Padre, por todo lo que he aprendido de usted en su pontificado.»

De Navarro-Valls siempre recuerdo una frase que me dijo en una entrevista que le hice hace ya bastantes años.

—Todo papa es un misterio.

Navarro-Valls, psiquiatra y periodista, nunca escribirá el libro que muchos desearíamos leer: sus memorias. De momento solo sabemos algunas cosas. Por ejemplo, que lo primero que Fidel Castro le preguntó en La Habana, cuando meses antes fue a preparar el viaje de Juan Pablo II a Cuba, fue cómo evitaban que el papa fuera envenenado. Navarro-Valls le respondió que estas cosas no pasaban en el Vaticano.

También sabemos que cuando Juan Pablo II y Fidel Castro se reunieron en privado el único tema que parecía importarle al dictador cubano era el de la muerte.

Al llegar a la residencia recibo una llamada de mi amigo y colega Jordi Fernández, redactor jefe de Europa Press, que me aconseja leer el artículo que hoy publica Giovanni Maria Vian, en la edición de *L'Osservatore Romano*.

—Han vuelto a aparecer los lobos.

—¿Dónde?

—En *L'Osservatore Romano*.

Bajo el título «De modo nuevo», el director del diario del papa habla de la «última, conmovedora y extraordinaria audiencia general» y del último encuentro con los cardenales. El título responde al comentario, luego desmentido y atribuido al cardenal polaco Dziwisz, secretario de Juan Pablo II, según el cual «De la cruz no se baja». Quizá por eso

Vian escribe que «Ahora, de un modo nuevo, el Romano Pontífice permanece junto al Señor en la cruz, jamás abandonada en el curso de una vida larga y extraordinariamente fructífera.»

Los lectores de la edición en español se han perdido el final del artículo de Vian, que dice así:

Precisamente la renuncia, acto serio y nuevo que algunos no entienden, ha mostrado a todos la valentía apacible pero firmísima y la serenidad gozosa de este hombre. Ni una sola vez Benedicto XVI ha retrocedido ante los lobos y jamás se ha dejado aplastar por la turbación frente a la suciedad y los escándalos, que en cambio ha contrarrestado con determinación sostenido por muchos colaboradores como varias veces ha repetido, pero sobre todo por la oración.

29

EL CIELO ROMANO parece amenazar lluvia mientras en el Vaticano mandan ahora el Pastor, Tarcisio Bertone, y el Diplomático, Angelo Sodano.

Los dos enemigos o antagonistas viajan ahora, por lo menos aparentemente, en el mismo barco. O en la misma barca.

Quienes también permanecen en sus puestos, los únicos, son el penitenciaro mayor, el vicario de Roma, el arcipreste de San Pedro, el limosnero, el sustituto, el secretario para la relación con los Estados y los secretarios de los Dicasterios vaticanos.

Caen las primeras gotas de lluvia, pero pese a eso, el actor Alberto Sordi sonríe con todos su dientes desde un cartel. Sordi decía que todos los italianos querían ser como Marcelo Mastroianni, pero todos eran como él. Sordi nació en el barrio del Trastevere, donde ahora, en un bar situado casi en la esquina con Via Garibaldi, me estoy tomando un *capuccino* con nata. Y la estatua del poeta Giuseppe Giochino Belli me obliga a recordar que este poeta trasteverino, famoso por sus sonetos procaces, escritos en dialecto romanesco, incluso se ocuparon del papa.

Come er Papa ha de està ssenza lo Stato
quam'è vicario lui de Ggesucrito?

M'adetto er Coco a me de San Calisto
che insinente a ddiscorrere è peccato.

La traducción de este soneto titulado «Lo Stato der Papa» es, más o menos, como sigue:

¿Cómo el papa no ha de tener Estado
siendo vicario de Jesucristo?
Me ha dicho el sacristán de San Calixto
que incluso discutir eso es pecado.

Pese a sus sonetos irreverentes, que se ocupaban del papa, del vino o de los políticos, Belli fue censor y llegó a prohibir la traducción de las obras de Shakespeare. Al final de sus días renunció a todos sus sonetos irreverentes.

No todos los sacerdotes italianos queman fotos de Benedicto XVI. Un religioso más comprensivo que el párroco ligur que ayer armó el taco en su iglesia ha escrito estos días un soneto en romanesco, pero favorable a Benedicto XVI. Se trata del carmelita Lucio Zappatone.

E la fede me dice che existo,
che la barba de Pietro nun vacilla.
Ché Papa dopo Papa e sempre Cristo
che tiè er timone e la fa annà tranquila.

Y su traducción podría ser esta:

Y la fe me dice que existo,
que la barca de Pedro no vacila.
Que papa tras papa es siempre Cristo
quien maneja el timón y la hace navegar tranquila.

Los cardenales electores son desde hoy mismo el objetivo de todos los periodistas que deambulan por las inmediaciones de la plaza de San Pedro. Algunos están apostados en la puerta de Santa Ana.

El *Vatican Insider*, donde colabora Marco Tosatti, se ha convertido en el diario de obligada lectura diaria.

Napier, el cardenal sudafricano, aparenta no darle importancia a que el próximo papa podría ser negro. Para él, así lo ha repetido varias veces estos días, lo importante es que sea un buen pastor. Cree que el próximo cónclave será largo. Y piensa que el nuevo papa saldrá elegido a la tercera votación. El cardenal asegura que el principal desafío de la Iglesia católica es lograr ser útil a una sociedad donde la familia y las comunidades se están desintegrando por culpa de la violencia, el sida, la pobreza y los conflictos internacionales.

El cardenal brasileño Raimundo Damasceno Assis y arzobispo de Aparecida reconoce que el Vatileaks influirá en la elección del nuevo papa y que por esa razón algunos cardenales, él entre ellos, pedirán información sobre el contenido del informe secreto que tres cardenales elaboraron para Benedicto XVI.

El Gianicolo, colina cantada por Virgilio, es uno de mis miradores romanos favoritos. El nombre de Gianicolo deriva de Juno, el dios bifronte. Eso me dijo Rafael Alberti, la primera vez que lo fui a visitar en su casa de Via Garibaldi, en el Trastevere. También me lo repitió la vez que coincidimos en Granada, cuando se celebró el primer homenaje público autorizado a Federico García Lorca.

—El Gianicolo deriva de Juno, el dios bifronte.

Subes andando por la Via Garibaldi, donde vivió el poeta gaditano y María Teresa León, y llegas al Gianicolo, donde se encuentra la Academia de España y un pequeño cañón que, a modo de reloj, dispara sus salvas.

Es en el Gianicolo donde se hospedan, de momento, las fuerzas cardenalicias de Estados Unidos, que me interesan porque cierto monseñor me ha sugerido que preste también atención al cardenal de Nueva York, Timothy Dolan, y al de Washington, Donald Wuerl. Pero según el cardenal emérito de Nueva York, Theodore Edgar Mc Carrick, que por su edad no participará en el cónclave, «aún no ha llegado el tiempo para un papa americano».

El cardenal de Gavelston-Houston, Daniel Di Nardo, apuesta por un papa que sea capaz de enseñar y comunicar bien y, desde luego, que sepa llegar al corazón de los jóvenes. A su lado, el capuchino Sean O'Malley añade que también debe ser capaz de continuar la reevangelización. El cardenal de Chicago, Francis George, parece querer hacer un guiño amigo o irónico a los periodistas.

—A diferencia de lo que ocurrió en el anterior cónclave, esta vez así lo creo, los periodistas que apostáis por determinados cardenales no estáis dando palos de ciego. De modo que habéis trabajado por nosotros. Gracias.

El cardenal George parece haber olvidado que en el anterior cónclave casi todos los periodistas escribimos que el favorito era Joseph Ratzinger.

Cruzo el puente de Sant'Angelo en dirección a la Piazza Navonna, y observo que sigue golpeando ollas, cazuelas y cubos un muchacho, sin duda con afición por la percusión, por la batería, que pone en fuga hasta a las gaviotas, esos bichos que ya no se asustan por nada y que tienen acoquinadas a las palomas.

La gaviota es animal temido por los sacerdotes que visten reglamentariamente, es decir, con sotana o con *clergyman*.

Las consecuencias de una cagada de paloma son una broma si se la compara con los desastres que ocasiona una cagada de gaviota. La cagada de gaviota es, simple y llanamente, una bomba atómica.

Antes de tomar café con otro monseñor muy bien informado me viene a la memoria lo que hace unos días me contaba el vaticanólogo Marco Tosatti, que es quien, desde hace años, soporta amablemente todas mis preguntas.

Parte de lo que me contó Tosatti ya ha aparecido publicado en *Vatican Insider*. Me refiero a las grandes sorpresas, decepciones, acusaciones, traiciones e incluso «venenos» que se producen antes de todos los cónclaves.

Una de esas grandes traiciones fue la que tuvo como víctima al cardenal Giuseppe Siri en 1978, en el cónclave del que salió elegido Juan Pablo II.

—Aquello fue una verdadera trampa. La candidatura de Siri, tenido por conservador, parecía imbatible frente a la de Benelli, cardenal de Florencia, a quien la izquierda veía con buenos ojos. También el cardenal primado de Polonia, Stephan Wyskinsky, pensaba en Siri. Tanto que, en un aparte, le adelantó: «Prepárese para una gran carrera.»

Pero pocas horas antes de iniciarse el cónclave, un diario de Génova publicó una entrevista con Siri en la que este atacaba algunas de las reformas del Concilio, en particular la colegialidad episcopal.

—El pobre Siri, en aquella entrevista, decía: «Ni siquiera sé lo que significa eso que llaman el desarrollo de la colegialidad episcopal. El sínodo nunca podrá convertirse en un instituto deliberativo en la Iglesia, porque no está contemplado en la constitución de la divina Iglesia. Como máximo podría convertirse, si lo admite el derecho canó-

nico, en una institución eclesiástica, pero no de derecho
divino.»

El cardenal Siri había pactado que esa entrevista se publicaría cuando los cardenales electores estuvieran todos en
la Capilla Sixtina, pero al anticiparse la publicación perdió
el favor de muchos purpurados. Aquella entrevista, muy
probablemente, decidió que Siri no saliera elegido papa y sí
saliera Karol Wojtyła.

—¿Pasó algo parecido cuando murió Juan XXIII?

—Pasó algo diferente. Hablo de una reunión secreta celebrada en el convento de los capuchinos de Frascati entre
cardenales progresistas, convocados por el cardenal Micara,
amigo del cardenal Giovanni Batista Montini, entonces arzobispo de Milán y el candidato más potente. Fue en aquella
reunión donde se acordó que el nuevo papa fuera Montini.
Y eso ocurrió. Fue así como salió elegido Pablo VI. Aquella
reunión secreta no puede considerarse ilegal, pero quizá
tampoco fue ortodoxa.

—¿Alguna más?

—Hombre, en el cónclave de 1903, del que salió elegido
Pío XI, ocurrió algo muy escandaloso. La competencia estaba equilibrada y uno de los favoritos era Mariano Rampolla
del Tindaro, secretario de Estado del papa recién fallecido,
León XIII. El cardenal de la corona austríaca, Jan Puzyny,
príncipe obispo de Cracovia, se puso en pie inesperadamente, cuando a Rampolla le faltaban muy pocos votos para
ser elegido. Puzyny se sacó del bolsillo un documento que
había recibido de Viena y dijo que el emperador Francisco
José I de Austria, valiéndose del antiguo derecho *jus exclu-
sivæ*, vetaba a Rampolla porque era demasiado filofrancés y
antiaustriaco.

Y fue entonces cuando Pío XI, al ser elegido, abolió el derecho de veto de las potencias políticas.

Todavía no han llegado a Roma todos los cardenales. Aún faltan doce.

Los detectives aficionados no cesan en la búsqueda de pistas que pasaron desapercibidas y que quizá anunciaban lo que acaba de ocurrir.

Por eso salta a la actualidad un diálogo entre Joseph Ratzinger y el profesor de filosofía Ulrich Hommes, que el pasado mes de febrero publicó en su revista *Ricerca di senso* su director, el salesiano, profesor y psicólogo Eugenio Rizzotti. Ese diálogo se produjo en 1980. A la pregunta de cómo el cristiano reacciona ante el sufrimiento, las desilusiones, el ansia y otros problemas, Ratzinger, entre otras cosas, responde «El sentido de la vida debe ser mucho más fuerte de lo que podemos pensar. Debemos ser conscientes de que ningún hombre es capaz de realizarlo todo. La fe es una renuncia a algo, pero es justamente esta renuncia la que nos conduce al cambio y nos permite seguir adelante.»

30

La revista *Chi* ha sido la primera en cazar al papa emérito Benedicto XVI paseando junto a su secretario personal Georg Gänswein por los jardines de Castel Gandolfo.

El papa emérito viste chaquetón blanco acolchado, sotana blanca, camina apoyándose en un bastón, y se toca con una gorra blanca de visera, que es lo que más sorprende. Si las gorras de visera suelen rejuvenecer, sobre todo si son de color blanco, a Benedicto XVI esa gorra parece haberle añadido años. Incluso le ha restado inteligencia formal. Aunque aún va vestido de casi papa ya no parece un papa sino un anciano pulcro a quien un sobrino lejano le ha regalado esa gorra que lo desintelectualiza.

Pero al mismo tiempo esa inesperada gorra parece haberle regalado libertad.

—¿Ya ha visto la primera foto de Benedicto XVI?

—No.

—Pues mire.

—Es ya imposible vivir anónimamente.

—Quizá alguien ha querido que esta foto se pudiese tomar.

—Yo no lo creo.

El jesuita italiano, cincuentón, que tengo ante mí y con quien estoy tomando un café en un pequeño bar cercano a la Via del Corso, sonríe cuando le recuerdo aquella famosa frase de Joseph Ratzinger: «En Roma no saben teología.»

—Preferiría que mi nombre no figurara en su libro. ¿Es posible?

—Por supuesto.

—Supongo que no soy el único que actúo así estos días.

—No.

—Es simple prudencia. No quisiera que mis palabras se malinterpretaran.

—Le entiendo.

—Bien. Si le digo que es simple prudencia es porque algunos no entenderían, por ejemplo, que dijera…

—¿Puedo publicar lo que me está diciendo?

—Sí, sí, por supuesto. Decía que algunos no entenderían, por ejemplo, que calificara de error las dos famosas frases que Benedicto XVI pronunció en Auschwitz. Ya sabe: «¿Por qué Señor permaneciste callado? ¿Cómo pudiste permitir todo esto?»

—Ya veo que a usted no le ha gustado el papado de Benedicto XVI.

—Sí que me ha gustado. Y mucho. Ha hecho reflexionar a muchas personas, creyentes y no creyentes. Y eso es mucho, muchísimo. Pero ser alemán o, mejor, ser teólogo alemán es solo una circunstancia. Lo digo, si se me permite un poco de ironía, porque hace ya muchos años, cuando no era papa ni cardenal, dijo la famosa frase que usted ha mencionado hace unos segundos.

—En Roma no saben teología.

—Ja, ja. Sí. Eso fue un torpedo dirigido a la línea de flotación de la Universidad Gregoriana que, como usted sabe, es la nuestra, la de los jesuitas.

—¿No han sido buenas las relaciones de Benedicto XVI con los jesuitas?

—La relación de Benedicto XVI con los jesuitas ha sido ambigua. Y yo lo atribuyo a la famosa frase que acabamos de recordar. Porque en Roma, ahora y siempre, se sabe qué es la teología.

—¿Pero en Alemania han sabido más?

—Ja, ja. ¿Sabe usted quién fue Jerónimo Nadal?

—Un jesuita mallorquín en quien confiaba mucho Ignacio de Loyola.

—Exacto. Pero quizá no sepa que Ignacio le encargó que viajara hasta las tierras germánicas (aún no existía Alemania) con objeto de conocer los rasgos fundamentales de la personalidad de aquellas gentes. Y en el informe que redacta Nadal (que es solo un folio) se lee que los germanos son altamente libidinosos. Los define también como muy proclives al orgullo y a la vanidad. Aunque podríamos hablar de un deseo irrefrenable de querer ser famosos. De modo que los más inteligentes acaban sucumbiendo en el orgullo y los menos inteligentes en la vanidad.

—¿Fue por estas advertencias que Ignacio de Loyola crea en Roma un colegio solo para alemanes?

—Creo que sí. ¿Y sabe por qué les obliga a vestir una sotana roja?

—No.

—Pues porque, como según Nadal, los germanos siempre han sido muy amigos de las muchas cervezas, para evitar excesos o tentaciones etílicas, Ignacio les obligó a vestir de forma llamativa con objeto de que si alguno se descarrilaba se supiera que era alemán. Y, en fin, según Nadal, los germanos, por lo menos los de su tiempo, eran contrarios a todo lo que oliese a romano. Hay otro punto más, pero en estos momentos no lo recuerdo.

—Creo que son suficientes los que me ha contado.

Antes de dirigirme a la Pontifica Università della San Croce me acerco a la Sala Stampa, ubicada en la Via della Conciliazione. Cuando entro, el portavoz Federico Lombardi está contando que no puede concretar ni quiénes han intervenido en la tercera congregación general ni sobre qué temas han tratado. Un colega se había interesado sobre si algún cardenal ha mencionado el caso Vatileaks.

Lombardi responde más suelto cuando habla de la Capilla Sixtina.

—Hoy por la tarde la Capilla Sixtina ya no podrá ser visitada por los turistas y se han iniciado los trabajos para adecuarla a las exigencias del próximo cónclave. El problema principal es la elevación del suelo para lograr un único nivel que llegue al escalón que da acceso al altar. Otro problema son las dos estufas. Una de ellas será destinada a quemar las papeletas de las votaciones y la otra se utilizará para provocar el humo blanco o negro.

También me entero de que el número de periodistas y técnicos acreditados para informar sobre el próximo cónclave supera ya los 5.000 y algunos agoreros comienzan a difundir el rumor de que puede armarse un gran cirio si alguien no lo remedia antes.

—¿A qué te refieres?

—A que la idea de ubicar la sala de prensa en el auditorio Pablo VI es una cretinez. Durante los días del cónclave, que serán los de mayor cobertura mediática, en el auditorio no habrá cobertura telefónica ni de Internet. Cortarán la señal para que los cardenales no puedan tener contacto con el exterior.

—¿Cuántos caben en esta sala, en la Sala Stampa?

—No sé. Unos 400 o 500.

—¿Tantos?

—Pues no lo sé. Oye, ¿has leído el telegrama que los cardenales han enviado a Benedicto XVI?

—No.

—Pues lee. Parece un telegrama de pésame, como si ya se hubiera muerto. Triste, muy triste.

—Lombardi ha dicho que ha sido una propuesta del cardenal Sodano.

El colega italiano me pasa el texto y es realmente funerario, pero malo.

A Su Santidad el Papa emérito Benedicto XVI, Castel Gandolfo. Los padres cardenales reunidos en el Vaticano para las congregaciones generales en vista del próximo cónclave le envían al unísono un devoto saludo con la expresión de gratitud renovada por todo su luminoso ministerio petrino y por su ejemplo de generosa solicitud pastoral por el bien de la Iglesia y del mundo. Con su gratitud quieren expresar el agradecimiento de toda la Iglesia por su incansable trabajo en la viña del Señor. Los miembros del colegio cardenalicio confían en sus oraciones por ellos y por toda la Iglesia.

—Volvemos a la pobreza estilística anterior a Benedicto XVI.

—Se acabó la inteligencia. De momento.

Llega un periodista chino, se acerca a varios compañeros, entre los que distingo a Andrea Tornielli y Bruno Mastroiani y pregunta si conocen a algún periodista chino que estudie comunicación institucional. Observo que todos se hacen «el calabrese».

—Parece un buen tipo, pero igual este tío no es periodista.

Todo lo que dice algún cardenal es noticia. O los periodistas intentan que lo sea. El cardenal brasileño Majella Anello afirma que no elegirán un papa de transición. Y el cardenal decano Angelo Sodano, el Diplomático, parece haber insinuado que los tres cardenales que elaboraron el informe secreto para Benedicto XVI sobre la realidad vaticana podrán informar o aclarar las dudas que algunos purpurados, sobre todo extranjeros, tengan sobre el llamado caso Vatileaks. O sea, que contrariamente a lo que se dijo, que solo accedería a él el nuevo papa, el contenido de ese informe podría dejar de ser secreto para algunos.

En el vestíbulo de la Pontificia Università della Santa Croce me encuentro con el abad de Montserrat, Josep Maria Soler. Está en Roma para presentar en San Anselmo un libro que ha publicado uno de sus monjes.

Pero es otro el libro que hoy es noticia, un libro escrito por el biblista Simone Venturini, que asocia la renuncia de Benedicto XVI con el mensaje de Fátima.

Porque el lenguaje del tercer secreto de Fátima es simbólico y porque fue el propio Benedicto XVI quien dijo que el mensaje del tercer secreto sigue siendo muy actual. Al analizar los símbolos presentes en el secreto sostengo que «el obispo vestido de blanco» representa los casos de Juan Pablo I, Juan Pablo II y Benedicto XVI y probablemente de su sucesor. Ninguno de los tres fue asesinado, pero los tres han sido atacados con ferocidad por la cultura relativista y materialista que a partir de la época de Pablo VI se difundió por el mundo. Sobre todo en occidente. Estos ataques marcarán la progresiva y dura purificación de la Iglesia que la llevará a ser la llama luminosa y resplandeciente de la que habla el Apocalipsis.

No todos parecen tomarse en serio la interpretación de Venturini.

Llega el periodista Marc Argemí, experto en rumores y director de la empresa de comunicación Sibile. Dentro de unos días también él publicará su libro *Rumores en guerra*, donde cuenta y analiza el papel decisivo que los rumores tuvieron durante la Segunda Guerra Mundial.

Nos decidimos por el bar del Chiostro del Bramante, próximo a la Piazza Navonna. Me he aficionado a ese lugar privilegiado, que permite compaginar un buen *capuccino* y unos frescos de Rafael.

—¿Qué crees que se puede hacer frente a una calumnia? Te lo pregunto porque, a raíz de lo que hace unos días han publicado la revista *Panorama* y el diario *La Repubblica*, el portavoz vaticano Federico Lombardi habló de «chismes» y de «calumnias».

—Creo que fue san Francisco de Sales quien dijo que difundir un rumor es lo mismo que subir al campanario de una iglesia en un día de mucho viento y una vez allí rasgar un cojín relleno de plumas y arrojarlas sobre la plaza y las calles próximas. Si luego quieres recoger todas esas plumas te será muy difícil. Pues bien, con los rumores pasa algo muy parecido.

—Calumnia, que algo queda.

—Sí.

—Es nuestra actitud la que hace que nos creamos o no un rumor, una calumnia. Si tú odias a la Iglesia te creerás todo lo malo que sobre ella se dice. Porque eso justificara tu actitud, tu odio.

—¿No se puede hacer nada para contrarrestar el impacto de un rumor, de una calumnia?

—Si seguimos con el ejemplo del cojín, las plumas, el campanario, la plaza y el pueblo lo único que puedes hacer es decidir qué parte de la plaza o del pueblo vas a barrer. Probablemente la plaza de la Iglesia sí te quedará libre de plumas. De igual manera, en el caso de los rumores, de las calumnias, tendrás qué decidir qué sector del público quieres que sepa la verdad y así lograr que sus efectos no les afecten. Pero lo más importante es saber por qué alguien se cree una mentira, una calumnia.

—Digamos que porque parecía creíble. Por ejemplo, si determinado colaborador del cardenal Bertone, después de publicarse algunos de esos «chismes» o «calumnias», es enviado a Colombia, es factible pensar que algo de lo publicado puede ser verdad.

—Hay que desacreditar lo antes posible esas supuestas pruebas, con lo cual ayudas a reinterpretar los hechos. Al final, lo que queda de la calumnia no son los hechos sino su imagen general, es decir, el marco mental. Y estamos hablando, por supuesto, de que tú te has creído la calumnia por las pruebas que has entendido que aportaba, algo que no tiene nada que ver con los hechos reales. Pero a lo mejor te has creído la calumnia por otras razones.

—¿Por ejemplo?

—Tú puedes creerte un rumor porque se ha comunicado muy bien y a través de los canales adecuados. Cuando un rumor, cuando una calumnia es perfecta, contiene algunos o muchos detalles que la hacen creíble para algunos. Y son esos detalles los que la hacen perfecta. Y cuando alguien percibe esa perfección acaba pensando que precisamente por eso no puede ser mentira.

—Pienso ahora, por poner un ejemplo laico, en aquel rumor, aquella calumnia, según la cual el exalcalde de Barcelona y expresidente de la Generalitat era un borracho, cosa que no era cierta.

—Es un buen ejemplo, sí. Su voz, muy cascada, dio crédito a aquella calumnia. Muchos te decían: debe de ser verdad porque tiene voz de borracho. Esos son los detalles que antes mencionaba.

—Volviendo a la Iglesia, la dimisión y la más reciente declaración del excardenal O'Brien, pidiendo perdón por su «conducta improcedente», da crédito a lo que Lombardi calificó de «calumnias».

—Sí.

—Más razones para creer una calumnia.

—Por el valor de la repetición. Como todo el mundo lo dice será verdad. En este caso es bastante fácil combatir el rumor, la calumnia. Se trata de acudir a los medios que leen o consultan esas personas y demostrar, con hechos, la verdad. A partir de ahí ya no *todo el mundo* seguirá dando crédito a la calumnia, al rumor. Y, desde luego, esas personas, convencidas ya de que han sido manipuladas, engañadas, serán las que se encargarán de convencer a las demás.

—Más razones.

—Tú puedes creer una calumnia porque el coste social de no creértela es alto.

—No te entiendo.

—Si todo mi grupo social cree determinada cosa, yo, para no quedar excluido, también me creo esa cosa o finjo que me la creo. Si mi entorno social afirma que el Vaticano es un nido de víboras y yo digo lo contrario puedo quedar como un idiota. Y, como no quiero quedar como un idiota ante mis amigos y compañeros, yo también digo que el Vaticano es un nido de víboras. Pero hay algo muy importante.

—¿Qué es eso tan importante?

—Que cuando eres objeto de una calumnia provocas mucha más atención que cuando eres objeto, no sé, de un homenaje, de un premio. En este caso, si eres objeto de una calumnia has de reaccionar lo antes posible, es decir, cuando todos están atentos a tu persona. Y, desde luego, no podemos dejar de hablar de la famosa figura del chivo expiatorio. Figura que se suele dar en momentos de gran agitación y exaltación.

—De gran cabreo.

—Sí, podría también decirse así. Una vez hemos encontrado a una víctima, sea culpable o no, nos tranquilizamos.

—¿Crees que el exmayordomo de Benedicto XVI fue uno de esos chivos expiatorios?

—Algunos medios de comunicación han intentado que el chivo expiatorio fuera el papa. Me refiero a los casos de pederastia. Y en cuanto al exmayordomo, creo que, mediáticamente, se le ha presentado como el tonto útil, que es otra cosa.

31

—'Con llave', eso significa la palabra *cónclave*. O, mejor, dicho: 'bajo llave'.

Así lo cuenta una guía turística en la plaza de San Pedro ante un grupo de estadounidenses jubilados. Luego cuenta o explica que la expresión *Extra omnes*, que es la que pronuncia el maestro de Ceremonias Litúrgicas Pontificias antes de cerrar con llave la Capilla Sixtina, quiere decir 'todos fuera'.

—¿Cómo que todos fuera?

—Se refiere a todos los que no son cardenales electores.

—Ah.

Al oír la palabra *cónclave* no puedo evitar recordar lo que me contó el jesuita e historiador Josep Maria Benítez a propósito del que salió elegido el papa polaco.

En aquella ocasión, antes de entrar en la Capilla Sixtina, el cardenal Karol Wojtyła, atlético y decidido, pensó que debía aprovechar el buen clima que disfrutaba Roma, es decir, que quiso aprovechar la *ottobrata* romana para ir a darse un baño en la playa de Ostia.

—*Eminenza*: faltan pocas horas para que dé comienzo el cónclave.

—Tenemos tiempo suficiente.

La monja insinuó que a aquellas horas había peligro de atascos en la autopista, pero el cardenal polaco no cedió.

Y tuvo su baño playero siempre interrumpido, por supuesto, por las voces educadas de las monjas que, pese a su educación y obediencia, le urgían a volver al coche y salir hacia Roma.

La monja conductora tenía razón, al regresar a Roma llegaron los primeros atascos y todos los vehículos comenzaron a detener su marcha y a avanzar lentamente. Karol Wojtyła, con los cabellos aún mojados, se puso nervioso y un tanto impertinente. Cada dos segundos urgía a la monja a que acelerara.

—*Eminenza: non si puo.*

Wojtyła entró en una fase aguda de nerviosismo.

—*Suora, suora...*

—*Eminenza: non si puo.*

—*Suora, suora...* Es necesario que llegue a tiempo al cónclave. Recen, hermanas, para que pueda llegar a tiempo, para que pueda entrar en el cónclave. Y si digo que es importante es porque en el cónclave hay un cardenal español comunista.

El cardenal español, supuestamente comunista, era Vicente Enrique y Tarancón, que no era comunista sino valenciano y fumador. Y esta historia se la contó al padre Benítez la superiora de aquellas religiosas polacas, que era española. La congregación a la que pertenecían aquellas monjas polacas fue fundada por un familiar de quien fue en su momento superior de los jesuitas, Ledóchoswky.

Esta misma historia «polaca» me la contó después un monseñor, pero el argumento era muy distinto.

—Karol Wojtyła estuvo a punto de no poder entrar en el cónclave que lo eligió. Parece, así lo aseguran muchos, que aquella mañana decidió acercarse al santuario de Mentorella, situado a unos 50 kilómetros al este de Roma. Al regresar a primeras horas de la tarde al Vaticano, el coche que lo llevaba sufrió un avería en su motor. Wojtyła se puso nervioso, comenzó a consultar su reloj y, finalmente, decidió hacer autoestop. El primer vehículo que se detuvo fue un autobús que lo trasladó hasta Palestrina. Y de allí otro coche lo llevó hasta el Vaticano. Unos dicen que llegó a la hora prevista y fijada. Otros aseguran que llegó con unos minutos de retraso. Lo cierto es que el santuario de Mentorella siempre fue para él un lugar muy especial al que solía acudir en momentos duros o muy especiales.

Estos días, uno de los cardenales más buscados es el español Julián Herranz. Es el que más sabe y quizá por eso sea también el que más puede influir. O incluso decidir.

Herranz, el jefe de los «detectives» vaticanos que prepararon el grueso informe de tapas rojas que, eso dicen, se guarda en la caja fuerte de los aposentos papales, acaba de decir que en las intrigas vaticanas no participaron cardenales.

Pero no dice nada más.

Un ciclista tocado con gorra intenta pasar desapercibido, pero algunos colegas lo reconocen. Se trata del cardenal francés Philippe Barbarin. Al vivir en el Colegio Etíope, que está ubicado en el interior del Vaticano, junto a los jardines vaticanos, el cardenal Angelo Sodano, el Diplomático, orondo y compacto, como construido con hormigón rojo, no tiene que sufrir el enjambre de periodistas.

En la Sala Stampa un periodista italiano bromea con un colega yanqui.

—Vosotros tenéis 11, pero nosotros tenemos 28. Ganamos nosotros.

Hablan, claro, del número de cardenales.

Y es verdad: los cardenales italianos son los más numerosos, seguidos de los estadounidenses.

La cuarta congregación general ha acabado como la tercera: aún no se ha decidido el día que comenzará el cónclave para la elección del nuevo papa.

Pero las sonrisas que ayer, durante una nueva rueda de prensa, celebrada en el Colegio Pontificio Norteamericano, mostraban los cardenales estadounidenses Daniel Di Nardo y Sean O'Malley deben de haber desaparecido de sus rostros.

Se acabó la alegría informativa.

Lucían bien ayer sus eminencias, parecían sentirse cómodos ante los periodistas y el barbado capuchino O'Malley, que vestía el hábito de su orden sobre el que se había puesto una chaqueta gris, porque la humedad romana es implacable, sobre todo en la colina del Gianicolo, humanizaba su condición de cardenal.

Di Nardo, que tiene la mandíbula poderosa pero no denota agresividad —me refiero a su mandíbula—, sonreía como si pensara que quizá, quizá el Espíritu Santo podría decidirse por él. Es estadounidense, pero tiene apellido italiano. O'Malley sonreía como si temiera que el Espíritu Santo se hubiera fijado en él y ya le hubiera soplado algo al oído. O'Malley es ese capuchino alegre —no todos lo son— con el que podrías hablar de viajes fecundos por el Sinaí. Incluso podrías hablar con él de antiguos remedios medicinales elaborados en las reboticas de ciertos conventos. Claro que vestido de papa perdería esa proximidad sincera que ahora emana.

Roma, desde hace tres días, parecía, pues, Estados Unidos. Por lo menos en el Gianicolo, porque cuando el cardenal ugandés, de 85 años, Emmanuel Wamala, abandona la congregación general para dirigirse a su residencia actual en Roma, lo hace en autobús.

Estos tres últimos días, en cuanto Federico Lombardi concluía su rueda de prensa y se despedía de los periodistas, arqueando siempre las cejas, ese tic que le ha nacido desde que torea en la Sala Stampa, allá arriba, en el Gianicolo, los cardenales estadounidenses iniciaban la suya, que era más suelta.

Pero el portavoz vaticano, de quien cada día admiro más su profesionalidad, hoy ha anunciado en la Sala Stampa que se han acabado las entrevistas y las ruedas de prensa, esas que los cardenales estadounidenses habían prometido celebrar diariamente mientras duraran las llamadas congregaciones generales.

Lombardi ha informado que debido a las filtraciones aparecidas en los medios de comunicación italianos, que están incumpliendo la obligada confidencialidad, el Colegio Cardenalicio ha acordado y decidido que sus miembros no concedan más entrevistas. También lo ha anunciado la Conferencia Episcopal de Estados Unidos. Lombardi frunce el ceño mientras afirma que las congregaciones generales no son ni un sínodo ni tampoco un congreso. Y vuelve a repetir que fijar ya la fecha del inicio del cónclave solo lograría provocar discusiones precipitadas, que nunca son aconsejables.

Esas prisas o precipitaciones solo beneficiarían, según los expertos, a los cardenales de la curia. Paso, pues, lento y silencio.

Pero los cardenales estadounidenses, como sucede a menudo en las películas de Hollywood, han respondido que solo pretenden transparencia informativa y que quienes filtran a los periodistas determinadas informaciones no son ellos sino los italianos.

El cardenal alemán Walter Kasper, aparentemente muy expresivo con los periodistas, vuelve también a repetir que los cardenales no tienen prisa, que apenas se conocen entre sí y que esto significa más días de congregaciones generales. Y se le escapa, o no, que no hay comunicación entre los diferentes dicasterios, es decir, que apenas hay comunicación entre los miembros de la curia romana.

Lombardi, siempre digno, siempre en su puesto, siempre torero, ha tenido que asegurar ante los periodistas que él no da instrucciones a los cardenales sobre el modo en que han de comportarse con los medios de comunicación porque esa tarea es responsabilidad exclusiva del Colegio Cardenalicio.

Se sospecha que ha sido el cardenal camarlengo, Tarcisio Bertone, quien, durante la cuarta congregación, ha pedido a los purpurados que mantengan absoluto secreto sobre las discusiones del Colegio Cardenalicio previas al cónclave.

Ocurre que los jesuitas siguen siendo jesuitas y si encima son estadounidenses saben que la Iglesia católica de Estados Unidos sigue siendo muy importante para las finanzas del Vaticano. Antes de los escándalos de pederastia aún lo era más, pero su importancia en el tema financiero es decisiva. O casi.

De modo que el jesuita Thomas Reese, exdirector de la revista *América*, que ahora cubrirá informativamente el cónclave para el *National Catholic Reporter*, ha dicho que la supresión de las ruedas de prensa de sus paisanos purpurados ha sido como una bofetada.

—No hablo de censura, pero sí pienso que los cardenales estadounidenses se han convertido en una especie de chivos expiatorios.

O sea, que el jesuita Reese define como «transparentes» a sus purpurados compatriotas y acusa a los cardenales italianos de ser los auténticos responsables de las filtraciones informativas ya que, según él, son los que hablan con los periodistas anónimamente.

Y aún no han llegado a Roma dos cardenales: el vietnamita Jean-Baptiste Echaminh Mân y el polaco Cazimierz Nycz.

Quien sí está en Roma es el cardenal austriaco y dominico Christoph Scönborn, 68 años, y su última obra, que ya se puede encontrar en las librerías romanas. El libro se titula *Cristo en Europa*.

—Tiene fama de «ratzingeriano».

Eso me dice una colega italiana con quien hemos intentado comer en la Taberna Tirolesa, pero ha sido imposible. Ese restaurante, frecuentado por el cardenal Ratzinger, está tan solicitado estos días como los zapateros romanos que aseguran haber trabajado para algún papa.

Zapateros o joyeros como Claudio Franchi, que fue quien hizo el Anillo de Pescador que usaba Benedicto XVI, anillo que no ha sido destruido sino inutilizado.

El tema del Anillo del Pescador es uno de los que más aparece en determinados programas de televisión italianos. Quizá por eso vuelvo a hablar de él en esta crónica.

Claudio Franchi contó ayer a la agencia Europa Press que, antiguamente, el anillo papal se utilizaba como sello para autentificar los escritos papales.

—Benedicto XVI eligió un anillo de estilo clásico. Es de oro y de forma ovalada con el borde lateral de oro blanco. En el sello aparece san Pedro en una barca y echando las redes para pescar. En él también aparecen tres peces y el nombre de Benedicto XVI escrito en latín.

Finalmente encontramos mesa en el restaurante La Moretta y ya sentados y con el vino bien puesto le pregunto a Claudia, la colega italiana, por qué el cardenal austriaco Schönborn tiene fama de «ratzingeriano».

—Porque aseguran que se parece mucho a Ratzinger. Siendo de «hierro», ya me entiendes, es un hombre abierto y próximo a todos. No rehúye el diálogo. Es un referente en la iglesia europea, que es la que más preocupa a muchos.

—Ya.

—Podría ser el nuevo papa. Scönborg suele decir que el cristianismo se ha convertido en un «extraño» en Europa. Y también ha dicho que ni Europa ni el mundo occidental sobrevivirán sin esa «extrañeza» que da el cristianismo.

—¿Y qué entiende por «extrañeza»?

—Esa «extrañeza» la identifica en tres ámbitos muy concretos en los cuales los cristianos pueden ofrecer, según él, algo muy positivo. Scönborg habla de la dignidad de la persona, puesta, según él, constantemente en duda; la unicidad de la humanidad, amenazada por algunos movimientos xenófobos y racistas, y la visión de la libertad porque un cristiano, según él, no es únicamente un ciudadano del Estado. Mira, en este restaurante tienen «crema catalana».

—Yo no soy patriota.

—¿Y qué eres?

—Anarco-conservador.

—Como Indro Montanelli.

—Más o menos.

32

EL VATICANO HOY ha amanecido con las respuestas de un «cuervo» publicadas en el diario *La Repubblica*.

Vuelven, pues, los «cuervos». Parece que vuelven.

Llueve hoy en Roma y los «cuervos» han vuelto, porque el ejemplar entrevistado dice que no es único, que su grupo está formado por unas veinte personas. Y que son sacerdotes y laicos, mujeres y hombres, pero todos ellos muy vinculados al Vaticano.

Si el «cuervo» es realmente como lo describe el colega, me refiero a la descripción que hace de su anillo, podría tratarse de un arzobispo o un cardenal. Sí se dice que el encuentro tuvo lugar en un bar del Parioli, un barrio de Roma, y que el «cuervo» es experto en finanzas.

También me entero de que la asociación Snap, la más importante en el tema de abusos sexuales cometidos por religiosos, ha reprobado a un grupo de cardenales, porque, según Snap, no habrían respondido de manera adecuada a las denuncias de quienes sufrieron los abusos, es decir, de las víctimas.

Y tres de esos cardenales reprobados por Snap son tres papables: el italiano Angelo Scola, el canadiense Marc Ouellet y el estadounidense Sean O'Maley. Los otros son el italiano y ahora mismo camarlengo Tarcisio Bertone, el mexicano Norberto Rivera Carrera, el hondureño Óscar

Andrés Rodríguez Maradiaga, el australiano George Pell, el checo Diminik Dika, el argentino Leonardo Sandri, el ghanés Peter Turkson y los estadounidenses Timothy Dolan y Donald Wuerl.

A Rivera Carrera se le acusa de atacar a los medios de comunicación porque, según él, prestaban demasiada atención a los casos de abusos sexuales cometidos por sacerdotes. Afirmó que no había casos documentados en México y ocultó la información relativa a un sacerdote.

A Rodríguez Maradiaga le achacan haber acusado a los medios de comunicación que hablaban de los abusos sexuales de perseguir a la Iglesia y se opuso a que los sacerdotes fueran juzgados por los tribunales civiles. Y a Dolan se le acusa de no haber ayudado a una víctima de los abusos, de negar que un sacerdote guardaba pornografía infantil en su ordenador y de haber pagado 20.000 dólares a los curas pederastas para que abandonaran discretamente la Iglesia.

A Angelo Scola le acusan por no haberse disculpado ante las víctimas y por haber minimizado el problema al decir que el tema de la pedofilia no es exclusivo de los sacerdotes. Al australiano Pell le acusan de no querer crear una comisión que investigue los delitos sexuales cometidos por sacerdotes. A Dika se le acusa de haber dicho que los casos de curas violadores irlandeses eran un invento para expulsar a la Iglesia del ámbito de la educación.

A Tarcisio Bertone se le acusa de haber dicho que no era partidario de que un obispo tenga que informar a un sacerdote que ha sido acusado de haber cometido abusos sexuales. Su explicación es que si un sacerdote no puede confiar en su propio obispo, porque teme ser denunciado, eso significa que la libertad de conciencia no existe. Según Bertone, el gran número de casos de abusos sexuales cometidos por sacerdotes se debe a que la Iglesia ha sido invadida por homosexuales.

Al cardenal Well se le acusa de no haber querido actuar contra un sacerdote acusado de dos casos de abusos sexuales. Más tarde, decidió enviarlo a una parroquia rural sin advertir a sus responsables de sus antecedentes. También lo acusan de no haber recibido a un grupo de familiares de víctimas. Y a Ouellet lo acusan de no haber querido reunirse con víctimas de los abusos sexuales y de pactar la destitución de un cardenal a cambio de no llevarle a los tribunales.

Al cardenal O'Maley se le acusa de haberse negado a que los niños de sus diócesis recibieran información sobre el tema de los abusos sexuales a menores, de reaccionar tarde ante las acusaciones de un presunto violador, de cambiar las normas que obligaban a que los sacerdotes acusados de abusos abandonaran sus respectivas parroquias y de intentar que algunas víctimas no tuvieran acceso a información relativa a sus abusadores.

Al cardenal argentino Sandri le acusan de que siempre habló a favor de Marcial Maciel, el fundador de los Legionarios de Cristo y uno de los principales abusadores sexuales de la Iglesia. Y al cardenal Turkson le acusan de decir que en Ghana hay pocas violaciones de niños, porque en aquel país la homosexualidad no está tolerada.

Algo no cuadra. Al cardenal canadiense Marc Ouellet lo llaman «el hombre de la escoba», porque últimamente se ha venido cargando a dos obispos por mes, acusados de varios delitos y, sin embargo, la asociación Snap arremete contra él. Pero Ouellet es hoy noticia o tema de comentario en la puerta de la Sala Stampa.

—Ya sabemos quién es el cardenal que tiene un hermano que fue acusado de actos de pedofilia con dos muchachas de 13 y 15 años.

—¿Es italiano como se decía?

—No. Es el canadiense Ouellet.

Casi todos los cardenales estadounidenses llevan en su mano el portafolios negro oficial. El cardenal emérito de Sevilla, Carlos Amigo, el que ya ha pactado con el Espíritu Santo que no saldrá elegido Papa, hoy llega con un paraguas plegable. Quizá prevé regresar andando a donde está hospedado, que en esta ocasión es la residencia Betania, ubicada en el interior del Vaticano. Al cardenal Amigo me lo suelo encontrar a menudo por las calles de Roma y ni siquiera vestido de *clergyman* pierde esa sonrisa tan característica de los franciscanos.

Será él quien diga a un periodista que, durante la celebración del cónclave, en el transcurso de las comidas, incluso se habla de fútbol. Porque en la Capilla Sixtina, eso afirma, el silencio suele ser total, absoluto.

—Es un silencio sepulcral. En la Capilla Sixtina se genera un auténtico clima de oración y de profundo sentido eclesial. Se siente el peso de la responsabilidad y al mismo tiempo se goza de una enorme paz interior.

Paz interior que no tiene en estos precisos instantes el cardenal Severino Polleto, que abandona el edificio que alberga las congregaciones generales.

—Por favor, tengan piedad de mí. Se lo suplico.

Serán dos *carabinieri* quienes, flanqueándolo, le libren de los periodistas que, ante la falta de noticias, comienzan a desesperar.

Quizá por eso, alguien ha hecho correr el rumor de que el anuncio de cierta misa *Pro eligendo pontifice*, que se celebrará en la basílica de San Pedro, significa que el cónclave comenzará el próximo 11 de marzo.

Pero san Federico Lombardi lo ha negado.

—He hablado personalmente con el maestro de ceremonias, Guido Marini, y me ha dicho que esa noticia es falsa. Recuerden, además, que todos los sacerdotes pueden celebrar una misa *Pro eligendo papa*, para que ilumine al Colegio cardenalicio, pero, insisto, la celebración de una de estas misas no señala el inicio del cónclave.

Quien pretende rentabilizar su estancia en Roma es el cardenal libanés Béchara Boustos Raï, patriarca de Antioquía y líder, pues, de los maronitas. Lo suyo ha sido descender del avión, hablar con los colegas del *Vatican Insider* y recordar que el cristianismo tiene su origen en Oriente Medio, que es donde, desde hace unos años, están matando a cristianos solo por el hecho de ser cristianos. Ocurre que estos muertos casi nunca aparecen en los diarios y televisiones occidentales. Tampoco en los diarios y televisiones orientales, claro.

El cardenal maronita recibe el título de Su Beatitud. Y Su Beatitud cuenta que, después de la muerte de Sadam Hussein, huyeron de Irak más de un millón y medio de cristianos. De Aleppo, Siria, ha huido el 60% de ellos y en Homs ya no queda ninguno.

—En Egipto, la vieja Iglesia copta todavía tiene alguna fuerza, pero con las nuevas leyes que se inspiran en la sharia lo tienen mucho más difícil. Es de todos estos temas que hemos de hablar también entre los cardenales, porque si todo lo reducimos a hablar de las cosas internas de la Iglesia, los cristianos de Oriente Medio pueden desaparecer. Conviene recordar que los cristianos están en Oriente Medio desde hace 2.000 años y han contribuido a formar las civilizaciones y culturas locales y han convivido en paz y armonía con el islam moderado, ya que el extremista está siendo financiado con el dinero de países orientales y occidentales.

Hoy, ignoro las razones, entre los periodistas se habla del cardenal mexicano Francisco Robles Ortega, 63 años y arzobispo de Guadalajara, ciudad en cuyo seminario estudia el mayor número de jóvenes que quieren ser sacerdotes.

Pero, pese a las risas anchas y envolventes de Dolan, cardenal estadounidense, el más expresivo de todos ellos es el cardenal hondureño Óscar Andrés Rodríguez Maradiaga, arzobispo de Tegucigalpa, 70 años, aficionado a la música y amenazado de muerte por los narcotraficantes de su país. Se ve que es también piloto de aviación.

—Nuestro continente ofrece un valor extraordinario: me refiero a la fe. Y la fe es la virtud de la esperanza, que no es lo mismo que el optimismo. La fe es la confianza que permite creer que se pueden alcanzar metas superiores. Y eso, la fe, es lo que realmente sostiene a los pobres. Ellos viven sobre todo por la fe. De modo que debemos seguir luchando para que la fe de todos logre ir eliminando la pobreza.

Hoy, el guía turístico con quien me cruzo en la Via della Conciliazione cuenta que la palabra *cardenal* quiere decir 'bisagra' o 'gozne'. También explica que hay tres clases de cardenales: los cardenales obispos, que son los de mayor rango; los cardenales presbíteros, que son la mayoría, y los cardenales diáconos, uno de los cuales es el que anuncia al mundo el nombre del nuevo papa.

El «cuervo» entrevistado en *La Repubblica* asegura que la filtración de los documentos privados de Benedicto XVI se realizó para poder iniciar una operación de limpieza en la Iglesia. El «cuervo» amenaza diciendo que ha llegado nuevamente el momento de volver a hablar. Y lo que parece o suena más a simple chantaje lo dice al final.

—Elegido un nuevo papa seguiremos al servicio del pontífice y de la Santa Iglesia. Confiamos en que los cuervos no tengamos ya necesidad de seguir hablando al mundo, pero eso dependerá de quién sea el nuevo papa y de quién esté al frente de la Secretaría de Estado.

Pero no todo son malas noticias o veladas amenazas y chantajes. Lorenzo Camalleri, miembro de una dinastía de sastres, que inició su labor en 1798 y que confecciona las sotanas blancas de los nuevos papas, explica lo de siempre, que preparan tres tallas: una pequeña, una mediana y una grande.

Hoy se han celebrado dos congregaciones generales, pero tampoco ha habido acuerdo para fijar el día que debe iniciarse el cónclave. Un vaticanólogo anuncia que el concilio comenzará el lunes. Ya veremos. Lo único cierto es que a mi admirado y sufrido Federico Lombardi, el portavoz vaticano, unos colegas franceses le han descubierto un parentesco radiofónico, razón que explicaría por qué dirige también Radio Vaticana. Ricardo Lombardi, un tío del portavoz vaticano, era tan vehemente cuando atacaba al comunismo que se le acabó conociendo como «el micrófono de Dios».

Esos mismos colegas franceses han decidido nombrar «Santo súbito» al admirado Federico Lombardi, este Gary Cooper vaticano, que siempre, absolutamente siempre, ha estado solo ante el peligro. Me adhiero, pues, a lo propuesto por los colegas franceses: Lombardi, «santo súbito».

Lo único que me alarma es que hoy, cuando ha vuelto a repetir que aún no se sabe qué día comenzará el cónclave, no ha podido impedir una sincera y noble risa. Y no sé yo si eso, tan natural y humano, le va bien a la ahora llamada sede vacante.

33

La influyente revista *Famiglia Cristiana*, que tiene varios millones de lectores, pide al sucesor de Benedicto XVI que acabe de una vez por todas con el IOR o, más vulgarmente, banco del Vaticano. Sugiere que a partir de ahora se trabaje con bancos éticos, que, según la revista, existen en todos los países.

—Esto es pura hipocresía. Pura hipocresía italiana.

—¿Los norteamericanos no sois hipócritas?

—Pues no, no lo somos. O lo somos bastante menos que vosotros.

El colega yanqui, neoyorquino a juzgar por su acreditación, parece creer bastante en lo que dice, y eso lo convierte en el tipo de estadounidense que más desprecio.

En la puerta de la Sala Stampa se vuelve, pues, a criticar lo que el yanqui ha definido como «hipocresía italiana», expresión que ha tenido cierto éxito entre los periodistas anglosajones desde que alguien la pronunció en la colina del Gianicolo, que es donde está el Colegio Americano, después de que el Colegio Cardenalicio decidiera poner fin a las prometidas ruedas de prensa diarias.

Los estadounidenses suelen celebrar su aparente transparencia acudiendo siempre al ejemplo de sus periodistas, pero yo siempre he creído que lo que realmente opinan los estadounidenses de los periodistas se refleja mucho mejor en las películas de Hollywood. En casi todas ellas se les desprecia y abomina. Solo John Ford y algún director más los convertía en casi héroes. Como aquel periodista que era víctima del látigo de Liberty Valance, aquel sujeto malvado que interpretaba Lee Marvin.

El marcaje que la gendarmería vaticana está haciendo a los señores cardenales no es del agrado de todos ellos. Algunos se sienten espiados, excesivamente controlados. O sea, que el cardenal Bertone no afloja.

Sigue la incertidumbre, ha vuelto a iniciarse una nueva congregación general y un periodista venezolano me cuenta que el arzobispo de Caracas, Jorge Urosa Savino, celebrará hoy una misa en la iglesia de Santa Maria dei Monti por el recientemente fallecido Hugo Chávez, presidente populista armado de gran palabrería y de chándal aparentemente patriótico. Chávez era hombre que se santiguaba mucho en público y que a veces, cuando más le convenía, empuñaba un crucifijo. Lo empuñaba al principio de su «revolución» oral y cuando intuyó que se aproximaba su final.

Aparentemente fue el cáncer, pues, lo que devolvió a Chávez a la fe católica, y eso no pasó inadvertido para el Vaticano. Parece que antes de morir Chávez dijo que no quería morir y pidió, esta vez por favor, que no le dejaran morir.

Su mano derecha, Nicolás Maduro, un conductor de autobuses que se ha convertido en presidente, de momento no ha utilizado en público ningún crucifijo. El nuevo presidente venezolano fue ferviente devoto de un guru indio de aspecto inquietante.

El colega venezolano consulta su móvil y aún más excitado que antes me cuenta que hoy también se celebrará otra misa por Hugo Chávez en la basílica de San Lorenzo.

—¿Aquí, en Roma?

—Sí, sí, aquí.

La Capilla Sixtina ha sido «barrida» o protegida para que los nuevos inventos tecnológicos no favorezcan ninguna filtración informativa. El sistema de protección, así nos lo cuenta un colega aficionado a la física, es lo que se denomina la Jaula de Faraday.

—Si envuelves en papel de aluminio tu teléfono móvil, quien te llame creerá que está apagado o fuera de cobertura. Las ondas electromagnéticas no pueden atravesar el papel de aluminio.

El Colegio Cardenalicio no quiere que se repita lo que ya sucedió en el anterior cónclave. En él, un cardenal alemán pudo filtrar desde la Capilla Sixtina la noticia de que el elegido había sido Joseph Ratzinger. De la filtración se benefició una cadena de televisión alemana que pudo así adelantarse unos minutos al protodiácono, que es quien anuncia el nombre del nuevo papa, después de pronunciar ante los fieles y turistas reunidos en la plaza de San Pedro la ya famosa frase «*Habemus papam*».

También la Casa Santa Marta ha sido «barrida» y protegida.

Dos cardenales cruzan en este momento la plaza de San Pedro. Al aproximarse creo reconocerlos: son el cardenal alemán Kasper y el indio Alencherry, quien, a diferencia del guru teñido que hace unos años frecuentaba el, desde ayer, presidente de Venezuela, no tiene un aspecto inquietante.

¿Estará convenciendo Kasper a su compañero Alencherry de que es necesario revolucionar la curia? Porque eso dijo hace un par de días el cardenal alemán. Revolucionar la curia.

Aunque el portavoz vaticano, Federico Lombardi, haya dicho hace un rato que si los periodistas le preguntaban cuándo comenzaría el cónclave les respondería que a principios de la próxima semana: el lunes, el martes o el miércoles, porque él no creía que los cardenales decidieran iniciarlo el sábado o el domingo, llega el primer gran rumor del día: el cónclave podría iniciarse el próximo martes día 12 de marzo.

Ese es el rumor. Y el artículo que el vaticanólogo Andrea Tornielli publica en el *Vatican Insider* asegura que el cardenal italiano Angelo Scola vuelve a sonar como el favorito y que incluso lo apoyan algunos cardenales estadounidenses, alemanes, italianos y los procedentes de los países del Este. El otro papable en que algunos también creen ver nuevas señales o indicios de que puede ser el nuevo papa es el brasileño Odilo Pedro Scherer.

Pero el colega Andrea Tornielli acaba muy italianamente su predicción.

«Todo lo que en estos momentos parece posible podría dar un vuelco el segundo día del cónclave. Podría estar fraguándose una sorpresa.»

Y ahora sí que el gran rumor se convierte en la noticia más esperada desde unas semanas. Tras la octava congregación general los cardenales han decidido que el cónclave comience el próximo martes 12 de marzo.

A primera hora de la mañana se celebrará en la basílica de San Pedro la misa *Pro eligendo pontifice* y, después de comer, esa misma tarde entrarán en la Capilla Sixtina los 115 cardenales electores.

Llueve, sigue lloviendo en Roma cuando el cardenal venezolano Jorge Urosa Sabino, hombre de estampa recia, despide a los pocos feligreses que han asistido a la misa que acaba de celebrar, en la iglesia de Santa Maria dei Monti, por el expresidente fallecido Hugo Chávez. Quizá hay más periodistas que fieles.

—Es tiempo de paz y reconciliación. En los momentos difíciles, como cuando su encarcelamiento en 1992, el presidente Hugo Chávez tuvo el apoyo de los obispos venezolanos que lo protegieron y le ayudaron a salvar su vida. Eso es importante recordarlo.

Y cuando un colega le recuerda que Chávez fue anticlerical y que persiguió a la Iglesia, el cardenal sonríe.

—Como ya he dicho: la Iglesia perdona. Hemos de mirar hacia adelante por el bien del país.

34

Llueve, sigue lloviendo en Roma.

Mientras espero a Alberto Chinchilla en un bar cercano a la productora donde trabaja, Roma Reports, ubicada a veinte metros de la Via della Conciliazione, no puedo evitar pensar en una de aquellas películas que alegraron mis tardes de cine.

Si la película *El cardenal* fue decisiva en la vocación de bastantes sacerdotes actuales, entre ellos un cardenal español y varios jesuitas que conozco, la película *Las sandalias del pescador* fue un éxito más popular, quizá porque su protagonista estaba interpretado por Anthony Quinn.

Aquella película principiaba con la panorámica de un campo de trabajos forzados, un paisaje gris, frío y muy soviético. A través de los altavoces de ese campo, situado en una región de Siberia, se escucha una voz metálica que reclama la presencia en el despacho del director de uno de los presos políticos o esclavos, que no responden por su nombre sino por el número que se les ha asignado.

—Uno tres cinco cero nueve dos. Uno tres cinco cero nueve dos.

Y el preso político 135.092, que trabajaba como soldador en el campo, era el ucraniano Kiril Lakota, un arzobispo que, pese a las torturas en la Lubianka y sus veinte años de estancia en el campo de trabajos forzados, no había renunciado a su fe.

Ese arzobispo es reclamado por el Vaticano, llega a Roma y es hecho inmediatamente cardenal por el papa, que fallece poco tiempo después. Su sucesor, el nuevo papa, es, evidentemente, el arzobispo que vino del Este, es Kiril Lakota.

Años más tarde muchos creyeron ver en Juan Pablo II a alguien muy parecido al Kiril Lakota de *Las sandalias del pescador.*

La película, que estos días anteriores al cónclave ha sido recordada en alguna entrevista por el cardenal emérito de Sevilla, Carlos Amigo, como la que mejor ha sabido reflejar la realidad de un cónclave, estaba basada en la novela del mismo título escrita por Morris West, uno de mis autores favoritos en esos años en que solo se lee lo que realmente te gusta e importa. Años en los que aún no influyen los críticos literarios o las modas. O los prejuicios. Pero todo esto pasa y Morris West permanece.

—El papa fallecido será embalsamado y revestido de gran pontifical. En la cabeza, una mitra. Un velo de color púrpura cubrirá su rostro y un manto de armiño abrigará su cuerpo.

Eso decía en la película aquel periodista estadounidense frente a una cámara de televisión mientras se escuchaba de fondo el tañido grave, sonoro y lento de las campanas del Vaticano.

—Será enterrado en tres féretros: el primero es de madera de ciprés; el segundo será de plomo para evitar la humedad, y el tercero será de pino para recordar que es un hombre como los demás. Su anillo será destruido y sus apartamentos sellados.

El australiano Morris West sabía contar las cosas del Vaticano como nadie hasta entonces lo había hecho. Y, claro, mientras yo asistía a la proyección de *Las sandalias del pescador*, me identificaba con el periodista estadounidense que ha sido enviado a Roma para transmitir en directo la noticia de la muerte de un papa y la elección del nuevo, Kiril I. También en esa película, cuando el periodista yanqui daba la noticia de la muerte del papa, aparecía un helicóptero que sobrevolaba el Vaticano.

Como ocurrió hace solo unos días.

—El Sacro Colegio cardenalicio ha elegido al primer papa no italiano desde Adriano VI.

Eso decía días más tarde aquel periodista, el de la película, mientras el nuevo papa, Kiril I, se asomaba por primera vez al balcón principal de la basílica de San Pedro.

Pero antes, en la película, se habían mostrado algunas escenas del cónclave que, aunque no fueron rodadas en la Capilla Sixtina, sí lo parecían. Recuerdo, ay, que el personaje del cardenal decisivo, el que logra que todos los demás o una mayoría de ellos lo sigan o imiten, era el actor italiano Vittorio de Sica, a quien estos días se le rinde un merecido homenaje en Roma mediante una exposición.

—Por Su Eminencia el cardenal León, 29. Por Su Eminencia el cardenal Colombo, 15. Por Su Eminencia el cardenal Prats, 12. Insuficiente para la elección.

En *Las sandalias del pescador*, además del cónclave, también se rendía un discreto homenaje al jesuita y científico francés Teilhard de Chardin, algunos de cuyos libros fueron sistemáticamente prohibidos por el Vaticano.

Ante un comité de censores, compuesto por un cardenal y varios religiosos, aquel padre David Telemond, que afirmaba creer en un Dios personal, en Cristo y en el Espíritu, intentaba explicarse. Aquel padre Telemond era, sin duda, el jesuita Teilhard de Chardin.

—Ese es el punto hacia el cual tiende toda evolución. Es el punto concreto adonde debe llegar el universo entero. Como los radios de una rueda llegan a su centro. Es el mismo universo asumido en él. Es el Cristo cósmico.

El cardenal, orondo y aparentemente más comprensivo que el dominico que tiene a su derecha, le responde.

—Padre Telemond, está en las Sagradas Escrituras que Jesucristo es ayer, hoy y eternamente el mismo. ¿No está usted creando otro cristo a su manera?

—No estoy creándolo, eminencia. Revelo algo que no habíamos visto antes. Y ni puedo renunciar a este Cristo que contemplo ni puedo tampoco renunciar al Cristo que veo clavado en la cruz.

El redactor jefe de Europa Press, Jordi Fernández, me envía un SMS desde Barcelona en el que me cuenta que anoche, en el restaurante u hostería La Carbonara, situada en Campo di Fiori, un escritor español fotografió al cardenal de Madrid y primado de España, Antonio Rouco Varela, en el momento de comenzar a saborear el antipasto. Quizá se decidió por las famosas patatas de Zi Terè.

Luego recibo una llamada de Marco Tosatti, que me invita a comer mañana.

—Sigues triunfando en el mundo entero, Marco, como siempre.

—¿A qué te refieres?

—A que hoy han publicado en España tu exclusiva: que el cónclave que eligió a Ratzinger no fue para él un paseo triunfal.

—No creo que los colegas argentinos se hayan hecho eco de esa información que, ya lo sabes, aunque me parece fiable, no puede darse del todo por cierta. Y así lo escribí.

—Me imagino que a los colegas argentinos no les gustará saber que su cardenal Bergoglio a punto estuvo de echarse a llorar mientras suplicaba que no lo votaran, que no quería ser papa y que eso fue lo que decidió finalmente la elección de Ratzinger.

Cuando aparece Alberto Chinchilla le hablo de la película *Las sandalias del pescador* y me tiende un DVD dedicado a la vida de Benedicto XVI con imágenes inéditas.

—Esto tampoco está mal. Ya lo verás. Creo que nos ha quedado muy bien.

—Lo veré esta noche para inspirarme.

35

En Roma, el sábado ha amanecido soleado.

La matrícula vaticana de un vehículo (SCV) me obliga a sonreír y a recordar a cierto cardenal venezolano a quien conocí.

Se llamaba Rosalio Castillo Lara y mandaba tanto en el Vaticano que un gendarme me dijo:

—¿Sabe qué quieren decir las siglas SCV?

Le respondí que no, claro.

—Pues no quieren decir lo que está usted pensando. Quieren decir: «*Si Castillo Vuole*».

Otros, esas siglas las siguen traduciendo como «Si Cristo Volviese».

Años después de conocerlo, ya jubilado, el cardenal Castillo Lara se enfrentó al presidente venezolano Hugo Chávez, a quien definió como un paranoico que instrumentalizaba la figura de Simón Bolívar. El presidente Chávez le devolvía los cumplidos llamando a Castillo Lara diablo con sotana.

El cardenal Castillo Lara fue muy polémico, pero no cobarde.

Mientras en la Sala Sixtina varios tapiceros, uno de ellos, Marco Floriani, clava con grapas el paño de color beige que cubre la rampa por la que se accede a una parte de la Capilla Sixtina, tres bomberos acaban de instalar la chimenea exterior sobre el tejado de tejas de la camilla. Será esa chimenea, si sale humo blanco de ella, la que notificará que ya hay un nuevo papa.

Esa chimenea es la foto del día.

Las pruebas que se están haciendo, es decir, la comprobación de si el tiraje de las dos estufas o salamandras instaladas en la Capilla Sixtina es el adecuado, se hace utilizando un componente químico que logra que el humo sea amarillo.

Amarillo. Ni blanco ni negro. Amarillo.

Hoy, san Federico Lombardi, de muy buen humor, ha asegurado que los cardenales están muy unidos, la prueba es que ayer decidieron casi por unanimidad que el inicio del cónclave debía ser el próximo martes día 12 de marzo.

También ha anunciado que las *fumate* se podrán ver a las doce del mediodía o a las siete de la tarde. Aunque, si hay nuevo papa, tal vez se adelante la aparición del esperado humo blanco. Y desde ese momento hasta que el cardenal protodiácono, Jean-Louis Tauran —si no ha sido él el elegido—, aparezca en el balcón principal de la basílica de San Pedro y diga la tan esperada frase *Habemus papam*, habrán transcurrido unos veinte minutos. Antes, todos los cardenales electores habrán ya mostrado y manifestado su obediencia al nuevo pontífice.

El humor de san Federico Lombardi es hoy tan excelente que incluso ha dicho:

—Lamento que a partir de ahora nos veremos con menos asiduidad.

Al abandonar la Sala Stampa volvemos a comentar que los famosos tres detectives vaticanos, los cardenales Herranz, Tomko y De Georgi, siguen sin haber contado nada del resultado de su investigación, pero sí han facilitado al-

guna pista a los cardenales electores, muchos de los cuales
parecen decididos a que la reforma de la curia sea, ahora sí,
una realidad. Y, según me han asegurado, uno de los que se
ha pronunciado sobre ese punto ha sido el cardenal español
Antonio María Rouco Varela.

En Roma y en invierno, nadie sabe llevar mejor el sombrero
que el doctor en teología y profesor de metafísica, Lluís Clavell.
Pero la elegancia de este hombre apacible y conciliador, como
todas las verdaderas elegancias, es interior. Clavell fue rector de
la Pontificia Università della Santa Croce y hoy, aprovechando
que es sábado, he decidido visitarle en su residencia habitual.

Cuando llego lo encuentro hablando con el equipo de
una televisión estadounidense y con el de una televisión bri-
tánica. O sea que espero; y mientras espero recuerdo que fue
él quien hace ya algún tiempo me dijo que las homilías de
Benedicto XVI se convertirán, con los años, en textos tan
valorados como los de los llamados Padres de la Iglesia.

Finalmente, los colegas británicos y yanquis se van con
sus cámaras a otra parte.

—La Iglesia es noticia, doctor Clavell.

—Esperemos que para bien.

—Y el martes comienza el cónclave.

—Sí. Estas últimas semanas han sido para mí de mucha
oración y reflexión profunda sobre la vida de la Iglesia. Me
gustaría notar o sentir una conciencia mayor o más gene-
ralizada sobre lo que yo considero esencial: que los temas
más importantes son los relativos a la situación interna de la
Iglesia. Y concretamente los de tipo formativo.

—Los de tipo formativo.

—Sí. Problemas o dificultades externas las ha habido y
las habrá siempre. Basta leer el Apocalipsis o a san Pablo.

O los mismos Evangelios. Esos mismos textos del Nuevo Testamento muestran también lo que son debilidades internas. Por eso Jesús se dedica con mucho celo a la formación de los doce, de los discípulos y del grupo de mujeres. ¿Me permites que te hable de hermenéutica?

—No me asuste.

—Ja, ja. No. Mira, la hermenéutica de ruptura del Concilio Vaticano II indicada por Benedicto XVI en su primer discurso de felicitación navideña a la familia de la curia romana, en diciembre del 2005, afectaba a la formación sacerdotal. Ha habido una ruptura. Y muchos no son conscientes de este hecho.

—¿Sigue aún la ruptura?

—Sigue. Y poner remedio a este tema es algo fundamental, porque en muchos lugares la formación que están recibiendo varias generaciones de sacerdotes sigue siendo deficiente. Y eso daña a los propios interesados y al ministerio sacerdotal.

—Creo que en alguna ocasión Benedicto XVI ha hablado de «emergencia educativa».

—Sí. Es verdad.

—No se sorprenda. Estos días tan «benedictinos» leo mucho sobre lo que ha escrito y dicho.

—Tú haces referencia a algo que dijo, si no recuerdo mal, en Verona. Pero lo cierto es que no es fácil hallar una solución cuando se rompe, cuando se interrumpe una continuidad en el tema que nos ocupa, la formación. Recientemente, Benedicto XVI transfirió el seguimiento de los seminarios a la Congregación para el Clero, que ya se encargaba de la formación permanente de los sacerdotes con objeto de mejorarla. Y también hace unos meses Benedicto XVI publicó un *motu proprio* sobre la acción caritativa de la Iglesia.

—Que, según él, no debe ser mera filantropía.

—Claro. La acción caritativa de la Iglesia no debe ser mera filantropía sino auténtica caridad cristiana. En su encíclica *Deus caritas est* indicó como elementos fundamentales de la Iglesia el anuncio del Evangelio (*kerygma*), la liturgia y la diaconía o servicio de la caridad. Y en este *motu proprio* se indica la responsabilidad de los obispos en la orientación de la acción caritativa y su responsabilidad en la formación de los que la ejercen.

Es muy probable que Lluís Clavell conozca personalmente al futuro papa, pero no es ni un vaticanólogo ni persona aficionada a las quinielas.

Cuando me despido de él entra por la puerta el equipo de una cadena de televisión alemana.

—Confío en que no les dará el nombre del próximo papa a los alemanes.

—Ya sabes que no soy el Espíritu Santo. Así, pues, tranquilo.

—Pero como usted conoce a todos los que son…

—El Espíritu Santo suele sorprender. Tiene, no lo dudes, mucha imaginación. Por supuesto que los cardenales han hablado estos días mucho entre ellos, pero yo confío en la gran imaginación del Espíritu Santo.

—Bueno.

—No sé. Creo que el futuro y ya próximo papa seguirá una cierta continuidad con sus dos predecesores, pero incidirá más en lo esencial. Y pienso que adecuará la estructura de la curia romana a las necesidades actuales, algo de lo que se habla mucho desde hace tiempo. Y sin duda la comunicación de la Iglesia tiene que mejorar.

36

Domingo, 10 de marzo.

Amanecer en Roma es descubrir que los pinos, los pinos romanos, están ahí, siguen ahí, esperándote, porque con ellos el día parece querer prometer momentos muy intensos, pero plácidos.

El pino, el pino romano, parece querer aconsejarte o sugerirte que solo andando se llega siempre a tiempo al lugar que quizá desconoces, pero que está ahí, en Roma.

Al lugar o a la persona.

Lamentablemente ya no puedo acercarme a la Universidad Pontifica Gregoriana para escuchar a aquel jesuita, a aquel exrector emérito y cardenal, Urbano Navarrete, un turolense lúcido y amable pero recio que durante muchos años tuvo como su otro hogar los archivos vaticanos. Creo que quien mejor me ha sabido definir a Benedicto XVI fue este jesuita.

—Es un hombre que sabe escuchar sin interrumpir y sabe también sintetizar.

Cuando conocí a Navarrete tenía ochenta y siete años y solo hacía un mes que Benedicto XVI lo había nombrado cardenal.

Creo que lo primero que le pregunté fue si se puede ser libre obedeciendo. Antes de responder, se ajustó las gafas y sonrió.

—Sí, perfectamente. Hemos de suponer un concepto de libertad realmente humano, según el cual el hombre es libre si domina la propia libertad y hace con ella lo que debe hacer.

Me acerco al Caffè Sant'Eustachio, donde un italiano tocado con gorra cuenta un chiste ligeramente irreverente. El italiano de la gorra asegura que se lo contó un sacerdote amigo suyo que trabaja en la curia.

—Se reúne la Santísima Trinidad y tanto el Padre como el Hijo deciden ir a Roma de vacaciones. Y cuando el Espíritu Santo se entera dice: «Buena idea, porque yo nunca he estado en Roma.»

Este domingo el cardenal Timothy Dolan, arzobispo de Nueva York, que es quien más espectáculo ofrece tanto a los periodistas como a sus fieles, celebra su misa en la parroquia de Nuestra Señora de Guadalupe, ubicada en el barrio de Monte Mario. Dolan siempre ríe, da caramelos a los niños, traza en el aire con su mano derecha cerrada y enhiesto el dedo pulgar el signo OK, eso tan yanqui, y por supuesto está tan atento a los niños como a los ancianos y a varias feligresas mexicanas que no paran de fotografiarlo.

Es la viva imagen del optimismo, de la extraversión o de la astucia.

El brasileño Odilo Pedro Scherer, uno de los favoritos, celebra la misa dominical en San Andrés del Quirinal, cuya bóveda lleva la firma de Bernini. En su homilía el brasileño habla de la necesidad urgente de reconciliar a pueblos y culturas.

El italiano Angelo Scola —el favorito de muchos de sus compatriotas— oficia en la basílica de los Santos Apóstoles y, refiriéndose al nuevo papa, que podría ser él, afirma que la Iglesia necesita un hombre capaz de conducirla por la senda indicada por los grandes pontífices sin especificar quiénes fueron estos.

—Danos, Espíritu Santo, un pastor santo que siga construyendo la Iglesia con el testimonio de su vida.

El también cardenal estadounidense Sean O'Malley, que es arzobispo de Boston, celebra su misa en Santa María de la Victoria y en su homilía habla del famoso hijo pródigo. Este cardenal capuchino, que no habla bien italiano, parece tenerlo muy claro.

—Pronto regresaré a Boston.

Decido entrar en el Panteón. Siempre entro en el Panteón.

En su interior un grupo de turistas franceses preguntan a su guía si Castel Gandolfo está muy lejos de Roma. Luego, regreso al Vaticano y al cruzar frente a Via dell'Erba observo que por ella avanza el obispo y exnuncio Justo Mullor, que se dispone a dar su paseo diario. Decido no incordiarle. Y la presencia física de Mullor, menuda, redonda y pulcra, me obliga a pensar en la altura física del cardenal Tarcisio Bertone, que, pese a su afición por el fútbol, tiene hechuras de jugador de baloncesto de los años sesenta del pasado siglo.

De Bertone se dice que no sabe inglés y que no tiene poder para elegir al nuevo papa, pero sí para impedir que alguno acabe siéndolo. Esto lo ha dicho Aldo Cazzullo, que tiene fama de buen vaticanólogo. Bertone, el simpático Bertone, el más alto de la clase, el que más se ve en las ceremonias y del que también se dice que igual puede apoyar la elección de un papa italiano que la de un extranjero, siempre que todo en la curia continúe como ahora.

La solución: a partir del próximo martes. Mientras tanto algunos comentaristas progresistas gustan de repetir que quien tiene la escoba que le gusta a Ratzinger, esa escoba que él ya no podía empuñar, es el cardenal vienés Christoph Schönborn. Quizá no ha sido casual que este dominico presentara hace tres días su último libro en Roma.

En la plaza de San Pedro, el ángelus, turísticamente hablando, ha sido sustituido por la chimenea que han instalado en el tejado de tejas de la Capilla Sixtina. Estos días sigue siendo la foto más celebrada.

Durante la última audiencia general de Benedicto XVI celebrada en la plaza de San Pedro se vio, entre fieles, turistas y periodistas, al colega Gianluigi Nuzzi, que no quiso hacer declaraciones.

Nuzzi es el periodista que destapó el llamado caso Vatileaks, el receptor de las cartas y documentos robados por el entonces mayordomo del papa, Paolo Gabrielle, que, tras ser perdonado por Benedicto XVI, ahora trabaja en el hospital del Niño Jesús de Roma.

Leyendo lo que ha publicado últimamente Gianluigi Nuzzi da la sensación de que no está muy seguro de haber obrado bien. O quizá sí cree haber obrado bien, pero eso no impide que tenga algún remordimiento, que sin duda se irá desvaneciendo a medida que pasen los días y la renuncia de Benedicto XVI comience a aceptarse como lo que tal vez siempre ha sido: un bien para la Iglesia.

Nuzzi, que en la cocina de su casa compartía pizzas, secretos y documentos fotocopiados con el exmayordomo Paolo Gabrielle, escribió hace unas semanas en una crónica publicada en *El Mundo* que Benedicto XVI tenía miedo a algo, que los cardenales Attilio Nicora y Jean-Louis

Tauran fueron los últimos interlocutores con quienes habló de «transparencia y limpieza» antes de renunciar. Y que ese miedo papal lo detectó incluso el alcalde de Milán, Giuliano Pisapia, quien, pese a ser ateo y de izquierdas, le confesó «que había visto amor en los ojos del papa». Y que cuando el arzobispo Viganò, hoy nuncio en Estados Unidos, informaba a Benedicto XVI de los trapos sucios, el papa se turbaba y se iba a la capilla a rezar.

Y, desde luego, la traición del mayordomo Gabriele la sigue calificando de un acto de amor hacia el papa y hacia la Iglesia.

Paseando por el Trastevere me encuentro con un joven diácono italiano con quien estuve hablando hace unos días en la Sala Stampa del Vaticano.

Bernardo me sugiere que debería entrevistar a un joven italiano que no hace mucho, en un sínodo celebrado en Estados Unidos, llamó la atención de algunos obispos.

—Su intervención fue una estupenda provocación.

—¿Qué les dijo?

—Pues que como ellos habían hablado del papel de los laicos, él, que era laico, quería hablar del papel de ellos, es decir, del papel de los obispos, de los sacerdotes. Y les dijo que los jóvenes necesitaban guías fuertes y sólidos en su vocación y en su identidad. También les dijo que era en los sacerdotes donde los jóvenes aprendían a ser cristianos. Sobre todo ahora que las familias están muy desunidas y ya no enseñan los valores que antes sí enseñaban.

—¿Conoces a ese joven?

—No. Eso es lo malo. Y, claro, tampoco sé si vive en Roma.

—Entonces lo tenemos mal.

—Sí. Pero atiende, el muchacho les dijo que los sacerdotes enseñaban a los jóvenes la posibilidad de una manera alternativa de vivir en esta sociedad. Y acabó diciendo que donde hay un sacerdote apasionado su comunidad florece. De lo que deducía que es mentira que la fe haya perdido atractivo entre los jóvenes. Lo que pasa es que se necesitan sacerdotes sólidos. Y les dijo también que los sacerdotes han perdido carisma y cultura. Y que si enseñaban a los jóvenes a rezar, estos los seguirían. Luego les dijo que lo que más abunda son sacerdotes que se disfrazan de jóvenes. O peor aún: que viven el estilo de vida de los jóvenes. Y pretendiendo ser originales se convierten en insignificantes. Yo creo que todo esto acabó saliendo en Internet. Compruébalo.

—Lo comprobaré. Ahora me voy a comer.

—Muy bien.

Reconozco que Benedicto XVI es el primer papa que me ha interesado. Y es también al primero que he leído con sumo interés. La cultura también le sienta bien a los papas. Sobre todo a los papas y, en general, a todos los príncipes eclesiásticos y sacerdotes.

Quizá por eso casi todo lo que ha rodeado a Benedicto XVI me ha parecido de un gran dignidad. Por ejemplo, esas cuatro mujeres que le acompañan desde que fue elegido papa y que pertenecen al instituto denominado Memores Domini. Hablo de Loredana, Cristina, Carmela y Manuela, que falleció hace un tiempo víctima de un accidente de tráfico.

Coincidí con ellas durante un concierto que le dedicaron al papa con motivo de su cumpleaños. Aquellas cuatro mujeres, vestidas de negro y con el cabello corto, tenían un atractivo muy especial: el atractivo de la austeridad vivida con intención y ese no sé qué que se asoma a las personas que rezan y saben por qué rezan.

Loredana, Cristina, Carmela y Rosella, como también lo era Manuela, son laicas consagradas que pertenecen al instituto ya mencionado, Memores Domini, que forma parte del movimiento Comunión y Liberación.

Cuando en aquella ocasión le pregunté a una colega romana qué tipo de vida llevaban aquellas cuatro mujeres, me respondió:

—Creo que su vida se rige por cuatro promesas: la obediencia en el sentido de que el esfuerzo espiritual y la vida ascética se ven facilitados y acreditados por un seguimiento.

—Parece como si lo estuvieras leyendo.

—Es que no hace mucho escribí un artículo sobre ellas. Hemos hablado de la obediencia. Otras promesas que hacen son las referidas a la pobreza y a la virginidad como renuncia a la familia para una mayor entrega a Dios. Son ellas las que se ocupan de las labores de la casa.

—¿Y de descifrar la diminuta caligrafía de Benedicto XVI?

—No. Esa es sor Birgit Wansing.

Ellas son y siguen siendo la familia de Benedicto XVI. Familia a la que también pertenecen su secretario Georg Gänswein y su secretario adjunto, el maltés Alfred Xuereb. Y el mayordomo Sandro Mariotti, que es quien ha sustituido al supuesto traidor Paolo Gabrielle y cuyo cometido es ayudar a Benedicto XVI en el tema de su ropa y su aseo.

Una familia que come, cena y reza junta. Y que también acompañaba a Benedicto XVI en muchos actos públicos, pero manteniéndose siempre en un discreto segundo o tercer plano. Una familia que se ha trasladado a Castel Gandolfo con el papa emérito.

Yo, con quien como hoy en una pizzería del Trastevere es con Stanisław, un veterano periodista polaco que conocí ayer gracias a mi amigo Miquel Delgado.

—¿Y no te ha contado la anécdota de la maleta?

—Miquel es un monseñor muy discreto. Es una tumba.

—Pues te ha de contar una de polacos muy buena.

—Cuéntamela tú.

—Vale. Cuando el cardenal y arzobispo de Cracovia Karol Wojtyła viajó a Roma en otoño de 1978 para participar en el cónclave del que saldría elegido papa, su secretario particular, Stanisław Dziwisz, que ahora es también cardenal, necesitaba una maleta. ¿Y sabes a quién se la pidió prestada?

—No.

—Pues al jefe de tu amigo, que entonces era compañero suyo en la misma diócesis: Stanisław Ryłko.

—El actual presidente del Consejo Pontificio para los Laicos.

—Exacto. Pues Dzwisz le dijo a Ryłko: «¿Podrías prestarme tu maleta? Cuando regresemos del cónclave te la devolveré.» Huelga decir que la maleta en cuestión nunca volvió a Cracovia, lo que demuestra que la elección de Karol Wojtyła fue totalmente inesperada.

—Debe de ser verdad lo del Espíritu Santo.

—No lo dudes.

La pizza está muy buena y Stanisław es un gran contador de historias vaticanas.

—Recuerdo dos anécdotas más referidas a cónclaves. ¿Te interesan?

—De eso vivimos los periodistas. ¿O no?

—Vivíamos, porque ahora la gente es tan chata que ya no produce anécdotas. Ahora solo saben escribir informes.

—Por cierto, Stanislaw ¿todos los polacos os llamáis Stanislaw?

—Los mejores polacos, sí. Bien, pues durante el cónclave de 1978 se cuenta que se produjo una situación de empate entre el arzobispo y cardenal de Génova, Giuseppe Siri, y el arzobispo de Florencia, Giovanni Benelli. Ante esta situación también se cuenta que el arzobispo de Viena, Frank König, durante un intervalo entre las votaciones, se dirigió al cardenal y arzobispo de Varsovia, Stefan Wyszyński, y le dijo: «Eminencia, para superar la situación en la que nos encontramos algunos cardenales estamos pensando en un polaco.»

—Y se salió con la suya.

—Sí, pero aún no hemos llegado a eso. Wyszyński le respondió: «Lo siento, pero debido a las circunstancias políticas de mi país, no puedo abandonar la sede de Varsovia. Mi presencia allí es necesaria para intentar mejorar las relaciones con las autoridades comunistas.» Y König, sonriendo, le dijo: «No se preocupe, eminencia, porque el candidato polaco en que hemos pensado no es usted.»

—Era Wojtyła.

—Sí. Y de Wojtyła sé una también muy buena. Después de su elección, y ya como Juan Pablo II, invitó a almorzar al cardenal arzobispo de Guatemala, Mario Casariego, que había nacido en España, en Asturias, y que era religioso somasco. Y se cuenta que, cuando se despidieron, Juan Pablo II le regaló unas botellas de vino mientras le decía: «Eminencia, durante los días del cónclave le oí pronunciar varias veces mi apellido, que no es *Bottiglia* sino *Wojtyła*.

37

Eʟ ᴄᴏʟᴇɢᴀ ʏ ᴠᴀᴛɪᴄᴀɴɪsᴛᴀ Ignazio Ingrao, de la revista *Panorama*, asegura que la decisión del cónclave se fragua en la antigua *trattoria* Al Passetto, cuyo menú casero cuesta quince euros.

Cae la tarde, pero hoy el *tramonto* no es digno de Roma.

En Nueva York, en el Bronx, en la parroquia de St. Margaret Mary de Mont Hope, un grupo de ciudadanos de origen ghanés reza para que del ya inminente cónclave salga elegido papa su compatriota, el cardenal Turkson, que visitó esa parroquia en 2005.

—Es un cardenal que sabe estar entre las personas.

El obispo anglicano Michael Nazir-Ali acaba de decirle al colega Giulio Meotti que la Iglesia católica es la única institución cristiana que tiene una voz global. Y que por eso se la está atacando e intentando destruir su reputación.

—En los años sesenta del siglo pasado ocurrió lo mismo y quien la atacaba era el neomarxismo.

Esta noche ceno en el palacete que Paola y Gianni, los amigos de un Gentilhombre de Su Santidad, tienen en el Gianicolo. Desde la amplia azotea del palacete puede contemplarse una espléndida panorámica de Roma solo humillada por la presencia, en la lejanía, a la derecha, de un gasómetro.

Pero lo más extraordinario de este palacete está en sus fundamentos, en sus entrañas, en la tierra, en una gruta a la que se accede, si así lo consideran oportuno sus propietarios, por una escalera que solo se descubre cuando, desde un punto de la planta baja, se desplaza una alfombra cuya misión es cubrir, ocultar la entrada por la que se baja a la gruta, iluminada precariamente para no dañar las antiquísimas pinturas que decoran lo que fue un altar dedicado a Mitra, a través de una angosta escalera.

Paola es esa italiana de pelo corto que presume de canas y sabe llevar su importante nariz. Y sus gafas. Gianni acaba siendo ese tipo alto con barba canosa de dos días y jerséis de pico contra el frío y los resfriados, que gusta de hablar de enfermedades y fármacos porque, como buen italiano, es un extraordinario ejemplar de hipocondríaco.

Durante la cena, buena pasta y buen vino, pero sin ostentación, con esa sencillez que procura la verdadera elegancia, da la sensación de que todos tienen su cardenal favorito, pero, extrañamente, nadie quiere soltar prenda. Quizá es mi presencia, la de un periodista español, la que impide ciertas sinceridades. Solo dicen lo que la prensa ha publicado esta mañana.

—Dicen que los favoritos son Scola y Scherer, que es brasileño.

—Dicen, dicen. Nadie sabe nada.

Pero la cosa parece animarse. Mario, el otro invitado, se limpia los labios con la servilleta y sonríe.

—A mí me han dicho que puede haber una sorpresa.

—¿Quién te lo ha dicho, Mario?

—Alguien muy bien informado. Y ese alguien me ha dicho que la sorpresa la puede dar otro brasileño, que no es Scherer. Me refiero a João Braz de Aviz o algo así.

—Pero ese está en la curia. Además, eso lo ha escrito Marco Politi.

—Pues a mí me lo ha dicho alguien, repito, que suele estar muy bien informado. Y si esa opción no prospera, la jugada sería elegir al brasileño Scherer, que es verdad que es el favorito de la curia, y nombrar como secretario de Estado a un italiano que garantizaría una cierta continuidad. Scherer, no lo olvidemos, es un brasileño, cierto, pero su familia es de origen alemán. Y además de enérgico y decidido tiene mucha experiencia curial.

—¿Insinúas que si eligen a Scherer se trataría de una operación para fingir o aparentar que se renueva algo pero sin que eso sea cierto?

—Eso es lo que algunos sostienen.

Paola intenta recuperar a Angelo Scola, pero no tiene suerte. Mario es categórico.

—Mi amigo, el que me informa, cree que a pesar de que es el favorito de Benedicto XVI y de los cardenales más críticos con la curia, podría no beneficiarle el hecho de que es miembro del movimiento Comunión y Liberación.

Mario resulta ser un arquitecto milanés, alto, canoso y estudioso de los etruscos. Por eso nos ilustra diciéndonos que la palabra *vaticano* deriva, por supuesto, de la Colina Vaticana, que estaba consagrada a Apolo, pero, según el arquitecto, el origen de la palabra hay que buscarlo en los etruscos.

—Los sacerdotes etruscos profetizaban y auguraban en esa colina, en la Colina Vaticana. Y, claro, profetizar quiere decir 'vaticinar'. De ahí, derivaría, pues, según algunos, el nombre de Vaticano.

Parece que el otro invitado, el ausente, muy amigo de los propietarios de la casa, una familia de grandes industriales de origen milanés, no ha podido venir porque su avión se ha retrasado en el aeropuerto de Zúrich.

—Están contentos en Suiza.

—¿A qué te refieres, Gianni?

—A que se acaba de aprobar por referéndum que los accionistas de las compañías puedan vetar los famosos bonos que han hecho millonarios a tantos ejecutivos inútiles.

—Que precisamente por ser inútiles y arruinar empresas son indemnizados con bastantes millones.

—Pues eso en Suiza se ha acabado. Suiza siempre me ha parecido un país serio.

El gentilhombre de su Santidad, el invitado ausente, el amigo de Paola y Gianni que querían que conociese personalmente, fue nombrado por Juan Pablo II.

—Antes, a esos gentilhombres los llamaban «camareros de capa y espada» y los había secretos y de honor. Pero en 1968 Pablo VI abolió la corte vaticana y creó los llamados gentilhombres de su Santidad. Aquel buen papa, que tanto sufrió, decidió acabar con la Corte y la dejó en simplemente Casa Pontifica.

—¿Un gentilhombre es quien te acompaña y te presenta al papa?

—Si eres alguien importante, sí. Son quienes controlan la largura de las faldas de las mujeres, los hombros al descubierto, los trajes poco adecuados, etcétera. Visten un frac negro y chaleco blanco cruzado con seis botones y corbata de lazo con las llaves de san Pedro. Tienen fama de altivos, pero solo algunos lo son. El honor más alto al que puede aspirar un laico en el Vaticano es ser gentilhombre de su Santidad.

—¿Y son todos aristócratas?

—No todos. Algunos son banqueros, políticos, diplomáticos, etcétera.

Paola interviene y, mientras coge la copa de vino, dice:

—Algunos tampoco han sabido hacer honor a ese título. Todo lo contrario. Pero, en fin, así es el género humano. Y con la curia pasa igual. ¿Sabes lo que dice otro amigo nuestro? Pues que la demostrada y clamorosa incompetencia de la curia vaticana se debe a la poca calidad intelectual de sus miembros y a que demasiados de ellos son italianos. Parece que, ahora, de las diócesis solo envían a los menos dotados. Los obispos se quedan con los más inteligentes y aquí, a Roma, solo envían a los más zotes.

Es durante el café y el té, por supuesto, que Paola habla del tesoro que guarda en sus entrañas el palacete. Bajamos al vestíbulo del edificio, desplazan la alfombra, abren una especie de trampilla, encienden la luz y uno a uno descendemos hasta la vieja Roma, hasta un mitreo.

Se huele a humedad y Paola se convierte en la experta.

—Mitra, como ya sabéis, es un antiguo dios persa. Mirad: aunque un poco deteriorada, ahí está la escena taurina o, mejor dicho, tauróctona. Mitra, como Jesús, se encarnó y vivió en la Tierra. Y la iconografía casi siempre lo presenta naciendo de la piedra. Algunos opinan que hay bastante paralelismo entre el mitraísmo y el cristianismo.

Gianni niega con la cabeza.

—Hay algunas coincidencias, solo algunas. Por ejemplo, que ellos también celebraban una especie de comunión durante la cual se repartía pan y agua. Y también ellos santificaban el domingo.

—¿Y el toro era sacrificado?

—En determinadas ceremonias, sí. Parece que el culto a Mitra llegó a Roma a través del ejército romano.

—Igual aquí vivió en su día un general.

Abandonamos el pasado, regresamos al mundo contemporáneo y Mario, el arquitecto, asegura que muchos de los ataques que ha sufrido Benedicto XVI, por parte de los estadounidenses, se deben a que Juan Pablo II se negó a bendecir la invasión militar de Irak.

—Todo comenzó con Bush padre y, luego, siguió con su querido hijo. La negativa a dar la bendición al tema de Irak dio pie a que se airease toda la mierda de los sacerdotes pederastas.

—Pero esa mierda existía.

—Claro que existía. Y como católico me encanta que haya salido, pero también en la curia europea de Estrasburgo y Bruselas hay toneladas de esa misma mierda. O en la ONU, y nadie la denuncia. Y con ello no estoy justificando a la Iglesia, ojo, porque si alguien ha de dar ejemplo es la Iglesia. Yo solo digo lo que digo.

Al regresar a la residencia observo que en la plaza de San Pedro hay varios sacerdotes jóvenes rezando. Sus abrigos cruzados parecen sugerir que pertenecen a los Legionarios de Cristo, cuyo fundador, Marcial Maciel, ha sido una de las bombas termonucleares que mayor destrucción ha causado en la imagen de la Iglesia católica.

El cardenal Velasio de Paolis, delegado pontificio para la Legión de Cristo, declaró hace poco al colega Samuel Gutiérrez que hace ya tres años que él y sus consejeros comenzaron los trabajos para enderezar o sanar a la Legión. El cardenal hablaba de «purificar».

—Es muy cierto que un fundador de este tipo debe de haber influido en la estructura misma de la Legión, pero el mejor camino es el de la purificación. Estamos en ese camino de verificar las nuevas constituciones y posteriormente se nombrarán a los nuevos superiores. Algunos hubiesen querido que actuara con mano dura y apartando a las personas que formaban el gobierno de la Legión. Yo he preferido que camináramos juntos para resolver muchos de los problemas internos y externos, que ya han dejado de serlo. También hemos descubierto que no debemos fijarnos únicamente en la Legión, ya que en torno a ella gira otra realidad eclesial, grandiosa, formada por unas setenta mil personas de Regnum Christi.

38

Lunes, 11 de marzo del 2013; cinco mil seiscientos periodistas acreditados.

Los rosarios de Benedicto XVI ya no se venden a cinco euros sino a un euro.

En una emisora de radio se habla sobre la encuesta que el pasado sábado publicó *Il Corriere della Sera*, según la cual el candidato a papa más votado fue el capuchino estadounidense Sean O'Malley. El segundo era el brasileño Odilo Pedro Scherer. Y el tercero, el italiano Angelo Scola.

Luego se habla del cardenal filipino y arzobispo de Manila, Luis Antonio Tagle, hijo de madre china de la que ha heredado sus rasgos físicos. Sus 55 años quizá intranquilizan a muchos curiales. Tiene, *a priori*, mucha vida, muchos años por delante. Y eso es lo que no convence a algunos. Pero otros ven en él a un nuevo Juan Pablo II. Y no solo por su cualidades comunicativas, sino porque nadie mejor que él podría enfrentarse a la realidad político-económica que está emergiendo o que ya ha emergido en aquello que antes se denominaba el lejano Oriente y que muy pronto será el ombligo del mundo.

El cardenal Tagle confiesa que suele emocionarse muy a menudo y que cuando eso ocurre no oculta sus lágrimas.

—Soy de lágrima fácil.

Se dice de él que es un experto en las nuevas tecnologías y que, en su país, se le sabe muy próximo a los pobres.

Pese a ser un excelente comunicador, o precisamente por eso, Tagle siempre dice que la Iglesia debe regresar a lo fundamental, y también suele opinar que ha de redescubrir el poder del silencio. «Ante las penas, dudas e incertidumbres de las personas, la Iglesia no puede pretender dar soluciones rápidas y eficaces.»

El cardenal Tagle se emplea tan a fondo con el Twitter como el cardenal Ravasi. Pero el único cardenal que por la calle tiene aspecto de saxofonista de jazz es el cardenal sudafricano Wilfrid Fox Napier, que se toca con gorra casi inglesa y en vez del portafolios oficial de ejecutivo aburrido maneja un bolso negro parecido a esos tan modernos que usan muchos de los tipos de pantalón estrecho y corto para poder lucir calcetines que trabajan en el mundo de la moda.

Esta mañana, en la décima y última congregación general, el cardenal camarlengo Tarcisio Bertone ha informado a los cardenales electores sobre temas tan poco santos como son los relacionados con el IOR, es decir, lo que los periodistas llamamos el banco de Vaticano, que desde hace unas semanas tiene un nuevo director. Tema, este —el de la transparencia bancaria exigida por el Moneyval, órgano del Consejo de Europa encargado de revisar las medidas que toman los Estados para la lucha contra el blanqueo de dinero y la financiación del terrorismo—, que el portavoz Federico Lombardi, en su rueda de prensa, no ha calificado de prioritario para los cardenales electores.

La Casa Santa Marta está siendo en estos momentos «barrida», habitación por habitación, con objeto de que en ninguna de ellas se esconda algún aparato o mecanismo que permita comunicarse con el exterior. Y dentro de unas horas, en la capilla Paulina, el cardenal camarlengo Tarcisio Bertone presidirá la toma de juramento a las noventa personas que asistirán a los cardenales durante el cónclave y a las que se exige el compromiso de no revelar nada de lo que en la residencia acontezca. Además de al secretario del Colegio Cardenalicio, el maestro de Ceremonias Litúrgicas Pontificias y el asistente del cardenal que preside el cónclave, se tomará también juramento a los ceremonieros, religiosos y religiosas, confesores, conductores, médicos, enfermeros, cocineros, etcétera.

Algunas de las presuntas víctimas de abusos sexuales cometidos por sacerdotes, como Francesco Zanardi, se han citado hoy con varias televisiones europeas en la plaza romana Campo di Fiori para protestar porque alguno de los cardenales electores, como Domenico Calcagno, acusados de encubrir a sacerdotes pederastas, puedan estar presentes mañana en la Capilla Sixtina donde se elegirá al nuevo papa.

Zanardi muestra una carta escrita por el cardenal Calcagno y dirigida al entonces cardenal Ratzinger en la que pregunta qué debe hacer con el sacerdote Nello Giraudo, acusado de violar a Zanardi cuando este tenía diez años.

Parece que no hubo respuesta.

39

MARTES, 12 de febrero de 2013.

A las siete de la mañana los ciento quince cardenales electores han llegado a su nueva residencia: la Casa Santa Marta, llamada oficialmente Domus Sanctæ Marthæ. Casi todos ellos han dormido bien. Solo tres han dormido mal. Uno de ellos ha dormido mal porque ya hace días que le duele la vértebra cervical. Y el cardenal protodiácono Jean-Louis Tauran, que es quien anunciará el nombre del nuevo papa, no goza de buena salud. El otro cardenal que no ha dormido bien es alguien que teme salir elegido. Por eso esta noche tampoco ha pegado ojo. Sabe que no tiene posibilidades, pero, desde hace dos días, inexplicablemente, teme salir elegido.

Ese cardenal es un hombre tímido, que está satisfecho de haber formulado tres preguntas durante las congregaciones generales. O eso fue lo que le dijo hace unos días a un amigo suyo, muy influyente, que vive en Andorra.

Benedicto XVI sabe muy bien dónde está Andorra. Y no es un chiste fácil. El papa emérito sabe que Andorra existe. Y así lo volvió a demostrar hace unos días cuando se despidió de todos los obispos. Al saludar a Joan-Enric Vives, obispo de Urgell, que es, también, copríncipe de Andorra, volvió a decirle lo de siempre: «Usted y yo somos los únicos jefes de

Estado presentes en esta reunión.» El otro copríncipe ando-
rrano es el presidente de la República francesa.

Todo en la Casa Santa Marta es austero, pero todo en
ella es luminoso, todo en ella está limpio. Sus suelos brillan
como solo saben brillar los suelos de monja. Nada que ver,
pues, las noches cardenalicias de este cónclave con aquellas
que sufrían los cardenales electores hasta 1978.

Aquello, en el palacio Apostólico, era un lío de incómo-
dos colchones y mucho orinal, también incómodo, porque
cuando se tienen algunos problemas de próstata los pasillos
se hacen interminables y seis baños eran pocos baños para
tantos cardenales. Aquello eran camas estrechas de hierro
y celdas compartidas en las que el siempre humano ronqui-
do no deja de ser insoportable aunque sea humano, muy
humano.

Además, los cardenales tenían que hacerse ellos mismos
la cama. Y las ventanas, al estar selladas, aumentaban la sensación de agobio.

Fue, pues, Juan Pablo II, que sufrió dos veces aquellas
incomodidades, quien decidió hacer realidad la Casa Santa
Marta, que está a cargo de unas religiosas que pertenecen a
la orden de Hijas de la Caridad de San Vicente Paul. En la
residencia se cuenta que sor Rosa, una de las monjas, quizá
ya jubilada, quedó muy satisfecha cuando cierto cardenal,
apellidado Wojtyła, le preguntó si podía repetir ración de
tortellini.

Minutos antes de las diez de la mañana, los cardenales,
tocados con mitra blanca, avanzan por el pasillo central de
la basílica de San Pedro repleta de fieles y miembros del
cuerpo diplomático. Está a punto de celebrarse la misa *Pro
eligendo pontifice*. El humo y olor del incienso, las voces de

los coros vaticanos y la dignidad formal de algunos purpurados son profanados por las numerosas cámaras fotográficas, tabletas y teléfonos móviles que buscan su foto, esa moderna obsesión. No hay papa, pero da igual.

Entre todos los cardenales destaca el decano del Colegio Cardenalicio, Angelo Sodano, el Diplomático, que avanza con cara severa y empuñando un báculo. Parece un hombre distante. Tiene casi la misma edad que Benedicto XVI, pero no lo parece. Da la sensación de tener la boca seca. Será él quien, a las diez en punto, dentro de breves minutos, presida esta gran misa concelebrada por todos los cardenales, electores o no. La mirada de Sodano es una mirada muy atenta, muy escrutadora y algo o muy desconfiada. Y la presencia de un reloj en su muñeca izquierda no parece una imagen muy vaticana. Da la sensación de que le resta espiritualidad al momento. Lo que quiero decir es que a los papas que celebran misas en la basílica de San Pedro nunca se les ve el reloj, que es siempre sinónimo de prisa, eso tan humano y terrenal.

Quien parece más inmerso en la celebración y menos terrenal es el capuchino de Boston, el cardenal Sean O'Malley.

En su homilía, Angelo Sodano habla de la verdadera caridad que diferencia de la solidaridad, como ya hizo en su día Benedicto XVI. Define su papado como «luminoso» y ese adjetivo se ve interrumpido por un gran aplauso. Los que aplauden con menos devoción —quizá por responsabilidad— son los cardenales.

—La máxima obra de caridad es precisamente la evangelización.

Pero muchos periodistas, atentos a las dobles lecturas, no subrayarán la mención a la verdadera evangelización sino lo que ellos consideran que son dos indirectas o reproches contra Benedicto XVI. Porque el oficiante ha deseado que el nuevo papa tenga, entre otras cualidades, «capacidad de sacrificio». Y al desear, también, que el nuevo pontífice sea un buen pastor ha subrayado que «un buen pastor da la vida por sus ovejas».

Además de citar a Benedicto XVI, también cita a Juan Pablo II y a Pablo VI.

La monja negra que interviene para pedir a Dios que bendiga a los cardenales lo hace en swahili. ¿Significará eso que el próximo papa será africano?

Cuando el cardenal Sodano desciende del altar y se acerca a la fila de comulgantes que le esperan, le dice algo al ceremoniero que camina a su derecha. No parece el momento más adecuado para sugerir algo o impartir alguna orden, pero esa es la sensación que da.

En el lugar que ocupan los arzobispos se encuentra Georg Gänswein, aún prefecto de la Casa Pontificia, es decir, el introductor de embajadores y, desde luego, secretario personal de Benedicto XVI.

Y entre los periodistas comienza a correr el rumor de que el humo blanco, la fumata, se verá muy probablemente por la tarde. Según este rumor, parece, pues, que el Espíritu Santo tendrá muy en cuenta la televisión y el horario americano, que no es el mismo que el europeo.

También circulan dos novedades: la chimenea por la que saldrá el humo blanco ha sido iluminada con criterios cinematográficos. Y, esta tarde, cuando se cierre la puerta de la Capilla Sixtina, también determinado plano cinematográfico sorprenderá a quienes sigan la ceremonia por televisión.

Mientras se estaba celebrando la misa *Pro eligendo ponti-fice*, una inesperada y feroz tormenta de granizo, envuelta en un viento también desconsiderado, ha hecho de las suyas en Roma. Sobre todo entre los periodistas de los muchos canales de televisión, presentes en la plaza de San Pedro y al inicio de la Via della Conciliazione.

También a Enric Juliana, colega de la *Vanguardia*, le ha triturado su gabardina.

Lejos del Vaticano, aunque no muy lejos, algunos miembros del movimiento católico Somos Iglesia, presididos por el italiano Vittorio Bellavite y Marta Heizer, ofrecen una rueda de prensa en la que piden al Vaticano el final del eurocentrismo eclesiástico. Quieren también que el papa sea un obispo más, que defienda también los derechos humanos en la Iglesia, no solo fuera de ella, y piden, entre otras cosas, que los sacerdotes católicos casados puedan ser readmitidos.

40

Los cardenales electores se hallan sentados en la Capilla Paulina, que es para uso exclusivo del papa y la llamada familia pontificia. En ella está expuesto permanentemente el Santísimo Sacramento. Uno de los cardenales usa una silla de ruedas. En la Paulina pueden verse dos frescos de Miguel Ángel. El situado en la pared izquierda muestra la caída del caballo de Saulo y el situado en la pared derecha muestra la crucifixión de san Pedro.

Sobre esos dos frescos, recientemente restaurados, Benedicto XVI teorizó o dijo que los dos apóstoles protagonistas se miraban. Según el papa emérito, Pedro, en el momento de su muerte, gira su cabeza y mira al otro fresco donde está Saulo cegado por la luz que lo derriba del caballo. Y Benedicto XVI sostiene que Pedro parece querer buscar en el rostro de Saulo o Pablo la luz de la verdadera fe.

El rostro de Pablo es el del propio Miguel Ángel.

Sobre estos dos frescos de Miguel Ángel, el director de los museos vaticanos, Antonio Paolucci, opina que en ellos hay mucha más tensión dramática y exceso expresionista que en el famoso *Juicio Final* que se exhibe en la Capilla Sixtina.

Cuando Miguel Ángel los pintó tenía ya 70 años y mala salud, resentida por el exceso que le supuso pintar la Capilla Sixtina. En la Paulina, primero pintó el fresco de la caída de

Saulo y después el de la crucifixión de Pedro. Pero, según Paolucci, ya estaba obsesionado pensando en el proyecto de la cúpula de la basílica de San Pedro. Además, había fallecido su amiga y confidente, Vittoria Colonna, y poco después murió Pablo III, un Farnesio, quien, según Paolucci, fue el papa preferido del artista.

A la hora exacta, las 16:30 horas, la Guardia Suiza vestida con traje de gala se cuadra. Comienzan a escucharse las *Litaniæ sanctorum*, las letanías de los santos, y los cardenales electores se ponen de pie. Lentamente, formando una procesión de dos hileras, los cardenales electores abandonan la Capilla Paulina y, a través de la Sala Regia, donde el papa suele recibir al cuerpo diplomático, comienzan a dirigirse a la Capilla Sixtina. En la Sala Regia hay varios frescos de los pintores Taddeo Zuccari y de su hermano Federico: *La donación de Carlomagno* y *La conquista de Túnez*.

Los cardenales electores visten el hábito de coro, que consiste en sotana y fajín de lana de color rojo escarlata, roquete blanco con encaje y muceta y manteleta rojas, cruz pectoral, solideo y birrete rojos y calcetines también rojos.

Fue Pablo II quien decidió que los cardenales adoptaran en sus vestimentas el color púrpura, es decir, el rojo escarlata. Era el signo que evidenciaba que pertenecían al papa, porque el rojo siempre ha sido el color de los pontífices romanos.

No siempre han usado ese color. Antes vestían de color verde e incluso de color turquesa.

El solideo rojo es el casquete o símbolo más propio y evidente del cardenalato. La palabra *solideo* deriva de la expresión «soli Deo tollitur» y significa que 'solo ante la presencia de Dios', es decir, del Santísimo Sacramento, y durante la misa, desde el prefacio hasta la comunión, deben quitárselo.

Sobre el solideo se coloca el birrete, también rojo, que es un bonete de tres puntas forrado externamente con seda roja. Y ambas prendas, el solideo rojo y el birrete rojo, fueron decididas por el papa Gregorio XIV.

Se ha obrado el milagro, ese milagro que solo sabe procurar el canto gregoriano cuando se interpreta bien, cuando lo interpreta, como en este caso, la Capilla Musical Pontificia. Todo parece transformarse y alcanzar una dimensión sutil donde el pasado y el futuro parecen fundirse armoniosamente. La procesión cardenalicia, precedida por una cruz procesional, la abren el auditor general de la Cámara Apostólica, monseñor Giuseppe Sciacca, el maestro de las ceremonias litúrgicas pontificas, monseñor Guido Marini, dos miembros de la Junta de Protonotarios Apostólicos, dos miembros del colegio de los Prelados Auditores de la Rota Romana, dos miembros del Colegio de Prelados de Cámara, el secretario del cardenal Giovanni Batista Re, los ceremonieros pontificios, los miembros de la Capilla Musical Pontificia y el cardenal no elector Prosper Grech, que es quien predicará la primera meditación.

La procesión cardenalicia sigue avanzando lentamente en una doble fila, formada según el orden de precedencia. Las *Litaniæ sanctorum*, bien interpretadas, tienen la cadencia precisa para reflejar un momento importante o el prólogo de este. Parecen especialmente concebidas para ser cantadas mientras se camina, mientras se avanza. Y al escucharlas es difícil no imaginarte un monasterio europeo en su época de mayor esplendor.

—*Pater De caelis, Deus.*

—*Misere nobis.*
—*Fili, redemtor mundi, Deus.*
—*Misere nobis.*

Y luego se invoca a los santos y a las santas, a los profetas y hasta a algún papa. En la apertura de este cónclave se invoca, por primera vez, a aquellos a quienes no siempre se ha invocado: Moisés, Abrahán, Elías, santa Rosa de Lima, san Frumencio de Etiopía, san Marón del Líbano, etcétera.

En el interior de la Capilla Sixtina los cardenales son recibidos por el prefecto de la Casa Pontificia, arzobispo Georg Gänswein; el sustituto de la Secretaría de Estado, arzobispo Angelo Becciu; el secretario para las relaciones con los Estados, arzobispo Dominique Manberti; el comandante de la Guardia Suiza Pontificia, Daniel Rudolf Anrig; los religiosos y religiosas encargados de la sacristía, sacerdotes, confesor y el personal de servicio autorizado.

A medida que los cardenales electores van entrando en la Capilla Sixtina y ocupan sus puestos, ante los cuales hay un ejemplar de la Constitución de la Iglesia, la realidad vence por primera vez, gracias a la televisión, a la ficción, a ciertas películas de Hollywood. El último en entrar en la Capilla Sixtina es el decano de los cardenales electores, que es Giovanni Batista Re. Pero incluso transmitir una ceremonia en directo tiene sus riesgos. En estos precisos instantes se puede ver, por ejemplo, cómo el cardenal indio George Alencherry, de la Iglesia siro-malabar, no puede impedir un profanador aunque muy humano bostezo.

Cesan las letanías de los santos y, guiadas por el órgano, las voces del coro de la Capilla Sixtina inician las primeras notas del *Veni Creator*, que es el himno con el que se invoca al Espíritu Santo.

Veni Creator Spiritus.
Mentes tuorum visita.
Imple superla gratia
Quæ tu creatis pectora.

Ven Espíritu Creador.
Visita nuestras mentes.
Llena con tu gracia infinita
nuestros corazones.

La Capilla Sixtina aparece amueblada con ciento quince sillas de madera de cerezo y doce mesas corridas también de
madera, cubiertas con paños de color beige y granate.

Cesa el himno *Veni Creator* y el cardenal Re, decano de los
cardenales electores, en nombre de todos, pronuncia el siguiente juramento que es seguido también por los cardenales.

Todos y cada uno de nosotros, cardenales electores, presentes en
esta elección del Sumo Pontífice, prometemos, nos obligamos y
juramos observar fiel y escrupulosamente todas las prescripcio-
nes contenidas en la Constitución Apostólica del Sumo Pontífice
Juan Pablo II *Universi Domini Gregis* emanada el 22 de febrero
de 1996.

Igualmente prometemos, nos obligamos y juramos que cual-
quiera de nosotros, que por disposición divina sea elegido Pontífice Romano, se comprometerá a ejercer fielmente el *munus petri-
num* de pastor de la Iglesia universal y no dejará de afirmar y de
defender intrépidamente los derechos espirituales y temporales y
también la libertad de la Santa Sede.

Prometemos y juramos observar con la máxima fidelidad hacia todos, tanto clérigos como laicos, el secreto sobre todo lo que
está relacionado de alguna manera con la elección del Pontífice
Romano y sobre todo lo que pasa en el lugar de la elección referente, directa o indirectamente, al escrutinio.

Prometemos y juramos no violar de ninguna manera este secreto, tanto antes de la elección del nuevo Pontífice como después, a no ser que el Pontífice conceda una autorización explícita.

Prometemos y juramos no dar soporte o favorecer cualquier interferencia o posición o cualquier forma de intervención con la cual las autoridades seculares de cualquier orden o grado o cualquier grupo de personas o individuos podrían inmiscuirse en la elección del Pontífice Romano.

A continuación cada cardenal elector, según el orden de precedencia, abandona la silla que le han asignado y se dirige al centro de la Capilla Sixtina donde aparece abierto un ejemplar del Evangelio sobre el que se dispone a jurar. El primero en hacerlo es el cardenal Re. Y el segundo, el cardenal Bertone.

—Y yo, Tarcisio, cardenal Bertone, lo prometo, me obligo y lo juro.

Y poniendo la mano sobre los santos Evangelios añade:

—Que Dios y estos Santos Evangelios que toco con la mano me ayuden.

Observando las muecas de asombro y admiración hacia la obra de Miguel Ángel que hace el estadounidense cardenal Dolan se corre el riesgo de creer que posiblemente está actuando para la televisión. O quizá es así siempre de espontáneo. Nada que ver con su compatriota, el arzobispo O'Malley, el capuchino, que conmueve por su recogimiento espiritual, sin duda sincero.

Cuando el último cardenal elector, el estadounidense Michael Harvey, ha prometido, se ha obligado y ha jurado sobre el Evangelio, Guido Marini, el maestro de las celebraciones pontificias, grita:

—*Extra omnes.*

Fuera todos.

Fuera todos los que son ajenos al cónclave.

Y, lentamente, van abandonando la Capilla Sixtina los ceremonieros, los fotógrafos, los operadores de televisión, el privilegiado cronista Giovanni Maria Vian, director de *L'Osservatore Romano*, el portavoz Federico Lombardi, el mismísimo Georg Gänswein, secretario personal de Benedicto XVI, o el comandante de la Guardia Suiza, Daniel Rudolf Anrig, en cuyo casco luce una espectacular pluma blanca de avestruz.

Mientras observo al comandante pienso en cierto cardenal, gran historiador, que hace ya muchos años me dijo que no volviera nunca más a atribuir el uniforme de la Guardia Suiza a Miguel Ángel.

—No. Tal vez Miguel Ángel diseñó el primero, pero el actual es obra de un comandante de la propia Guardia Suiza, Jules Repond. Sí es verdad que los colores azul, rojo y amarillo eran los colores de los Medici.

Pocos uniformes militares evocan tanto como el de la Guardia Suiza.

Pero me he distraído y la ceremonia vaticana continúa. Plenamente consciente de que por primera vez las cámaras de televisión están transmitiendo en directo este momento, Guido Marini cierra solemne y lentamente la puerta de la Capilla Sixtina.

Son exactamente las 17:31.

En el interior de la Capilla Sixtina ya solo se encuentran, pues, los cardenales electores y el encargado de dirigirles la segunda meditación, el Predicador, que en esta ocasión es el cardenal agustino Prosper Grech, maltés. Es muy probable que su meditación haga hincapié en la exigencia de votar pensando solo en Dios y en el bien de la Iglesia católica. Luego, tanto el Predicador como el maestro de ceremonias litúrgicas pontificias abandonarán la Capilla Sixtina y ya solo permanecerán en ella los cardenales electores.

Antes de la Constitución elaborada por Juan Pablo II, la elección del nuevo papa podía ser por aclamación, por compromiso y por escrutinio. La elección por aclamación consistía en que todos los cardenales electores, en teoría sin haberse puesto previamente de acuerdo, decidían levantarse de sus estrados y de una manera espontánea proclamaban papa a uno de los cardenales electores.

La elección por compromiso consistía en que ante la imposibilidad de ponerse todos de acuerdo se elegían a dos o tres cardenales para que fueran ellos en nombre del resto quienes eligieran al nuevo papa.

Desde Juan Pablo II la elección del nuevo papa solo puede producirse por escrutinio. Y Benedicto XVI, en su *motu proprio* dado en Roma, junto a San Pedro, el 22 de febrero del año 2013, octavo de su pontificado, estableció que para la elección válida del romano pontífice se requieren al menos los dos tercios de los votos, calculados sobre la totalidad de los cardenales electores presentes y votantes.

El procedimiento del escrutinio se desarrolla en tres fases: previa, propiamente dicha y posterior.

En el escrutinio previo, el último cardenal diácono ha elegido por sorteo a tres escrutadores, tres *Infirmarii*, que serán los encargados de recoger los votos de los cardenales que se encuentren indispuestos en la residencia Santa Marta, y tres revisores.

Pero todo es silencio ahora mismo en la Capilla Sixtina. Silencio, algún carraspeo y alguna tos. Y la tos siempre es contagiosa incluso en la Capilla Sixtina.

Cada cardenal elector escribe ahora el nombre de su elegido en una de las dos o tres papeletas blancas que los ceremonieros les han entregado hace unos minutos, papeletas blancas en las que figura la leyenda «Eligo in Summum Pontefícem» bajo la que cada cardenal escribe el nombre de su elegido, desfigurando su letra.

Poco a poco, tras escribir en una papeleta el nombre del elegido, los cardenales doblan la papeleta por la mitad, la mantienen levantada en la mano y se dirigen al altar donde están las urnas. Antes de depositar en ellas la papeleta doblada, cada cardenal elector dice lo siguiente:

—Llamo como testigo a Cristo Señor que juzgará si mi voto es dado a aquel que, según Dios, considero debe ser elegido.

A continuación cada cardenal elector deposita en la urna su papeleta.

Al final de la votación, el primer escrutador agita la urna y el tercer escrutador traslada las papeletas, una a una, al interior de un cáliz.

Los escrutadores se sientan frente al altar. El primer escrutador desdobla la papeleta y lee el nombre del cardenal que figura en ella. El segundo escrutador repite el nombre y el tercer escrutador anota el nombre, vuelve a leerlo en voz alta, atraviesa las papeletas con una aguja sobre la palabra «eligo» y las ensarta o une con un hilo.

Las papeletas serán posteriormente quemadas en una de las dos estufas o salamandras instaladas en la Capilla Sixtina. Una de ellas es histórica, de hierro fundido, y conoció a

Pío XII. Fue fabricada en 1938 y se utilizó por primera vez durante el cónclave del que salió elegido Pío XII en 1939. En esa estufa están grabadas las fechas de todos los cónclaves posteriores: 1958, 1963, 1978 y 2005. En esta estufa, en la histórica, se queman las papeletas de las votaciones.

La otra estufa se fabricó en 2005 y se usó por primera vez ese mismo año, durante el cónclave del que salió elegido Benedicto XVI, pero solo para, mediante ciertos productos químicos, lograr el humo blanco y negro. Porque utilizar paja mojada o seca para lograr el color deseado, pese a lo que se diga y escriba, es ya historia.

41

Un burdel.

Así, con esta expresión, despachó el *Juicio Final* de Miguel Ángel un papa, concretamente Pablo IV.

Y a Pío IV le dio por poner taparrabos al arte y para ese menester mandó llamar a Daniele da Volterra, que ya para siempre sería conocido como *Il braghettone*.

Y Clemente VIII, más expeditivo, ordenó que todo aquello tan desnudo se cubriera con cal. Pero, afortunadamente, no le hicieron caso.

Que yo sepa, el único papa que intentó algún poema sobre el fresco de Miguel Ángel fue Juan Pablo II, de quien ahora nos dicen que ya escribió imaginando la posibilidad de la coexistencia de dos papas. Uno de ellos emérito, claro.

Solo hay músculos, carne, cuerpos en ese *Juicio Final* que ignoro si los cardenales miran, pero que estoy convencido de que no ven.

Ningún paisaje. Solo carne, solo músculos en ese fresco tan fotografiado y mirado con ojos de turista que son unos ojos que no ven nada porque nada se puede ver y mucho menos contemplar si alguien te empuja con su mochila, con su cámara fotográfica, con su tableta, con su móvil o con sus prisas de turista, que son unas prisas que bostezan mucho y que siempre están pensando en la hora de comer y en la de cenar.

Solo músculos, carne, cuerpos.

Así lo quiso Michelangelo Buonarroti, de nariz torcida, ojos feroces y arrugas de quien se sabe envidiado, perseguido y quizá atormentado por él mismo o por la sociedad. O por el arte, que siempre es tormento para el verdadero artista.

Quiso músculos, solo músculos, carne, cuerpos.

La mirada de Miguel Ángel es, quizá, la mirada más golosa que ha existido. Pintaba como miraba. O como veía. O como imaginaba. O como deseaba. O como se atormentaba.

Cuerpos, cuerpos desnudos veía Francisco de Holanda, y Miguel Ángel le respondió: «¿Qué persona inteligente no sabe que la piel del hombre es más noble que sus vestidos y que sus pies son más hermosos que sus zapatos más bonitos?»

Astuto y rápido, el Buonarroti.

Más de cuatrocientos personajes que caen. O se precipitan. O son resucitados. O se amontonan sombríos, oscuros, en la barca de Caronte. Salvados y condenados. Viejas de senos caídos, desmayados, y jóvenes de senos pletóricos. Todo ello alrededor de un Cristo casi pelirrojo o rubio de feroz mano derecha y brazo poderoso, como de herrero antiguo o estibador. Músculo y fuerza. Un Cristo que tampoco parece querer escuchar a su madre, quien tal vez ha intentado interceder por alguien. Un Cristo que juzga, es decir, que condena y salva, mientras los ángeles hacen sonar sus apocalípticas trompetas, que no son siete, como en el libro, sino ocho. Tinieblas y miradas aterrorizadas. Y esa mano derecha de Cristo que no parece el Cristo del amor del que tanto ha hablado Benedicto XVI, pero los artistas son lo que son y hay que dejarles que pinten o esculpan en libertad.

El *Libro de la Vida* y el *Libro de la Muerte*. Y en la piel del desollado, de san Bartolomé, aparece el rostro de Miguel Ángel, del artista atormentado porque para pintar el rostro del santo desollado se inspiró en el satírico Pietro Aretino, otra provocación.

Y las llaves te ayudan a descubrir a san Pedro. Y el ceño fruncido, como de campesino antiguo y con soles, a san Pablo. La cruz en forma de equis habla de san Andrés. Y la parrilla te cuenta el olor de la carne quemada de san Lorenzo. Y también están ahí santa Catalina y los también santos Sebastián y Blas.

Ignoro las razones, pero en estos momentos en que vuelven a estar reunidos en la Capilla Sixtina los cardenales electores, quienes acuden a mi mente son el biblista y hebraista Gianfranco Ravasi y el de la bicicleta, el que ha estado acudiendo a las congregaciones generales en bicicleta. Y el de la bicicleta, dicho sea con todos los respetos, es el cardenal francés nacido en Rabat, Marruecos, Philippe Barbarin, que solo tiene 62 años y que, además de saber tocar el piano, como Benedicto XVI, es seguidor de Tintín, como el amigo Vian, el director de *L'Osservatore Romano*.

Ya sé que muchos de los espectadores que han seguido en directo el juramento de los cardenales electores en la Capilla Sixtina han querido ver en el sincero recogimiento espiritual del cardenal O'Malley un signo divino, un guiño del Espíritu Santo, pero yo pienso ahora mismo en el cardenal Ravasi.

Gianfranco Ravasi, que es la sonrisa, la cercanía, se pone el solideo a su manera, que es una manera que parece mirarse poco en el espejo. O acaso es que gasta un solideo de mayor tamaño y por eso da la sensación de que se lo pone mal, como muy encasquetado.

Con ese solideo rojo puesto, muy puesto, muy encasquetado, el cardenal Ravasi recuerda, a veces, a Juan XXIII, pero en más culto y sensible para las cosas del arte, que es lo suyo. Incluso en más curioso, porque Ravasi, que habla todas las lenguas y que apenas duerme para así poder leer más libros, escucha o ha escuchado canciones incluso de aquella Amy Winehouse tumbada por el alcohol y que era una voz de negra en una chica blanca con las medias voluntariamente rotas y unos pelos tan exagerados que empequeñecían aún más su breve estatura. Aquellos pelos de la pobre chica Amy parecían un enjambre de turbulencias, de insatisfacciones, de poses que quizá acabaron convertidas en dramáticas realidades.

O sea, que un día se cayó definitivamente y no volvió a levantarse.

Y pese a eso, o precisamente por eso, el cardenal Ravasi, presidente del Consejo Pontificio de la Cultura, escucha sus canciones, cuyas letras le sirven para saber cómo son algunos de los jóvenes de ahora mismo. Porque la juventud, como también decía Benedicto XVI, la juventud es diversa. Ravasi está, pues, en lo más nuevo y en lo clásico, porque el rock es ya un clásico.

La prueba de que Ravasi está también con el rock, eso tan clásico, es que no hace mucho recibió, conversó y se fotografió con la banda de rock The Sun. Luego se dirigió a padres, curas, políticos, maestros, etcétera, y les pidió que hicieran examen de conciencia por la insoportable complejidad social, política y religiosa que han creado los adultos.

A Ravasi, triunfador en Twitter, que utiliza para citar la Biblia y a sus autores favoritos, le preocupa que el lenguaje de la Iglesia no sea siempre comprensible para algunos. Él sabe hablar incluso árabe y por eso, además de leer a los que todos leen, por ejemplo, Goethe, Shakespeare o Sciascia, lee también a Khalil Gibran, escritor y poeta libanés, que es el verdadero autor de aquella frase que le robó un escritor de discursos de John F. Kennedy. Sepan, pues, que cuando alguien cite a Kennedy y diga aquello de que no hay que preguntarse qué puede hacer mi país por mí sino que hay que preguntarse qué puedo hacer yo por mi país, esa frase, insisto, es de Khalil Gibran.

—El mundo laico y el eclesiástico se han distanciado. Lo importante es que los no creyentes conozcan mejor la cultura cristiana y los creyentes sean más respetuosos cuando se refieren a la cultura laica.

El de la bicicleta, el cardenal Barbarin, estos días previos al cónclave creía que el nuevo papa será más libre que Benedicto XVI. Y recordaba en *El Mundo*, en una entrevista de Juan Manuel Bellver, la carta que al inicio del anterior cónclave se encontró en su silla y que decía: «Se ruega a quien salga elegido que acepte, porque, aunque él no lo entienda, los cardenales siempre saben lo que hacen.» También decía que el nuevo papa deberá enfrentarse decididamente al diálogo con otras religiones, sobre todo con el islam. Y a la curia con objeto de reformarla. Y no se olvidaba tampoco del papel de la mujer en la Iglesia.

Barbarin, maratoniano, ciclista y también aficionado a la astronomía, tiene el ojo afilado y no rehúye la pregunta cuando esta tiene que ver con ciertas declaraciones suyas que levantaron una cierta polémica en Francia.

—Lo que dije me sigue pareciendo una evidencia, es decir, que la legalización del matrimonio homosexual puede conducir al incesto. Esa ley parte de un eslogan y eso es siempre muy peligroso. El eslogan es «Matrimonio para todos», pero aunque todos pueden casarse con quien quieran uno no se puede casar con su madre o con su hermana o hermano. Y la pregunta es que, si ese eslogan se convierte en ley, podríamos encontrarnos con que algunos quieran casarse con su hija o hijo, es decir, que el incesto podría legalizarse.

La Capilla Sixtina me recuerda a aquel cardenal español, Vicente Enrique y Tarancón, que, en cierta ocasión, me contó que cuando el cónclave decidió elegir a Albino Luciani, es decir, al breve Juan Pablo I, este se negó en un principio a aceptar el papado. «Es demasiado peso para mí.» Y el cardenal Tarancón, socarrón, fumador y valiente, aquel valenciano que siempre miraba como guiñando un ojo, le dijo al apurado Albino: «Cuando Dios te impone un peso siempre te da al mismo tiempo la fuerza suficiente para poder sobrellevarlo.»

De momento, esta tarde, el Espíritu Santo no parece tener prisa. Quizá considera que ninguno de los cardenales electores tiene una buena y sólida *cordata*, que es como los italianos denominan al grupo de amigos influyentes o la red de influencias que todo el que manda debe tener si quiere vivir con una cierta tranquilidad.

Efectivamente, la primera *fumata*, como ya se esperaba, ha sido negra.

42

—OTRA VEZ NEGRO.

Es la segunda fumata negra. La primera fue la de ayer martes. Y es preciso reconocer que los responsables de las fumatas se han esmerado. Es tanto y tan intenso el humo negro que sale de esa chimenea para que no haya confusiones, que tal vez se les ha ido la mano.

Además, ciertos errores de interpretación daban sin duda mucho tema de conversación.

De ciertas lágrimas y emociones, nunca comparables con las que provoca la muerte de un papa, la plaza de San Pedro ha pasado a ser una mirada fija y muy puesta en esa chimenea antigua y sujeta con varios cables, que han instalado en el techo de tejas de la Capilla Sixtina.

Los mercaderes romanos, que ya han jubilado casi todos los *souvenirs* de Benedicto XVI, parecen tenerlo muy claro:

—Benedicto XVI es el pasado.

—¿Y Juan Pablo II no?

—El papa polaco es eterno.

Este miércoles, la mañana romana lo sigue siendo de paraguas. Pese a ello, en la plaza de San Pedro, una familia mexicana se va turnando con objeto de no perder el puesto que uno de sus miembros, el más madrugador, ha decidido hacer suyo.

—Hombre, estar en Roma y no poder ver el momento en que sale el humo blanco sería imperdonable.

Observando detenidamente la chimenea de las fumatas se comprueba que es una chimenea vieja y humilde, como de pueblo olvidado, y, por consiguiente, ajeno a cualquier tipo de mundanidades. Bajo esa chimenea, bajo ese techo de tejas, bajo ese tejado, nadie diría que se encuentra la Capilla Sixtina, sino una familia de ancianos campesinos ya jubilados que sigue prefiriendo el espectáculo del fuego y sus brasas a la televisión.

Un colega italiano me cuenta que, ante los errores que provocaban aquellos humos antiguos y humildes, los cardenales estadounidenses, quizá influidos por sus periodistas televisivos o fotógrafos, propusieron que la chimenea y sus dudosos humos fuesen sustituidos por un marcador electrónico en el que se leyera «Sí» o «No».

Los yanquis siempre tiran al estadio, al béisbol.

Habrá pues que reconocerle a la curia romana que en algunas cosas sabe lo que hace. Porque no todos los cambios que algunos proponen son buenos. Quizá sí lo haya sido sustituir la paja mojada y la brea para lograr el humo blanco o negro.

Hoy, en su rueda de prensa habitual, Federico Lombardi ha contado que el humo negro se logra con una combinación de perclorato de potasio, antraceno y azufre. Y el humo blanco se logra con perclorato de potasio, lactosa y colofonia, también conocida como «pez de Castilla», que es una resina natural de color ámbar obtenida de las coníferas.

Oscurece y el frío parece que aumenta. Y sigue lloviendo.

Poco a poco la plaza de San Pedro se va llenado de fieles, romanos y turistas. Una gaviota se posa sobre el sombrero de la chimenea y, gracias a la televisión, se hace famosa en todo el mundo. Quizá se trata de un signo, pero las gaviotas tampoco son ya lo que eran. Hay gaviotas en todas partes. Hasta en las ciudades sin puerto. La culpa es de los vertederos. Con las cigüeñas pasa lo mismo.

El humo tarda demasiado en aparecer, pero, a pesar de la lluvia y el frío, los paraguas resisten en la plaza de San Pedro. Veo banderas estadounidenses, brasileñas, argentinas, españolas, mexicanas, muchas banderas mexicanas.

Y de pronto, a las 19:05, aparece el humo y es de color blanco.

Entre los periodistas, un italiano asegura que la cuenta que tenía en Twitter el cardenal Angelo Scola ha sido eliminada.

—Es Scola, el elegido es Scola. Ahora sí que lo tengo claro.

Y la red se llena de titulares asilvestrados que dicen así: «Scola, el nuevo papa», o «el papa Scola».

Llueve, sigue lloviendo, pero la plaza de San Pedro se va llenando como en las grandes ocasiones.

Aparece una banda de música, la Banda de San Pedro, que, mientras desfila y toca una marcha, parece querer convertir este momento en un rato de fiesta mayor. Tras ellos aparecen los miembros de la Guardia Suiza con sus cascos metálicos, cascos como los de aquellos tercios españoles que combatían o perdían en Flandes o conquistaban las tierras de América. Y tras ellos va otra banda de música, la de los *carabinieri*, que es otra cosa, otra banda, más peliculera, más de comedia italiana con Vittorio de Sica en el papel de comandante o de aquel Carotenuto, que no recuerdo qué graduación tenía. Y luego llegan los ejércitos: el de Tierra, la

Marina y los del Aire que aportan una nota bélica que quizá no le sienta nada bien a todo lo que va a ocurrir dentro de unos minutos.

El comandante de la Guardia Suiza y el de los *carabinieri* parecen disponerse a intercambiar los mandos durante un rato. Tras las posturas marciales de rigor, con esos taconazos, esos movimientos de sable y esas cosas tan ensayadas y verticales, el comandante de la Guardia Suiza se coloca ante los *carabinieri* y el comandante de los *carabinieri* hace lo propio frente a los guardias suizos. Los intercambios de mando, el mensaje de fraternidad, se hace también extensivo a las bandas de música. La Banda de San Pedro, que es la del Vaticano, interpreta el himno oficial de Italia y la plaza de San Pedro se convierte en algo muy parecido a una final de fútbol de la Champions League. Todos los italianos, sobre todo los jóvenes, comienzan a cantar su himno. Luego, la banda del cuerpo de *carabinieri* interpreta el himno oficial del Vaticano, que no es coreado por nadie.

Y llega el momento. La puerta que da acceso al balcón o logia central de la fachada de la basílica de San Pedro se abre definitivamente y aparece el cardenal protodiácono, Jean-Louis Tauran, que sufre de Parkinson.

—*Annuntio vobis gaudium magnum: Habemus papam. Emminentissimum ac Reverendisimum Dominum Georgium Marium Sanctæ Romanæ Ecclesiæ Cardinalem Bergoglio qui sibi nomen imposuit Franciscum.*

Y el elegido resulta ser un argentino, el jesuita y cardenal Jorge Mario Bergoglio, que se ha decidido por el nombre de Francisco, en memoria de Francisco de Asís.

Nuevamente los periodistas y desde luego los vaticanistas nos hemos equivocado. Nadie ha acertado. Pero los italianos no suelen entretenerse en estas cosas y se dedican a contar lo que ya sabíamos, pero que ahora adquiere una nueva dimensión. Porque este nuevo papa fue quien en el cónclave anterior imploró, eso aseguran, que no lo votaran a él, que votaran a Joseph Ratzinger.

—¿Por qué habrá aceptado ahora?

—Porque quizá ha entendido que ese era su destino. Pero es que no ocurrió como nos lo han contado. No es que se asustara ante lo que le caía encima sino que para evitar un empate, que ya duraba demasiado, sugirió que no se votara a él sino a Ratzinger.

—Esta versión gustará más a los argentinos.

Hay un cierto desconcierto coreográfico o protocolario cuando el nuevo papa Francisco se asoma al balcón o logia. El elegido parece un hombre tímido, interior, que, físicamente, recuerda a Pablo VI y también a Juan XXIII, pero con muchos menos quilos. No luce la muceta papal ni la estola. Viste únicamente la sotana blanca. Y la cruz pectoral no brilla porque ni siquiera es de oro. Y la montura de sus gafas parece evidenciar que este argentino no se mira demasiado en el espejo y que si usa gafas no es para lucirlas sino porque las necesita para ver.

En realidad, más que un papa parece un actor de película de bajo presupuesto vestido de papa.

O quizá es que se ha quedado ensimismado pensando en sus padres: dos emigrantes italianos, piamonteses.

Pero la primera sorpresa que ofrece Francisco es que, antes de impartir la bendición *Urbi et orbi*, antes de colocar sobre sus hombros la estola papal, pide a todos los presentes en la plaza de San Pedro que recen una oración por él, por el nuevo papa. Y si su aparición no ha sido triunfal sino torpe y rígida, demasiado rígida, con los brazos pegados al cuerpo, ese gesto suyo, esa inclinación del cuerpo hacia la plaza, hacia quienes ya han comenzado a rezar por él, puede indicar o simbolizar que su papado será otra cosa. Y eso es algo que parece advertirse en el rostro del maestro de Ceremonias Litúrgicas Pontificias.

Yo conozco personalmente a este papa. Lo conocí cuando era cardenal de Buenos Aires. Lo conocí en su muy querida ciudad. Y aunque no quiso concederme una entrevista, sí tuvo la amabilidad de hablar conmigo un buen rato a condición de que no publicara nada de lo que habláramos. Luego, viajamos juntos en el metro, que es uno de los medios de transporte público que solía utilizar para desplazarse por Buenos Aires. Porque nunca o casi nunca usó el coche oficial ni vivió en el Palacio Episcopal. Y en el metro pude comprobar que sus conciudadanos lo querían porque solía visitar esos enormes conjuntos de barracas, las llamadas «villas miseria», que rodean Buenos Aires. También sabían sus conciudadanos que cuando algún sacerdote enfermaba era el propio cardenal quien lo sustituía en su parroquia los días que fuesen necesarios.

Los bonaerenses adoraban a este hombre, que, entonces, cuando yo le conocí, era su cardenal. Un cardenal valiente que se enfrentaba a los políticos, a los poderosos, y que defendía a los pobres. Era un cardenal austero que predicaba con el ejemplo.

Y ahora, cuando lo veo vestido de papa, cuando lo veo convertido en papa, en Francisco, lo recuerdo celebrando un *Te Deum* en la catedral metropolitana de Buenos Aires.

También allí, en primera fila, en la catedral, estaba el llamado Hombre Mediocre, aquel presidente Eduardo Duhalde que tenía hechuras de actor secundario de una película de Coppola con padrinos y ahijados. Tremenda la cara que se le iba poniendo al mandatario argentino, al de la banda y la vara de mandar y a su mujer, la Chiche, a medida que el cardenal Jorge Mario Bergoglio les iba dando con un trozo del evangelio según san Lucas.

—Jesús entró en Jericó y atravesaba la ciudad. Allí vio a un hombre rico llamado Zaqueo, que era el jefe de los publicanos...

El señor cardenal, que entonces solía definirse como un jesuita que trabajaba de cardenal, usaba unas gafas políticamente escépticas que quizá sean las mismas que usa esta tarde romana o vaticana. Gafas antiguas, despeinadas las cejas y el cabello blanco tampoco con demasiado peine. Por detrás de él andaban las cámaras de televisión. Y el presidente de la República argentina y su señora, la Chiche, estaban flanqueados por dos granaderos de elevada estatura.

—Zaqueo quería ver a Jesús, pero no podía a causa de la multitud y porque era hombre de baja estatura...

Y yo veía que el presidente y su mujer, la Chiche, comenzaban a cabrearse porque ignoraban si aquello que estaba diciendo el cardenal estaba escrito en el Evangelio o era una descripción física del ínclito Duhalde.

—Y como era de poca estatura y quería ver a Jesús se adelantó y decidió encaramarse a un sicomoro para poder verlo. Y se encaramó. Y al llegar al sicomoro, Jesús miró hacia arriba y le dijo: «Zaqueo, baja pronto, porque hoy tengo que alojarme en tu casa...»

Zaqueo, en boca de un argentino, aunque este sea cardenal, suena *saqueo*. O sea, que a medida que el cardenal avanzaba en la lectura evangélica uno veía que el señor presidente se sentía cada vez más aludido y que le iba aumentando la temperatura del cabreo. La Chiche, de rosa y bolso, se llevaba la mano izquierda a la boca, mientras el Hombre Mediocre desorbitaba su mirada.

—Pero Zaqueo dijo resueltamente a Jesús: «Señor, voy a dar la mitad de mis bienes a los pobres y, si he perjudicado a alguien, le daré cuatro veces más.» Y Jesús le dijo: «Hoy ha llegado la salvación a tu casa, ya que también este hombre es un hijo de Abrahán, porque el Hijo del Hombre vino a buscar y a salvar lo que estaba perdido.»

En ese preciso instante el cardenal se ajustó las gafas de ver y prosiguió diciendo:

—Quizá, como pocas veces en la historia argentina, nuestra malherida sociedad aguarda una nueva llegada del Señor. Hemos vivido mucho de ficciones, creyendo estar entre los primeros del mundo. Debemos reconocer con dolor que, entre los propios y los opuestos, hay muchos Zaqueos con distintos títulos y funciones. Zaqueos que intercambian papeles en un escenario de avaricia casi autoritaria, a veces con disfraces legítimos…

Tosía la catedral metropolitana de Buenos Aires, a uno de los hieráticos granaderos le dio como un picor en el sable, y el Hombre Mediocre ya no sabía qué hacer con la vara de mandar.

—Una vez convertido, Zaqueo debe reconocer su estafa usurera y devolver lo que robó. Contemplemos el final de la historia: un Zaqueo avenido a la ley, viviendo sin complejos ni disfraces junto a sus hermanos, viviendo sentado junto al Señor, deja fluir confiado y perseverante sus iniciativas, capaz de escuchar y dialogar y sobre todo de ceder y compartir con alegría de ser.

Cuando los cardenales dicen en voz alta lo que otros no pueden decir, quedan más fotogénicos, más católicos, más cardenales.

Así tronaba aquel cardenal argentino que acaba de ser elegido papa, así tronaba el nuevo Francisco.

Confiemos en que la curia no lo dome.

Y llueve, sigue lloviendo en Roma.

43

Abandono con un colega italiano la plaza de San Pedro, le hablo de mi conversación con el entonces cardenal Bergoglio y de aquellos terribles días transcurridos en Buenos Aires cuando estalló «el corralito», es decir, la imposibilidad de recuperar el dinero que los ciudadanos tenían en los bancos, y Mario sonríe sarcástico.

—Si el nuevo papa es como tú aseguras…

—Yo te he contado parte de lo que hablé con él, lo que me dijeron de él y lo que vi con mis propios ojos. Y, por supuesto, también tenía enemigos, pero…

—De acuerdo, de acuerdo. Pero déjame acabar de hablar. Si este hombre es como tú aseguras que es, no dudes ni un segundo que la curia le cortará las alas.

—¿Y si cambia de arriba abajo la curia?

—Eso está por ver. Pero algo intuiremos cuando sepamos a quién nombra como secretario de Estado. Y, por cierto, permíteme ser un poco malo. ¿Esa manera suya de comportarse en el balcón de la logia no será como lo que hacía con la chaqueta Perón? Que se la quitaba, eso quiero decir. Porque fue así como se convirtió en «descamisado», como comenzó a ganarse a las masas obreras, como comenzó su demagogia. El balcón es un instrumento muy argentino.

—Y también italiano, querido Mario.

—Eso es verdad. Más que italiano, mussoliniano. Y no olvidemos que Perón se transformó cuando, estando aquí, en Roma, vivió el fascismo.

—Los peronistas se cabrean y mucho cuando les dices que peronismo y fascismo son sinónimos.

—¿Y qué es el peronismo?

—Nunca te lo saben explicar. Y eso que son argentinos. Te dicen que hay muchos peronismos. Pero, mira, durante mi estancia en Buenos Aires, alguien me dijo que el peronismo era como el psicoanálisis: los dos acaban con el complejo de culpabilidad.

—Esa sí que es buena. Mañana lo escribo.

En estos mismos momentos, el papa Francisco y los cardenales electores cenan en el comedor de Casa Santa Marta. El cardenal Dolan es, sigue siendo, el que, por lo menos aparentemente, mejor se lo pasa. Como dirá también mañana cuando se encuentre ante un grupo de periodistas:

—Ya puedo respirar.

También al cardenal Bertone se le ve satisfecho. Como al cardenal Re. Y como al cardenal O'Malley. En realidad, al cardenal de Boston lo que se le ve es liberado, muy liberado. Sabía que no tenía posibilidades de ser papa, pero la atención periodística que había despertado su persona le había intranquilizado un poco. El cardenal Rouco sonríe menos que el cardenal Sistach, pero lo cierto es que los dos sonríen.

A quien se le intuye ligeramente preocupado es al cardenal Scola —el favorito principal—, que ya ha sido informado de una imprudente precipitación, de una metedura de pata que, con las tecnologías actuales, teme que se haga muy pronto pública. No ha sido él quien ha metido la pata sino alguien de la Conferencia Episcopal Italiana que lo dio por ganador antes de tiempo. Claro que siempre se la puede tachar de rumor si no queda constancia escrita en ningún tuit, correo electrónico u otro invento diabólico similar.

Quien sí está satisfecho, contento y mucho menos preocupado o abrumado que cuando ha aparecido rígido, tieso, almidonado, en el balcón de la logia de la basílica de San Pedro, es el papa Francisco. Se le ve tan contento que, dirigiéndose a sus compañeros, les dice:

—Que Dios os perdone por lo que habéis hecho.

Al acabar la cena, Francisco llama por teléfono a Benedicto XVI, que le felicita.

Mientras los cardenales y el papa cenaban en la Casa Santa Marta algunos miembros de la gendarmería vaticana comentaban el nuevo futuro papal. Ya nada o casi nada será tan previsible como cuando mandaba o bendecía Benedicto XVI. Porque antes, hace un rato, al acabar el acto de proclamación del nuevo papa, al abandonar el palacio pontificio para dirigirse aquí, a la Casa Santa Marta, residencia donde se ha celebrado la cena, el papa Francisco ha puesto ligeramente nerviosos al comandante de la gendarmería vaticana y a alguno de sus miembros. Más que por el hecho en sí por lo que esa decisión repentina anuncia.

—No voy a usar el coche. Yo también tomaré el microbús.

El nuevo papa ha decidido, pues, regresar a la Casa Santa Marta, donde ocupa la habitación 207, no en coche oficial, matrícula SCV1, sino en uno de los microbuses puestos a disposición de los cardenales electores. Estas decisiones súbitas nunca son del agrado de los servicios de seguridad, que no piensan como los periodistas ni como muchos fieles católicos.

La imagen sonriente del papa Francisco ocupando el asiento de pasillo en la segunda fila de la parte izquierda de un microbús y las caras también sonrientes de algunos cardenales han adquirido dimensiones escolares. La escena venía a ser como una excursión colegial o un viaje de seminaristas a Roma, ese primer viaje a Roma que, durante muchos años, no solo fue el primer viaje al extranjero que algunos seminaristas emprendían. Durante muchos años, el primer viaje al extranjero que todos los estudiantes y recién casados emprendían era a Roma. A Italia, pero, mayormente, a Roma.

Sin embargo, hace un rato, no todo eran sonrisas. Algunos cardenales, muy especialmente los que viajaban en otros microbuses y algunos sacerdotes que han seguido el *Habemus papam* a través de la televisión, se han asustado y siguen asustados. Temen que las maneras de comportarse que acaba de apuntar el nuevo papa quizá no sean las más aconsejables. O que son peligrosas. O poco prudentes.

También en el vestíbulo de un pequeño hotel ubicado en la Via del Borgo Pio, tres sacerdotes españoles comentan lo vivido mientras se toman una cerveza y dos refrescos de limón.

—Vamos a ver. ¿Dime un papa que lo primero que hace cuando se asoma al balcón, después de haber sido elegido papa, es pedir a los que están en la plaza de San Pedro que se pongan a rezar?

—Bueno…

—Bueno, no. ¿Dame un nombre?

—Yo eso no te lo discuto, pero lo de la cruz, lo de la estola, no sé, todo eso me da un poco de miedo. Quizá no se puede ir tan rápido.

—Es un hombre espiritual. Y eso es lo que necesita la Iglesia.

44

ME LLAMA DESDE Buenos Aires el amigo Horacio Fruchman para recordarme cierto viaje que hicimos en metro, en el «subte», con el nuevo papa Francisco.

—¿Os acordás?

—Claro que me acuerdo.

—¿Estás en Barcelona?

—No, en Roma.

—¿Laburando para algún libro vaticano?

—Algo así.

—Oye, pues nos hablamos más tarde, que aún no he enviado yo mi crónica al diario. ¿Cómo está el periodismo en Barcelona?

—El periodismo, bien; los periodistas, mal. Y hablo de España, no solo de Barcelona. ¿Quién dispara más contra el nuevo papa en Buenos Aires?

—El de siempre

—¿Horacio Verbitsky?

—Sí. Y bueno, aquí, algunos dicen que del nuevo papa se puede destacar que compartió el pan con los más pobres en las villas miseria, que lavó los pies a los enfermos de sida, que es un gran teólogo y también los hay que ponen el acento en su astucia política.

—Astucia política.

—Sí. Hombre, quienes lo conocen a fondo lo han descrito en alguna ocasión y ahora también como un gran ajedrecista, que todo lo piensa y premedita. En fin, que casi nunca es espontáneo. Eso ha dicho, por ejemplo, Washington Uranga, que es un especialista en temas religiosos. Lo que yo no le niego es que sabe definir y sintetizar. A la eutanasia la ha llamado «terrorismo demográfico», al aborto, «cultura de la muerte», y al matrimonio igualitario…

—¿El homosexual?

—Sí. Lo definió como «una tentativa de subvertir el plan divino».

—¿Y qué dice Verbitsky?

—¿Aún no ha salido nada de él en algún diario italiano?

—Que yo sepa no, pero yo escribo más de lo que escucho, pregunto y veo que de lo que se publica en los diarios. Aunque ayudan, claro.

—Pues el Verbi vuelve a sacar el tema de siempre: lo que pasó cuando Bergoglio era provincial de la Compañía y lo que les aconteció a los jesuitas Orlando Yorio y Franz Jalics, que estuvieron secuestrados varios meses a partir de mayo de 1976. Y los que nunca reaparecieron fueron las cuatro catequistas y dos de sus esposos, secuestrados durante la misma acción.

—Pero Bergoglio se defendió de todas esas acusaciones, en aquel libro que se titulaba…

—*El jesuita*. Lo escribió con Sergio Rubin y…

—Ese.

—Y sí. En ese libro contaba que, ante la inminencia del golpe de Estado, les exhortó a que tuvieran mucha prudencia y les ofreció que se fueran a vivir a la casa provincial de los jesuitas. Pero el padre de una de las catequistas desaparecidas, Emilio Mignone, que murió en 1998, en su libro *El caso de Bergoglio* lo puso como ejemplo de la «siniestra complicidad de los militares que se encargaron de limpiar el patio interior de la iglesia con la aquiescencia de los prelados». Esto ponlo entre comillas porque eso fue, más o menos, lo que escribió Mignone.

—De acuerdo. Pero la abogada Alicia Oliveiras no dice eso sino todo lo contrario. Y vuestro Nobel de la Paz también...

—Ya. Pero Yorio le dijo a Verbitsky que Bergoglio ni les avisó del peligro ni él creía que había tenido algo que ver en su liberación, que, según Verbitsky, fue algo que consiguió Emilio Mignone. Pero te llamo luego, que esto va a subir un pico.

—Y la mitad lo pago yo.

—Nos llamamos.

—De acuerdo.

—Pero espera y atiende. Los hay que ya le están buscando paralelismos con Juan Pablo II. Y me explico: así como el polaco reforzó a Lech Wałeşa, el sindicalista, y así se cargaron al régimen, algunos acá creen que va a pasar los mismo con doña Cristina Kirchner, que por cierto debe de estar muy asustada. Porque nunca lo recibió.

—¿Nunca?

—Nunca. Y fíjate que no hace mucho se definió como católica devota, pero disidente de la jerarquía eclesiástica local. Bueno, nos llamamos.

—De acuerdo.

El hasta hace unas horas cardenal Bergoglio ha dicho más de una vez que ni echó a los dos jesuitas tenidos por progresistas de la congregación, ni que tampoco ha aceptado nunca que alguien lo meta en un conventillo.

«Si respondo a quienes me calumnian entraría en su juego. En cierta ocasión, y esto lo he dicho más de una vez, me encontraba en una sinagoga participando en una celebración y escuché la siguiente frase de los textos llamados sapienciales: "Que en la burla sepa mantener el silencio". Esta frase, que no recordaba y que recuperé en la sinagoga, mientras rezaba, me dio mucha paz interior.»

El primer viaje romano del papa Francisco no ha sido a la sastrería, al sastre, como se le había sugerido. El mundo entero, como dicen los apasionados de cualquier tema, fue anoche testigo de que el papa argentino no lucía una sotana blanca hecha a medida. De modo que lo de visitar al sastre no era un capricho sino una necesidad.

Pero Francisco, que calza zapatos negros para desesperación de varios zapateros, que ya no volverán a salir en la televisión hasta que se elija a un nuevo papa, ha decidido que esta mañana, este jueves, a primera hora, iría a rezar, de absoluto incógnito, y a depositar unas flores ante la imagen de esa virgen que preside el altar de la Capilla Paulina en la basílica de Santa Maria Maggiore, ante la Protectora del Pueblo Romano, es decir, la Salus Populi Romani.

Francisco, acompañado por el prefecto de la Casa Pontificia, Georg Gänswein, y por el viceprefecto Leonardo Sapienza, entra rápido en la basílica por una de las puertas laterales. Y allí lo espera, nervioso, el arcipreste de esa iglesia, el español Santos Abril y Castelló. Camina, se mueve rápido, el nuevo papa, tal vez porque tiene prisa, urgencia, o porque quiere demostrar que, a pesar de la edad, está más ágil que muchos jóvenes.

No es una casualidad que el nuevo papa haya decidido estar hoy aquí, porque fue en esta basílica donde celebró su primera misa Ignacio de Loyola, el fundador de la Compañía de Jesús, y que influyó en el camino que quiso tomar aquel joven argentino nacido, como sus cuatro hermanos, en el barrio bonaerense de Flores.

Jorge Mario Bergoglio, hijo de inmigrantes italianos, hijo de Mario, un ferroviario, y de Regina, un ama de casa, los dos piamonteses. Y bisnieto de un campesino que en 1864 compró una casa de campo en Bricco Marmorito, que está al pie de los Alpes y es tierra de vino. Es también primo lejano de Anna Bergoglio, que vive en la provincia de Asti, y de Delmo Bergoglio, el último campesino que queda en Bignolo Barolo, un pueblo que Francisco visitó hace unos años. También hay algún pastelero en su árbol genealógico. Tal vez uno de sus abuelos.

Santa Maria Maggiore es una de las cuatro basílicas mayores y fue residencia papal cuando los pontífices abandonaron Aviñón y regresaron a Roma. En ella están enterrados el papa Pío V, san Jerónimo y Gian Lorenzo Bernini, el arquitecto que prefirió lo oval a lo elíptico para realizar su famosa columnata, esa que recibe cuando a través de la Via della Conciliazione se avanza hacia la plaza de San Pedro. Bernini argumentó su abrazo arquitectónico de bienvenida con estas palabras: «Creo que la basílica de San Pedro debería simbolizar que recibe a todos con los brazos muy abiertos, muy acogedores, muy fraternos. Y digo a todos: a los católicos para que puedan confirmar su fe, a los herejes para que se acerquen a la Iglesia y a los infieles para iluminarlos, para que puedan descubrir la verdadera fe.»

Pero para los peregrinos y turistas españoles, esta basílica mayor tiene más argumentos. Cuando alguien les muestra el techo artesonado, techo renacentista, aparecen los reyes españoles de siempre que fueron quienes regalaron el oro necesario para dorar ese artesonado. O eso se dice. Oro, quizá el primer oro que se trajo de América. Oro de la conquista, que es el verdadero nombre de la política. Antes y ahora. Y en todas partes. Ayer y hoy. Hasta en el idealizado mundo de los mayas, los aztecas o los incas, utilizados ahora por los nuevos dictadores populistas hispanoamericanos. Porque nada cambia. Solo cambian las formas y los cascos, las lanzas, los tanques o los veloces cazas, que, a veces, solo a veces, se transforman en trajes de ejecutivo, aparentemente inocentes.

El techo artesonado de la basílica de Santa Maria Maggiore, el techo y no el suelo, parece crujir un poco cuando la mirada del papa Francisco se ha cruzado con la del cardenal Bernard Law, exarzobispo de Boston, exarcipreste de la basílica de Santa Maria Maggiore y acusado de encubrir algunos casos de pederastia. Parece que la orden papal ha sido fulminante: Francisco ha prohibido al cardenal Law que siga frecuentando esta basílica.

Ya es oficial: al nuevo papa, así lo ha comunicado el portavoz Federico Lombardi, no hay que llamarlo Francisco I sino simplemente Francisco. Si otro papa también elige ese mismo nombre sí deberá ser nombrado como Francisco II.

Francisco, solo Francisco. Es mucho más franciscano. Y, dicho en italiano, aún suena mucho más franciscano, más humilde, más todo.

Francesco.

Tras orar en la basílica de Santa Maria Maggiore, el nuevo papa, Francisco, se ha dirigido a la Casa del Clero, donde se hospedaba siempre que llegaba a Roma, ha pagado lo que debía y ha dicho que lo hacía para dar ejemplo.

Cuando la noticia se ha sabido han sido varios los cardenales que, en un gesto reflejo, se han tocado nerviosos el solideo rojo que no llevaban porque en aquel momento vestían el *clergyman*.

Pero Argentina se despierta antes o después que nosotros, depende, y el nuevo papa Francisco vuelve a ser el objetivo a batir de algunos periodistas y activistas argentinos. Solo el expresidente Carlos Menem y actual senador nacional, aquel de las patillas bandoleras y la cirugía estética, el que compartía pizzas y champán con el actor francés Alain Delon, aunque el primero no supiera hablar francés y el segundo no supiera hablar español, ha sido todo lo expansivo que un argentino sabe ser cuando lo cree oportuno o le conviene.

Así se expresa Menem en el diario *La Nación*.

«La elección del papa Francisco es una bendición de Dios para la Iglesia y la Argentina. Sobre todo ahora, que el mundo se enfrenta a las más grandes transformaciones de su historia y el mensaje de la fe es un protagonista indispensable en la construcción de la nueva civilización mundial. La elección de Francisco es una señal del Señor a la Argentina. Agradezco esa señal que es una bendición y una muestra de su confianza en Argentina como pueblo y como nación.»

Hoy, a las cinco de la tarde, Francisco ha celebrado su primera misa como papa en la Capilla Sixtina, esa que en el quinto escrutinio de votos vio cómo se convertía en el nuevo papa.

Y lo que más ha llamado la atención de su primera homilía es que no se ha limitado a leerla sino que también ha improvisado. Pero la referencia a la cruz, que estas últimas semanas ha sido constante, parece querer demostrar que esa homilía no la ha escrito él.

—Cuando caminamos sin cruz, cuando edificamos sin cruz y cuando confesamos un Cristo sin cruz no somos discípulos del Señor: somos mundanos, somos obispos, somos cardenales, papas, pero no somos discípulos del Señor.

Luego, casi al final de la homilía, ha levantado su mirada de la cuartilla, ha observado fijamente a los ciento quince cardenales electores y les ha dicho:

—Os invito a vivir de manera irreprochable.

45

Andreas, el empleado de la centralita de la Casa General de los Jesuitas en Roma, recibe una madrugadora llamada del papa Francisco. Quiere hablar con el superior general.

—Me gustaría saludar al padre Adolfo Nicolás.

—En seguida… Santidad.

—Bueno, bueno.

Y en el bar del hotel Columbus, situado frente a la Sala Stampa, acierto a escuchar una conversación entre un sacerdote que viste *clergyman* y un colega al que a veces he visto en la televisión, pero no recuerdo en qué canal. Es el sacerdote, joven y quizá alemán, quien habla.

—Me he informado sobre sus estudios de teología en Alemania y no son muy espectaculares.

—¿Qué te esperabas?: ¿un nuevo Ratzinger?

—No, hombre, no. Lo digo porque entre lo que me han dicho desde Alemania unos compañeros y lo que he leído que ha publicado, pues, no sé, veo que hay mucha cosa argentina.

—¿Qué quieres decir?

—Mucha cosa popular. O mejor: populista. Y no sé, las cosas que está haciendo estos primeros días me dan miedo.

—¿Que vaya a visitar a un compatriota enfermo, el cardenal Jorge María Mejía, al hospital, al Pío XII, te da miedo?

—No, hombre, no. Eso nos recuerda lo que todos los sacerdotes deberíamos hacer.

—El papa Francisco siempre ha dicho que uno de los riesgos que soléis cometer los sacerdotes y obispos es el de caer en el clericalismo.

—¿Y qué entiende él por clericalismo?

—Pues la imposición, el ordeno y mando. Para él de lo que se trata es de buscar a Dios para armonizar, no para imponer.

—Sí, tiene razón, pero...

—De lo que no hay duda es de que Bergoglio es un auténtico jesuita.

—¿Porque estudió teología en Alemania?

—No. Porque su tercera probación la realizó en Alcalá de Henares, que es el lugar donde, así lo aseguran los jesuitas, se cuaja lo religioso y lo ignaciano.

Desde Argentina siguen llegando comentarios y opiniones. El sacerdote Eduardo de la Serna, que forma parte del colectivo Curas en favor de los Pobres, ha dicho que el nuevo papa sabe manejar muy bien los hilos del poder, pero también admite que supo ser valiente sin agredir, perseverante sin encapricharse, y no ha dudado en manifestarse con claridad ante temas escabrosos.

También otro argentino, otro jesuita y exarzobispo de Puerto Iguazú ha declarado al periódico *Perfil* que los desencuentros del nuevo papa con el expresidente ya fallecido, Néstor Kirchner, y ahora con su viuda Cristina, obedecían a que Bergoglio siempre les dijo las cosas tal como eran. Y algunas de esas cosas es que en Argentina hay pobreza y corrupción.

—Que es lo que nos enseña el Evangelio. Porque conviene no olvidar que a Jesús no lo mataron porque era bueno y hacía milagros. Lo mataron porque decía las cosas que a los que gobernaban en su tiempo no les gustaban. Bergoglio es el hombre que la Iglesia necesita en estos momentos. Tiene mucho carácter y convicciones muy fuertes. Los jesuitas siempre hemos estado en la frontera de la fe y las luchas sociales. Eso fue lo que nos aconsejó hacer Ignacio de Loyola. Somos así. Estamos del lado de la verdad.

Y, como algún argentino sigue atacando, Federico Lombardi responde. También a este jesuita parece haberle sentado bien el cambio de papa. Se le ve más seguro, más contundente. Incluso más ágil.

—La campaña contra Bergoglio es muy conocida y muy antigua. Y quien la anima es una publicación caracterizada por realizar campañas difamatorias, calumniosas. Y esos ataques se refieren a cuando Bergoglio no era obispo sino superior de los jesuitas en Argentina. Y se refieren muy concretamente a dos sacerdotes que fueron secuestrados y que, según los calumniadores, Bergoglio no habría protegido. Pues bien, nunca ha habido una acusación concreta y creíble contra Bergoglio. Los tribunales argentinos lo interrogaron como persona que conocía los hechos, pero no como imputado. Y Bergoglio demostró una y otra vez la falsedad de las acusaciones mediante documentos. Porque la realidad es muy otra. La realidad es que son muchos los que han declarado que Bergoglio protegió a muchas personas durante la dictadura militar.

Lombardi también recuerda que Bergoglio, después de ser nombrado obispo, fue uno de los que hizo realidad la petición de perdón por parte de la Iglesia argentina por no haber hecho lo suficiente durante la dictadura.

—Las acusaciones contra Bergoglio responden, pues, únicamente a la utilización de un análisis histórico-sociológico del tiempo de la dictadura realizado por componentes de la izquierda anticlerical con el único objetivo de atacar a la Iglesia y, por esa razón, tales acusaciones han de ser rechazadas frontalmente.

Horas después, desde Dobogókő, Hungría, el padre Franz Jalics, uno de los dos jesuitas secuestrados, afirmó públicamente que estaba en paz con lo ocurrido, que daba la historia por zanjada y que deseaba para el nuevo papa la bendición de Dios.

—Ni mi compañero Orlando Yorio, ya fallecido, ni yo manteníamos contactos con la guerrilla o la junta militar. Fuimos víctimas de informaciones deliberadamente falsas.

El padre Jalics tiene el pelo canoso, abundantes cejas también canosas y un semblante en el que se evidencian capítulos amargos, muy amargos. Pero no se adivina decepción en su rostro ni en su mirada noble. La generosidad de este jesuita, que se comprometió hasta las cachas con los pobres argentinos, con aquellos que vivían en las llamadas villas miseria, se evidencia mucho más en su semblante que en sus palabras. Parece un hombre absolutamente creíble, que quizá sabe y practica lo que es el auténtico perdón, que consiste en perdonar lo imperdonable.

—Los militares nos mantuvieron en prisión durante cinco meses, atados y con los ojos vendados. Yo no puedo pronunciarme sobre el papel del padre Bergoglio en aquellos sucesos. Sí es cierto que abandoné Argentina después de nuestra liberación. Posteriormente pude hablar de todo aquello con el padre Bergoglio, que entonces ya era arzobispo de Buenos Aires, celebramos una misa pública y nos abrazamos de forma solemne. Estoy en paz con lo ocurrido y, repito, todo aquello lo considero una historia cerrada.

En la Sala Clementina, el papa Francisco ha querido saludar a todos los cardenales, electores y no electores. Y no principia su discurso con el habitual «señores cardenales» sino con un «hermanos cardenales», que parece querer prolongar la proximidad que quiso ayer evidenciar cuando compartió con algunos de ellos un microbús en lugar del coche oficial, el Mercedes, porque todos los coches oficiales vaticanos son de esa marca alemana.

—La cercanía nos hará mucho bien a todos. La prueba es que esa misma cercanía nos ha facilitado la docilidad ante la acción del Espíritu Santo. No debemos ceder nunca ante el pesimismo, que es la amargura que el diablo nos ofrece diariamente. No cedamos nunca ante el pesimismo ni ante el desánimo. La verdad cristiana es atractiva y persuasiva porque responde a la necesidad profunda de la existencia humana.

El papa Francisco lee, pero vuelve a improvisar. Sobre todo cuando, mirando casi por encima de sus gafas, observa a sus hermanos purpurados, sonríe y dice:

—La mitad de nosotros tiene una edad avanzada. Pues bien, permitidme que hable de vejez porque a mí me gusta esta palabra, la palabra *vejez*. La vejez es la sede de la sabiduría. Los viejos tienen la sabiduría de haber caminado por la vida como el viejo Simeón o la también vieja Ana del templo. Y fue precisamente esa sabiduría la que les ayudó a reconocer a Jesús. Demos a los jóvenes la sabiduría de la vida. Ya sabéis que, como dijo el poeta Hölderlin, la vejez es tranquila y piadosa.

Esta frase o cita, pronunciada en alemán, ha sido sin duda un guiño a Benedicto XVI, a quien no ha dejado de mostrar su agradecimiento y afecto.

—Os animo a que regreséis a vuestra diócesis enriqueci-
dos por la experiencia de estos días.

No a todos los cardenales los ha saludado con la misma
simpatía o afecto. O sea, que no a todos los cardenales los ha
saludado como lo ha hecho con el cardenal O'Malley, el de
Boston. O con el cardenal Hummes, el brasileño. Y ha evi-
tado que le besaran el anillo. Tampoco todos los cardenales
le han regalado algún presente. En realidad solo uno le ha
regalado una pulsera amarilla. Ha sido el cardenal sudafricano Napier quien le ha ofrecido ese presente destinado a
celebrar el Año de la Fe.

Y el papa Francisco se ha puesto la pulsera amarilla y le
ha dicho al cardenal sudafricano que rece.

—Es lo que nos ha dicho a todos: que recemos.

Así lo cuenta unos minutos más tarde el cardenal de la
pulsera en la plaza de San Pedro.

46

Desayuno con un grupo de colegas en un bar próximo a la Via della Conciliazione.

Cambian los papas, pero los rumores siguen. Es inevitable. Y determinado rumor, que solo algún diario se ha atrevido a publicar y alertando de que quizá no responde a la realidad, es el desayuno periodístico de esta mañana, que vuelve a ser fría. Quizá se trata, pues, simplemente de una manipulación, de una intoxicación informativa para que acabe convertida en leyenda y se cuente y se escriba durante el próximo cónclave.

El rumor pretende explicar por qué perdió el favorito Angelo Scola y ganó el casi anónimo Jorge Mario Bergoglio, a quien, ahora, algunos definen como el «candidato oculto» de la corriente cardenalicia llamada progresista.

—Un gran miedo recorre la curia.

—Bah. Menuda noticia.

—Pues ya veremos si lo será o no. De momento admitamos que era previsible que los admiradores del cardenal Martini resucitaran. Y sí, como se dice desde hace horas, es factible, muy factible que entre ellos se encontraran otros como Kasper o Schönborn. De modo que estamos hablando de los resucitadores de Martini y de los fieles a Ratzinger.

—Muchos colegas escribieron que Angelo Scola era uno de los favoritos de Ratzinger, quizá el más favorito. ¿En qué quedamos?

—Yo no escribí eso. Lo que es seguro es que los yanquis han trabajado muy unidos y se cabrearon mucho cuando se les prohibieron las ruedas de prensa diarias. Eso les cabreó mucho, muchísimo más de lo que se ha dicho.

Quien habla así es un colega italiano casado con una neoyorquina. Un colega que da por bueno casi todo lo que cuenta ese rumor.

—Y en esta ocasión los yanquis han hecho piña con los sudamericanos. Y probablemente sea verdad lo que algunos nos dijeron: que algún español, más como intermediario que como influyente, ha tenido también bastante que ver en el resultado.

—¿Qué español?

—No lo sé. Y el día que lo sepa seguro, el día que pueda confirmar todo esto lo escribiré en un libro. Comprenderás que no lo voy a contar aquí. Ya he dicho bastante.

—Todos sabemos ya a quién te refieres. Pero no veo yo a Santos Abril en esos menesteres.

—Ya veremos qué pasa con él.

El rumor prosigue asegurando que Angelo Scola, como el brasileño Scherer, solo fueron los favoritos de los periodistas. Y, pese a eso, ese mismo rumor asegura que la Conferencia Episcopal Italiana se precipitó enviando una felicitación a Scola. Cuesta creer que los cardenales italianos traicionaran, como asegura ese rumor, a Scola. Sí es más creíble que Bertone nunca haya olvidado que fue Angelo Sodano uno de los que pidió su cabeza a Benedicto XVI.

El rumor concluye asegurando que fue durante la comida cuando Bertone y Re se aproximaron a Bergoglio y lo convencieron. Pero el nuevo papa, Francisco, a medida que pasan las horas sonríe más y mejor. Sonríe mucho, más y mejor que cuando vivía en Buenos Aires y lo fotografiaban tomando mate en la calle o sentado en un vagón del «subte».

Quien no sonríe nada es el marido de Amalia, una novia o casi novia que Bergoglio tuvo cuando ambos tenían doce años. La novia o casi novia está encantada de que los periodistas la fotografíen, pero el marido, desde dentro de la casa, vomita toda clase de improperios. Ella no. Finalmente es protagonista de algo.

—Cuando vi la noticia en la televisión me puse de pie y le dije: Jorge, te abrazo por el cariño de toda una vida.

Luego, siempre tras las rejas que protegen su pequeño jardín, Amalia, canosa y de pelo revuelto, sigue contando que el nuevo papa, en aquellas adolescencias suyas, le escribió una carta al pie de la cual había dibujado una casa con el tejado rojo.

—Y abajo decía que esa era la casita que me iba a comprar cuando nos casáramos.

La carta fue interceptada por la madre y aquello que aún no había comenzado finalizó en aquel mismo momento.

Si esa carta existió y en ella figuraba el dibujo que describe Amalia podría pensarse que el nuevo papa siempre fue previsor y concreto.

Antes de entrar en el Aula Pablo VI, un colega italiano, periodista y sacerdote, nos aconseja que prestemos mucha atención al turolense Santos Abril, actual arcipreste de la basílica Santa Maria Maggiore. Pero pocos periodistas, no italianos, se atreven ya a vaticinar quién podría ser el nuevo secretario de Estado.

47

El papa Francisco aparece en el amplio escenario, se sienta y comienza a leer.

—Los acontecimientos de la historia requieren casi siempre una lectura compleja, que a veces puede incluir también la dimensión de la fe. Los acontecimientos eclesiales no son ciertamente más complejos que los políticos o económicos, pero tienen una característica de fondo peculiar: responden a una lógica que no es precisamente la de las categorías, por así decirlo, mundanas. Y precisamente por eso no son fáciles de interpretar y comunicar a un público amplio y diversificado. Es por esa razón que debería quedar muy claro que todos estamos llamados no a mostrarnos a nosotros mismos sino a comunicar esta tríada existencial que conforman la verdad, la bondad y la belleza.

El papa Francisco lee, pero lo que de verdad le gusta es improvisar. Improvisar y mover la mano derecha, en la que se adivina un cierto, un leve autoritarismo, que quizá después es capaz incluso de pedir perdón. O no.

Pero lo que cada vez parece más claro y evidente es que el papa argentino no es un ingenuo. Ni mucho menos. Podría ser cierto que su mirada siempre está jugando al ajedrez. Además, como buen comunicador, valora y sabe la importancia que tienen las pausas.

—Ah. Cómo me gustaría una Iglesia pobre y para los pobres.

No ha improvisado. Lo que no ha hecho es leer esta frase porque no estaba escrita en la cuartilla.

—Ah. Como me gustaría una Iglesia pobre y para los pobres.

En el Aula Pablo VI, los periodistas, corresponsales y enviados especiales al cónclave, unos seis mil, aplauden el comentario que acaba de hacer Francisco, que vuelve a leer, pero como le aburre lo leído, lo que le escriben, como sabe que la audiencia periodística es ya suya, cada dos o tres segundos levanta la vista del papel, de la cuartilla, e improvisa.

—Cómo trabajaron, eh. Les agradezco su trabajo.

Y de forma inesperada, pero no improvisada sino muy pensada, cuenta algo de lo ocurrido en la Capilla Sixtina durante el cónclave. Está haciendo, pues, de periodista. Todos los cardenales electores juraron no contar nunca a nadie parte o todo lo ocurrido en la Capilla Sixtina, pero el papa es el papa y puede romper ese juramento. Francisco sabe contar las cosas y sabe, sobre todo, qué cosas interesan a los periodistas. Francisco o, mejor, el cardenal Bergoglio, siempre tuvo buenos periodistas en su equipo.

Y, en estos momentos, parte del periodismo mundial es suyo, acaba de hacérselo suyo.

—Tenía a mi lado al cardenal Claudio Hummes, un gran amigo. Él era quien, cuando la cosa se ponía peligrosa, me iba confortando. Cuando en el escrutinio los votos alcanzaron los dos tercios, entre los aplausos de todos, me abrazó, me besó y me dijo: «No te olvides de los pobres.»

La prensa local y mundial es suya, del nuevo papa. Quizá más la prensa mundial, porque estas cosas, estas interioridades vaticanas, los colegas italianos quieren que sean solo suyas.

Y la cámara de televisión, el ojo a través del cual vemos todos, se entretiene en mostrar los zapatos negros del papa Francisco, que son unos zapatos como de mercadillo, como comprados con prisa, pese a que se adivinan cómodos. Y también el trozo de pantalón negro que asoma bajo su sotana blanca ayuda a configurar una imagen de sencillez, que si sirve para vender, para proyectar la imagen que quiere dar de sí mismo el papa argentino, quizá no ayude demasiado a la liturgia, que para que sea útil tiene que ser solemne. Porque también la solemnidad tiene forma o formas, maneras, que ayudan a muchos a elevar sus pensamientos, a entrar en lo trascendente.

A lo trascendente se llega a través de la ausencia de todo o a través de cierto y necesario barroquismo. Pero no desde luego a través de unos zapatos que, aunque cómodos, distraen el pensamiento.

Tampoco Juan Pablo II usó zapatos rojos, pero cuando hablaba, cuando utilizaba esos resortes que solo conocen los buenos actores, lograba que nadie le mirara los zapatos.

Quizá, pues, los tan denostados por algunos demagogos zapatos rojos papales sirvan para mucho más que para discutir si son de Prada o de un zapatero peruano que trabaja en la Via del Borgo Pio.

—Mientras el escrutinio continuaba me acordé de Francisco de Asís, de las guerras, del santo de la pobreza y de la paz que ama y cuida lo creado con lo que hoy no tenemos relación. Algún hermano cardenal me sugirió que eligiera el nombre de Adrián VI porque Adrián V fue un gran reformador de la Iglesia. Y otro me invitó a que adoptara el nombre de Clemente XV. Cuando le pregunté por qué, me respondió: «Porque sería una forma de vengarte de Clemente XIV, que suprimió la Compañía de Jesús en el siglo XVII.»

Francisco invita a todos los periodistas presentes a conocer la verdadera naturaleza de la Iglesia.

—Pero no desde el punto de vista político sino espiritual. Y nunca hay que olvidar que el centro de la Iglesia no es el papa sino Cristo.

Antes de impartir su bendición dice que lo hará con el corazón, en silencio.

—Lo hago así porque sé que muchos de los presentes no pertenecen a la Iglesia católica. Y así, de corazón, en silencio, doy la bendición a cada uno de ustedes, respetando la conciencia de cada uno, pero sabiendo que cada uno de ustedes es hijo de Dios.

Al acabar la audiencia, Virginia Bonard, que trabaja en la oficina de prensa del arzobispado de Buenos Aires, le regala un mate. Conociendo un poco a los argentinos me temo que a este papa sus compatriotas lo van a sepultar bajo toneladas de mate.

Entre los colegas que estrechan la mano del papa Francisco distingo a Giovanni Maria Vian, el director de *L'Osservatore Romano*. Intuyo, no sé por qué, que si lo mantiene en el cargo lo hará sufrir. Porque está quedando muy evidente que a este papa le gusta el periodismo. O, mejor aún, le gusta ser periodista. A Benedicto XVI le gustaba escribir y leer. A Francisco creo que le gusta publicar y que le lean.

Ya en la calle, observo que el colega Eusebio Val, corresponsal de *La Vanguardia*, está hablando con algunos colegas extranjeros. Val tiene una cierta presencia de monseñor, incluso de joven arzobispo austriaco con futuro eclesiástico.

A su lado, Paddy Agnew, redactora del *Irish Times*, dice del papa Francisco que no es ingenuo como algunos ya han escrito y da por seguro que sabe muy bien que las dificultades que va a encontrarse para hacer realidad lo que pretende serán muy grandes. Gian Guido Becci, del *Corriere della Sera*, afirma que la clave para entender a este papa está en su condición de jesuita y en la espiritualidad de san Ignacio de Loyola, omnipresente en su actitud y su magisterio. Y Andrea Tornelli, de *La Stampa*, anuncia que en muy pocos días las formas en la nueva corte pontificia no tendrán absolutamente nada que ver con las de Benedicto XVI.

Un colega alemán, que no quiere aparecer con su nombre en esta crónica, me dice que un arzobispo o cardenal como Bergoglio, que escribe un libro titulado *Ponerse la patria al hombro*, no le merece demasiada confianza.

—Eso es populismo.

—O patriotismo.

—O peronismo.

—Se trata de un libro que recoge sus homilías.

—Ah. Pensaba que era otra cosa.

Mientras me dirijo a la pizzería que me recomendó mi amigo, el monseñor Miquel Delgado, en el Trastevere, no puedo evitar oír el comentario de dos camareros de un restaurante ubicado frente a la basílica de Santa María del Trastevere.

—A ver si con tanto franciscanismo nos va arruinar el nuevo papa.

—¿Por qué lo dices?

—Por lo que acaba de decir. Lo he oído por la radio. Les ha dicho a los argentinos que no vengan a Roma para su entronación o como se llame eso. Les ha dicho que ese dinero se lo den a los pobres de Argentina.

—Tranquilo. No le harán caso. Ya lo verás. Además, los argentinos no tienen mucho dinero. Nos hubiera convenido un papa brasileño.

—O yanqui.

—No sé. No todos los yanquis son católicos.

—Sí, claro, tienes razón.

48

A LA HORA DEL ÁNGELUS, el primero del papa Francisco, la plaza de San Pedro vuelve a llenarse. Y la creatividad sigue también presente en algunas pancartas. «Francisco, eres la primavera de la Iglesia», «Papa Bergoglio, il nostro orgoglio».

Cuando aparece en la ventana de su apartamento privado, el papa Francisco saluda levantando solo la mano derecha, con lo cual vuelve a mostrar una cierta rigidez formal. Saluda a los fieles y turistas, comienza a leer, pero vuelve a la improvisación, que es lo que más le gusta y lo que le puede dar más de un disgusto.

—Aquí estamos todos reunidos en domingo. Estamos en una plaza y se trata de saludarnos, de hablar entre nosotros. Afortunadamente esta plaza tiene las dimensiones del mundo.

El problema de las improvisaciones, disculpen si insisto, es que, a veces, uno se olvida de decir lo que quizá era importante y que es lo que estaba escrito en el papel. Lo cierto es que los redactores de las homilías y discursos del papa Francisco no se sentirán tan motivados como cuando esas homilías o discursos los leía Benedicto XVI, que no solía improvisar y leía todo lo que estaba escrito en las cuartillas.

Lo peor que le puede pasar a alguien que tiene la obligación de pronunciar discursos, conferencias u homilías es que no lea todo lo que le ha escrito su redactor de discursos o conferencias. Cuando eso ocurre el redactor de discursos, conferencias u homilías se desmotiva. Y esa desmotivación del redactor suele coincidir casi siempre con la creencia, equivocada, por supuesto, del improvisador, que cree que solo cuando improvisa comunica.

Sigue siendo verdad, aún, que la mejor improvisación es la improvisación preparada.

Pero estamos, seguimos estando en la plaza de San Pedro y comienzan a cumplirse las predicciones.

En un momento determinado de su primer ángelus, el papa Francisco parece perder el hilo dos o tres veces. Es muy probable que sea por culpa de la improvisación. Al final logra salvar la situación y dirigiéndose a los fieles y turistas, que ocupan la plaza de San Pedro, además de hablarles de la mujer adúltera que no fue condenada por Jesús, les cuenta la historia de una anciana bonaerense, que, según el papa, le demostró que sabía muy bien que Dios siempre perdonaba nuestros pecados.

—Cuando le pregunté si había estudiado en la Gregoriana, aquella anciana me respondió que para saber ciertas cosas no era necesario haber estudiado en la universidad. Y me dijo: «Yo sé que Dios nos perdona siempre porque si no el mundo ya habría desaparecido.»

La historia de la anciana cumple su cometido, pero en la plaza de San Pedro los presentes no entienden por qué el papa solo ha hablado en italiano, algo que no era usual hasta ahora.

¿Olvido por culpa de la improvisación o es que este papa no va hacer felices a los argentinos, polacos, españoles, uruguayos, alemanes o brasileños que vayan a escucharle los domingos a la hora del ángelus precisamente para que se dirija a ellos en su idioma?

Abandono la plaza de San Pedro y voy a casa de unos amigos que trabajan en el sector de la publicidad. Viven a pocos metros de donde tuvo su última casa el director de cine Federico Fellini. Barrio, pues, de buenas tiendas, de bolsos y zapatos caros y de anticuarios, que aseguran sentir mucho la crisis.

Alejandro es argentino de Tucumán y su mujer, Oriana, es milanesa. O sea, que o pasta o carne; asado, claro, un asado que Alejandro domina.

Asado argentino, que es más que una comida. Es un encuentro, un diálogo o un monólogo, depende. El asado argentino es un buen día entre amigos, que no siempre acaba en tango, ese tango que le gusta al nuevo papa y del que ha dicho que lo sabía bailar. Pero no acierto a ver yo a un jesuita genuino bailando un tango.

—Soy argentino, ché, pero de Tucumán.

—Ya lo sabemos.

—Ya. Pero siempre hay que matizar porque los boludos son los porteños.

—Como el papa Francisco.

—A este hombre no lo tengo yo precisamente por boludo.

—¿Sabes lo que ha dicho sobre los porteños ese rabino, también porteño, amigo del papa?

—No. ¿Qué ha dicho?

—Pues que el carácter porteño tiene mucho de italiano pero también de español. Y que ser porteño significa estar abierto a todos.

—Ya, pero aguarda, porque lo peor que nos puede pasar a los argentinos es que uno de los nuestros triunfe o destaque en algo. Que el papa sea ahora argentino es algo que me da mucho miedo. Más que miedo me da pánico. En cuanto alguno de los nuestros destaca en algo se destapa lo que nunca está tapado: ese populismo barato, ese desmadre, como decís vosotros, los españoles. Menos mal que, en esta ocasión, Cristina Kirchner no se va a salir con la suya porque Francisco es mucho Francisco.

El asado, tanto en Argentina como en Roma, es oficio de hombre. Y las ensaladas que lo acompañan es oficio de mujer. Algo que siempre recuerda Oriana.

—Los argentinos siguen siendo machistas.

—Como los italianos, querida.

—Pero el italiano lo sabe disimular mucho mejor.

Siguen llegando noticias de Argentina. El sacerdote Raúl Larenzena afirma que ni Bergoglio ni nadie podrán cambiar ciertas cosas que están escritas en los Evangelios.

«Hablemos, por ejemplo, no sé, del aborto. Eso es tan elemental que va contra la dignidad de la persona. Bergoglio es un hombre cordial, abierto, ya conocen su relación con el judaísmo y el islam, pero la respuesta de él va a ser el Evangelio.»

Mientras Alejandro descorcha una botella de vino argentino y va controlando en la azotea de su dúplex el asado, comienza a reír.

—Lo de este papa va a ser muy sonado. Tenlo presente.

—¿Por qué lo dices?

—Porque lo sé. Porque los peronistas le van a complicar la existencia por el deseo de hacerlo muy suyo para neutralizarlo.

—El papa ya no está en sus manos. Ya no vive en Argentina.

—Ya, pero yo pienso en los argentinos. Mira, la prueba de que va a pasar lo que te estoy diciendo es que ya ha enloquecido a quienes hasta ahora eran sus enemigos declarados. Ya sabes que el difunto Néstor definía a Bergoglio como el jefe espiritual de la oposición política. Pues, atiende, ayer lo leí, ¿sabes lo que ha dicho ese tipo, el Guillermo Moreno, que es secretario de Comercio o algo muy parecido?

—¿Qué ha dicho?

—Pues ha dicho en público, ante un grupo de empresarios, que tenemos un papa argentino y peronista. Y así ha salido en los diarios, oye. Se ve que se puso místico y dijo: «Yo pido perdón a quienes no son creyentes. Yo sí soy muy creyente y, desde luego, como gobernantes tenemos la obligación de participar en la alegría del pueblo.»

Parece, pues, que algunos políticos argentinos aún ignoran que un papa, aunque este sea argentino, no es lo mismo que un jugador de fútbol.

—¿Tú sabes quién es Emilio Pérsico?

—No.

—Pues este tipo comenzó de piquetero, ya sabes: los que montan algaradas y dicen que son sindicalistas. Bueno, pues el tal Pérsico, un tipo calvo y con larga barba de profeta, que es el líder del Movimiento Evita y director nacional de algo, ha dicho, también en público, que Francisco es peronista y será un papa de lujo.

—¿De lujo?

—Sí, de lujo. Ese sigue siendo mi país.

Naturalmente, el tema de conversación en la mesa, solo interrumpida brevemente por los viajes de ida y vuelta que

Alejandro hace a la azotea, para asegurarse que las piezas de carne no se enfríen, es el nuevo papa Francisco.

Se sabe, así lo contó él mismo en el libro *El jesuita*, que es lector devoto de *La divina comedia*, de Dostoievski, de Borges y de Hölderlin, poeta lírico alemán al que citó en su primera homilía.

Oriana desaparece y regresa con un ejemplar de *El jesuita*.

—Que conste que lo compré yo durante un viaje que hicimos a Buenos Aires.

—¿Y por qué lo compraste?

—Porque me habló de él una amiga mía romana, que tiene relación con los jesuitas y que durante unos meses trabajó en una de esas villas miseria que rodean Buenos Aires. Aquí está todo lo que queráis saber del nuevo papa.

—Será del antiguo cardenal y arzobispo.

Cuando les digo que un jesuita es siempre un jesuita, Alejandro lo niega.

—No lo sé. Un tío mío fue jesuita y cuando cambió, cuando colgó la sotana, ni te cuento.

—Quizá siguió siendo jesuita, pero al revés.

Oriana, que se confiesa católica a la italiana, busca la página en la que Bergoglio habla de Borges y lee en voz alta.

—Escuchad. Le preguntan por Borges y admite que él decía que era agnóstico, pero Bergoglio añade que era un agnóstico que todas las noches, antes de meterse en la cama, rezaba un padrenuestro porque así se lo había prometido a su madre. Y dice que murió «asistido religiosamente».

—¿Y eso qué quiere decir?

—Pues que murió asistido religiosamente.

—Callad. Bergoglio dice que le gusta mucho la obertura «Leonore», de la ópera *Fidelio*, que es de Beethoven. Y en cuanto al tango dice que le gusta y que lo sabía bailar, pero que prefiere la milonga. También dice que le debe mucho a una jefa que tuvo, una paraguaya comunista, Esther Palestrino de Careaga, que, durante la dictadura militar, sufrió el secuestro de una hija y un yerno y que también ella acabó siendo raptada y asesinada. Pero a mí lo que más me interesó de este libro fue cuando habla del dolor y del resentimiento.

—¿Qué dice?

—Dice que «el resentimiento viene a ser como una casa donde viven muchas personas hacinadas. Y que desde esa casa no se puede ver el cielo.»

—¿Qué cielo?

—Supongo que aquí se refiere al terrenal, a lo que todos llamamos cielo.

—Ya.

—Del dolor dice «que es una casa donde también hay hacinamiento, pero desde la que se ve el cielo. El dolor está abierto a la oración, a la ternura de un amigo, a mil cosas. El dolor es una experiencia más sana. Eso es lo que me ha enseñado mi propia experiencia.»

Alejandro me muestra un ejemplar de hace unos días del *Corriere della Sera* y me pregunta si he leído el artículo de Vittorio Messori.

—Ya lo he leído.

—¿Y bien? Ahora resulta que el Espíritu Santo es un experto en geopolítica.

—Si lo dice Messori, que no es nada sospechoso, supongo que será verdad.

—¿Y qué dice Messori, señores expertos?

—Pues, en primer lugar, que él sabía que iba a ser elegido Bergoglio. Y dice que lo sabía porque si se piensa en términos de geopolítica estaba cantado que iba a salir o bien un chino o un latinoamericano. Y como que para lo de China aún hay tiempo, lo más urgente es Latinoamérica, que de la gran reserva espiritual católica ha pasado a ser casi un desierto. Exagero un poco, pero es muy cierto que hay mucho de eso. Los yanquis quieren acabar con la influencia del papa en Latinoamérica y tienen guita suficiente para conseguirlo a base de sectas, Iglesias neopentecostalistas, recuperación de ritos ancestrales, etcétera.

Las cifras oficiales vaticanas dicen lo siguiente: cinco de los diez países con mayor número de católicos están en América. Y es en África donde aumenta más el número de católicos.

Por la noche, al llegar a la residencia, en la sala de estar, compruebo que están viendo una entrevista que la red católica de televisión EWTN le hizo al entonces cardenal Bergoglio.

—Es una entrevista con el papa, pero cuando era cardenal.

Cuando habla español, el papa Francisco suena mejor y, desde luego, mucho más contundente. Su verdadero carácter se le descubre cuando se expresa en su propio idioma.

—Miren, entre las idolatrías actuales más hirientes están las mascotas y la cosmética. Se compra un afecto sin que la respuesta a ese afecto sea libre. Cuando yo compro una mascota lo único que hago es comprar el afecto de alguien que no es libre, que nunca será libre para decidir si me concede ese afecto o no. Y eso es una caricatura del amor. Y la industria cosmética mueve miles y miles de millones. Y, mientras tanto, nuestros chicos se mueren de hambre en nuestras calles.

Bergoglio, vestido de *clergyman*, cuenta el *midrash* de un rabino del siglo XII.

—El rabino, hablando de la Torre de Babel, contaba que los hombres comenzaron bien, pero poco a poco fueron terminando mal. ¿Dónde estuvo la falla? Vamos a ver. Para fabricar ladrillos tenían que ir a buscar la paja, el barro, amasarlo, hornearlo, etcétera. De tal manera que un ladrillo costaba mucho dinero, era el fruto de un esfuerzo muy grande. Por eso cuando se caía un ladrillo se producía una tragedia. En cambio, si caía un hombre no había problema: se sustituía por otro. Moría un esclavo y se reemplazaba por otro. Y así estamos.

49

Mientras tomo un café en Sant'Eustachio recibo una nueva llamada de Horacio Fruchman que, además de contarme que a Francisco se le está intentando «peronizar» frenéticamente, me cuenta que el nuevo papa hace ya mucho tiempo que ni va al cine ni ve la televisión.

—La televisión no la ve desde que en cierta ocasión, estando con varios compañeros, con varios jesuitas, sucedió algo en el programa que estaban viendo y aquello lo descompuso. Apagó el televisor y parece que nunca más lo ha vuelto a prender.

Cristina Fernández de Kirchner, presidenta de la República argentina, es la primera jefe de Estado que ha sido recibida en audiencia privada por el papa Francisco.

La presidenta lucía un traje sastre negro e iba tocada con un sombrero también negro y con lazo. Solo un discreto collar de perlas animaba la negritud de su aliño indumentario. Su imagen oscilaba entre la de una colegiala madura en días de luto familiar y la de una viuda con posibles en el funeral de su difunto esposo.

Cristina Fernández le ha regalado al papa Francisco un equipo para preparar y beber mate. También le ha regalado una típica manta de abrigo argentina de lana de vicuña. Y el papa le ha regalado una mayólica de la plaza de San Pedro y un libro.

La presidenta, saltándose el protocolo, buscando quizá la foto, le ha preguntado al papa si lo podía tocar. Y Francisco, además de dejarse tocar, le ha dado un beso en la mejilla, es decir, que le ha regalado la foto que ella pretendía.

—Nunca un papa me había besado.

Luego ha dicho que le ha pedido que interceda entre Argentina e Inglaterra por el asunto de las islas Malvinas, que los argentinos reclaman como suyas.

Por muy humilde que sea el papa Francisco, sospecho que la satisfacción que habrá tenido al recibir la visita de alguien que se negó sistemáticamente a recibirlo habrá sido muy grande.

Aunque quizá este papa sabe dominar su parte humana.

De lo que estoy plenamente convencido es de que Cristina Kirchner, al llegar al Vaticano, al ser recibida por un gentilhombre papal y avanzar tras él por un pasillo que se la habrá antojado demasiado largo, tiene que haber pensado en su difunto esposo.

Porque fue con aquel hombre de ojo saltón y distraído y nariz de ave zancuda, entonces presidente, con quien comenzaron los desencuentros. Escarmentado por el *Te Deum* del año anterior, ese acto religioso que se celebra cada 25 de mayo en la catedral metropolitana de Buenos Aires para festejar el Día de la Patria, Néstor Kirchner decidió que no acudiría a ningún *Te Deum* más. Bergoglio, desde aquel *Te Deum* que yo presencié, había seguido poniendo nerviosos anualmente a todos los presidentes a golpes de homilía, que siempre tenía como tema los derechos humanos de los más desfavorecidos, incluidos los problemas de los agricultores argentinos, a quienes también defendió.

—Nuestro Dios es de todos, pero cuidado porque también el diablo llega a todos, tanto a los que usamos pantalones como a los que usan sotana.

Eso fue lo que le contestó en cierta ocasión Néstor Kirchner a Bergoglio. Luego lo acusó de ser el jefe espiritual de la oposición política.

O sea que, aunque más de una vez se ha confesado públicamente católica, Cristina Kirchner nunca pisaba la catedral de Buenos Aires porque no quería que el cardenal le diera con los pobres o con sus homilías en su cabeza.

La legalización del matrimonio homosexual, según el cardenal Bergoglio, no es solo una simple lucha política.

—No seamos ingenuos. Se trata de la pretensión destructiva del plan de Dios. No es, pues, un mero proyecto legislativo.

Fue entonces cuando la presidenta le respondió:

—Me preocupa el tono que ha adquirido el discurso. Se plantea como una cuestión de moral religiosa y atentatoria de la ley natural cuando simplemente se trata de aceptar una realidad.

En el tema del aborto la guerra no llegó a declararse porque la presidenta no es partidaria del mismo y frenó el proyecto de ley para su despenalización.

Alberto Fernández, político peronista, ahora en la oposición, pero que fue el jefe de gabinete del presidente Néstor Kirchner, acaba de declarar que el papa Francisco, en su juventud, había militado en la juventud peronista Guardia de Hierro. «Yo siempre le decía a Néstor que tenía que darse cuenta de quiénes eran los enemigos del cardenal Bergoglio. Y que si hacía eso comprobaría que tenía que procurar su amistad. Porque un cardenal, un cura democrático en nuestro país, es alguien de mucho valor. Y Bergoglio siempre fue demócrata. Y un gran político.»

Sospecho que al acabar la audiencia, el papa Francisco le habrá dicho a la presidenta argentina lo que le dice a todos cuando se despide de ellos:

—Rece por mí.

El entonces cardenal Bergoglio fue el primer sacerdote que, en Buenos Aires, al despedirnos en una estación del metro, me dijo o me pidió que rezara por él.

Después he conocido a varios monseñores, prelados y arzobispos que también me han dicho o pedido lo mismo al despedirnos, pero fue a Bergoglio a quien primero se lo escuché.

Recuerdo que le dije:

—Creo que será mejor que rece usted por mí. Le harán más caso.

Sonrió, me preguntó si tenía mucha prisa y me dijo:

—Mire, si no tiene usted mucha prisa voy a robarle un par de minutos más. ¿Reza usted?

—Todos rezamos alguna vez.

—¿Usted reza o no? Hasta Borges rezaba un padrenuestro todas las noches.

—Todos rezamos alguna vez.

—Está bien. Mire: rezar no es solo pedir y dar las gracias. Claro que hay que pedir. Los católicos pedimos mucho y está muy bien que seamos así. Pero además de pedir hay que alabar con el corazón a Dios y hay que adorarlo.

Argentina anda excitada y el periodismo busca nuevos testimonios sobre el nuevo papa. Y es así como aparece, afónica y cansada, aparentando más años de los sesenta y cinco que tiene, María Elena Bergoglio, la hermana del papa. Y la hermana, que vive en una casa modesta en Ituzaingó, en las afueras de Buenos Aires, rodeada de imágenes de santos y vírgenes, asegura que el martes no estará en Roma, que su hermano fue simpatizante peronista y que sus padres les transmitieron una fe y un ejemplo mediante el cual entendieron que la justicia social no se debe aplicar únicamente a los pobres católicos sino a todos los pobres.

También dice que cuando su madre descubrió que los libros que usaba su hijo Jorge Mario para estudiar medicina eran en realidad de teología le preguntó que por qué le había mentido. Y el químico y ahora papa, porque entonces Bergoglio ya había acabado los estudios de química, le respondió: «No te he mentido, mamá. Estudio para ser médico, pero de almas.»

Pero no solo hablan en voz alta del nuevo papa los políticos peronistas y su muy querida hermana.

Ricardo Lorenzetti, presidente de la Corte Suprema argentina, acaba de declarar que Francisco es una persona absolutamente inocente y que nunca fue cómplice de la dictadura militar. Y quizá un poeta argentino salte a la fama ahora que todos saben que es uno de los favoritos del nuevo papa. Me refiero a Leopoldo Marechal, que escribió un poema titulado «Credo a la vida», que ignoro si será uno de los favoritos de Francisco.

> Creo en la carne que pecando sube.
> Creo en la Vida que es el Mal y el Bien;
> la gota de agua del pantano es nube.
> Creo en la carne que pecando sube
> y en el Amor que es Dios.
> ¡Por siempre, amén!

Marechal, que era poeta con pipa, es también el autor de esta declaración que pone en evidencia su condición de porteño: «Cuando se desencadena una tormenta el león da la cara al viento para que su melena no se enrede. Yo hago lo mismo: doy la cara a todos los problemas. Y así no me despeino.»

La declaración de intenciones del papa Francisco no es tan porteña, tan capilar. Entre otras razones porque los escudos heráldicos suelen utilizar más los símbolos que las palabras. Su lema pontificio es el siguiente: *Miserando apque eligendo*, es decir, «Lo miró con misericordia y lo eligió». Y en su escudo aparecen tres símbolos situados en forma de triángulo y sobre fondo azul. En la parte superior aparece un sol en cuyo interior se lee IHS (*Iœsus Hominem Salvator*), que es el monograma o símbolo de la Compañía de Jesús. En la parte inferior izquierda aparece una estrella de cinco puntas que, al estar sobre fondo azul, simboliza a la Virgen María. Y el nardo que aparece en la parte inferior derecha simboliza a san José. Y su anillo, el anillo del Pescador, no será de oro sino de plata dorada.

Sé que los jesuitas están contentos porque el nuevo papa es uno de ellos, aunque ya volaba libre desde que fue nombrado obispo. Jesuitas. Fueron poderosos, envidiados, criticados, temidos. Ahora solo son criticados por algunos. Vivir en la frontera, esa misión tan jesuita, conlleva esos riesgos.

El papa Francisco tiene perfil de jesuita, pero no acaba de tenerlo plenamente. Para mí un jesuita pleno era aquel Xavier Tilliette, afilado filósofo francés y brillante profesor durante muchos años en la Universidad Gregoriana de Roma, para quien la crisis del famoso Mayo del 68 significó el saqueo de una institución venerable, la universidad, y una conmoción de la que, según él, la Compañía de Jesús nunca se ha recuperado. Al lúcido Tilliette, lo descubrí gracias al también jesuita Josep Maria Benítez, quien con Valentí Gómez logró que apareciera en su libro *31 jesuitas se confiesan*.

Se ha arrinconado el tesoro de las reglas, la prioridad de las prioridades ya no es la vida religiosa comunitaria, que se ha roto en mil pedazos, sino la preocupación por la injusticia y la predilección por los pobres. Hermoso ideal que corre el riesgo de quedarse en meras palabras y ser irrealizable para la mayoría.

Tilliette, que había pasado su existencia realizando trabajos, según él, tradicionales, como son los de director, profesor, periodista y catedrático de universidad, reconocía haber asumido esas tareas más bien austeras convencido de que el humanismo jesuita es primordial y de que los intelectuales son la pupila de los ojos de la Compañía.

Parece que actualmente ya no es lo mismo y que se da preferencia a los ministerios directamente apostólicos. Creo más bien que se hace de la necesidad virtud. El reclutamiento no permite mantener un alto nivel de estudios y los superiores no disponen de individuos capaces de cubrir las vacantes a medida que se producen. Desde este punto de vista, el futuro de la Compañía es bastante sombrío. Se cierran casas y se amontona a los ancianos jesuitas en residencias dotadas de personal médico. Tal vez no hay otra solución, pero nos gustaría que este fracaso inevitable no fuese acompañado de un discurso eufórico que se ha convertido en ritual y que recuerda los comunicados de derrota durante la guerra.

El portavoz vaticano, Federico Lombardi, que es también jesuita, acaba de decir que la lectura del informe sobre los supuestos escándalos vaticanos no es lo primero que hará el nuevo papa. Parece, según Lombardi, que el nuevo pontífice tiene otras tareas más urgentes. Y, como era de esperar, Tarcisio Bertone, el secretario de Estado, ha sido confirmado en el cargo.

Pero eso y otras cosas son solo coyunturales.

50

Este martes, 19 de marzo del 2013, el día en Roma ha amanecido soleado y con solo unas cuantas nubes nada amenazadoras, que se mueven rápidas porque sopla un cierto viento, ese viento que si no abusa siempre favorece a las ceremonias en las que abundan los grandes paramentos eclesiales y los muchos minutos de obligada silla o trono.

El papa Francisco ha salido de la Casa Santa Marta a las 8:45. Al llegar a la plaza de San Pedro se ha apeado del *jeep* descubierto, ha cogido a niños y ha abrazado y besado en la frente a un hombre enfermo. No parecía tener prisa.

Luego, ha entrado en la basílica de San Pedro, se ha dirigido a la sacristía, situada cerca de donde se encuentra la *Piedad*, y tras ponerse los paramentos se ha dirigido a la tumba de Pedro, el primer papa, situada bajo el altar central de la basílica. Lo acompañaban los patriarcas y arzobispos mayores de las Iglesias orientales católicas. Es un acto que pretende simbolizar la unión de Occidente y Oriente.

Incienso, órgano, oración y cánticos.

Antes, cuando el papa ha entrado en la basílica de San Pedro, se ha escuchado el *Tu es Petrus* y han sonado varios toques interpretados por trompas de plata, que siempre procuran un sonido redondo y noble, según los entendidos.

—Tú eres Pedro y las puertas del infierno...

Francisco está nervioso. Además, le molesta que le cojan de los codos los ceremonieros. Pero es necesario. Los nervios del papa argentino provocan que hoy se le vea algo torpe de movimientos.

Tras permanecer unos minutos orando o reflexionando ante la tumba de Pedro, sube hasta el Altar de la Confesión y, desde allí, en una procesión de dos hileras formada por los cardenales, se dirige lentamente a la puerta central de la basílica de San Pedro.

Lo que ahora se escucha es el motete *Tu es pastor ovium* (Tú eres el pastor de las ovejas), compuesto por Pier Luigi da Palestrina.

Fuera, en la plaza de San Pedro, llama la atención un sij de larga barba blanca y altivo turbante, que aporta su ración de exotismo a la ceremonia. Y también los patriarcas orientales, sus barbas, sus tocados y sus velos mejoran y mucho la calidad plástica pero simbólica de la ceremonia. Oriente siempre atrae, quizá porque Occidente es nuestra costumbre. También hay representantes del islam, del buddhismo y del judaísmo. Incluso hay un jainista.

Los diáconos que acompañan al papa llevan el anillo del Pescador, el palio y el evangeliario. Y es ahora cuando se escuchan las *Laudes Regiæ* y se invoca a los santos, entre ellos, los papas que han alcanzado esa distinción, no los que aún son únicamente beatos.

Un sol generoso, primaveral, recibe a Francisco cuando vuelve a salir a la plaza de San Pedro. Entre los invitados, dos judíos tocados con kipá comentan algo entre ellos. Antes de iniciar la misa, el cardenal protodiácono coloca sobre los hombros del papa el palio, tejido con lana de cordero. El palio simboliza la oveja perdida que, tras ser encontrada por el pastor, este la carga sobre sus hombros mientras regresa a donde se encuentra el resto del rebaño.

Tras una oración pronunciada por el cardenal protopresbítero es el cardenal decano del Colegio Cardenalicio, Ángelo Sodano, quien le entrega el anillo del Pescador.

En ese intenso apretón de manos hay mucha más intención que la simple fraternidad, felicitación u obediencia.

Seis cardenales se acercan a la silla que ocupa el papa y le manifiestan acto de obediencia en nombre de todos los demás. No le gusta al papa argentino que se arrodillen ante él y parece querer impedirlo, pero no siempre se sale con la suya.

—El justo florecerá como una palma y crecerá como un cedro del Líbano plantado en la Casa del Señor.

Así suena una antífona.

Ciento treinta y dos delegaciones oficiales están hoy presentes en la plaza de San Pedro. A la entrada de la basílica, a la izquierda, están sentados los arzobispos, obispos y las delegaciones de otras Iglesias y confesiones cristianas. A la derecha se encuentran los jefes de Estado y de Gobierno, príncipes, ministros y quizá algún secretario general. Bajo la atenta mirada de la estatua de San Pedro, a la derecha, se encuentran las delegaciones de otras religiones, entre ellos judíos y musulmanes. Y tras ellos, expectantes y nerviosos, se puede ver a sacerdotes y seminaristas. A la izquierda, observados por la estatua de San Pablo, pueden verse los fracs, las bandas, medallas y demás negruras oficiales del cuerpo diplomático sazonadas con algún atuendo africano y asiático. Y más allá, de pie, con todas sus pancartas, se descubre a los fieles y turistas. La plaza no está llena.

—¿Se llama misa de entronización?

—No. Lombardi dijo ayer que el nombre oficial es «Misa del inicio del ministerio petrino del obispo de Roma».

—Este Francisco será humilde, pero no da puntada sin hilo.

La prensa es suya. De Francisco. De momento.

Los concelebrantes de la misa son ciento ochenta. Pero hay novedades. El papa Francisco, además de concelebrar la misa con todos los cardenales presentes en la plaza de San Pedro, lo hará también con dos sacerdotes españoles: el superior de los franciscanos menores, José Rodríguez Carballo, y el superior de los jesuitas, Adolfo Nicolás Pachón. Lo hispano parece comenzar a emerger oficialmente. Podría ser un símbolo. O un mensaje, un aviso.

Así lo cree un colega italiano.

—Quizá pretende resucitar las órdenes religiosas clásicas, pese a que va ser muy difícil porque casi todas ellas hace tiempo que sufren una larga agonía.

Además de los padres superiores españoles, también concelebrarán la misa seis patriarcas y arzobispos mayores orientales y el secretario del Colegio Cardenalicio.

Un niño aflequillado y rubio canta un salmo responsorial.

—…Y de generación en generación daré a conocer a través de mi boca tu felicidad.

La presencia conventual, quizá franciscana, se descubre en las sandalias que calzan dos frailes, probablemente de Asís, que avanzan flanqueando al diácono que porta el Evangelio y llevando dos largos cirios. Se ha pasado, pues, del oro a las sandalias. Y del trono al claustro. Ese trono que no parece sentarle bien al nuevo papa, porque este hombre ha nacido para moverse. Y para mandar.

El coro de la Capilla Sixtina, compuesto por veinticuatro cantores adultos y veinticinco niños, subraya o alerta con sus voces que va a proclamarse el Evangelio, en griego.

—*Sophia*...

—Sabiduría. Pongámonos de pie para escuchar el santo Evangelio.

El Evangelio se lee solo en griego, no en latín, que es lo que suele hacerse en las grandes solemnidades católicas. Y mientras el diácono lee en griego el Evangelio de San Mateo parece demostrarse una vez más que ese idioma, el griego, se ha hecho para cantar y decir con más profundidad, con más dimensión trascendente, las cosas y misterios de la fe.

Un coro de voces griegas convierte la plaza de San Pedro en algo muy parecido a uno de esos monasterios del monte Athos que aún se siguen rigiendo por el horario bizantino.

Uno de los sacerdotes jóvenes, presentes en la plaza de San Pedro, perteneciente a la archidiócesis de Madrid, no olvidará nunca este día. Pero tampoco el que vivió hace dos semanas, mientras los cardenales se reunían en el Aula del Sínodo para celebrar las congregaciones generales.

A hora muy temprana el sacerdote español se dispuso a celebrar misa en la basílica de San Pedro y, cuando se estaba revistiendo, se le acercó un sacerdote mayor que le preguntó si podía concelebrar con él. El joven sacerdote respondió que sí y le ofreció presidir la concelebración, pero el sacerdote mayor no aceptó.

Al acabar de concelebrar la misa fueron juntos a desayunar y el sacerdote mayor se interesó por la situación de la Iglesia en España. Fue al despedirse, al estrecharle la mano, cuando el sacerdote español se dio cuenta de que estaba hablando con un cardenal.

Al llegar a su oficina, el sacerdote español buscó en Internet y descubrió que aquel sacerdote, que acabó siendo un cardenal, es ahora el papa Francisco, que está a punto de pronunciar su homilía.

En la misa de hoy se ha anulado, también, la procesión de las ofrendas por parte de los fieles. Son los monaguillos quienes las llevan directamente al altar. Y tampoco dará comunión el papa a ningún fiel.

Ahí está Letizia, la princesa. Sin peineta, solo tocada con una ligera mantilla negra y pendiente de sus propias posturas. A su lado, la barba ya canosa del príncipe Felipe parece querer olvidar determinados correos electrónicos. Ha venido, también, el presidente español Mariano Rajoy, que está pero no está. Angela Merkel parece estar pensando en ella misma. O en su padre, que es o fue un pastor luterano. Unos metros más allá, siempre sereno y discreto, descubro al exprimer ministro italiano, Mario Monti, el perdedor.

Ahí está el presidente de Panamá. Y el de México. Y el de Chile. Y el de Ecuador. Y la presidenta de Brasil. Y la princesa de Holanda, la argentina Máxima Zorreguieta, tocada también con una ligera mantilla negra. Y el vicepresidente de Estados Unidos. Y el príncipe heredero de Bahréin, Sheik Abdullah bin Hammam. Y el presidente de Zimbabue, Robert Mugabe, feroz y con gafas de sol, que solo visita Europa cuando lo invita el Vaticano, porque es el único estado europeo que no lo considera *persona non grata*. A su lado, su mujer luce un espectacular, voluminoso y africano tocado azul. Está también el presidente de Portugal, Aníbal Cavaco Silva, que ayer, desde aquí, desde Roma, al referirse a ese corralito que amenaza a los pequeños ahorradores de Chipre, dijo que Europa, es decir, Angela Merkel, parece haber perdido el sentido común y que emigró hacia otros lugares.

Imponente la estampa de Bartolomé I, patriarca ecuménico de Constantinopla. Y la de Karekin II, el Katholikós armenio. Y la de Hilarión, el metropolitano del patriarcado de Moscú.

Pero yo busco con la mirada a la presidenta argentina, Cristina Krichner, actual ocupante de la Casa Rosada. Y cuando la descubro, esa cirugía estética suya me devuelve a una Argentina en la que se aseguraba que, desde María Estela de Perón, la segunda y fracasada Evita, casi todos los presidentes han sido clientes de videntes, brujos, pitonisas, tarotistas y otras especialidades similares cuyo oficio es vaticinar catástrofes, traiciones e incluso destruir maleficios.

En la época del presidente Duhalde los diarios y las radios hablaban de un tal Manuel Salazar, conocido como «el brujo de Duhalde», que cierto día convocó a los medios de comunicación para asegurarles que sus poderes naturales le fueron otorgados tras caminar descalzo sobre una alfombra de brasas encendidas con objeto de destruir el maleficio que pesaba sobre los gobernadores que no alcanzaban la presidencia del Estado argentino.

—Yo no digo pavadas, señores. Yo vaticino y digo lo que veo. Yo acabé con aquello que antes parecía imposible.

El expresidente Carlos Menem, cuando ocupaba la Casa Rosada, no tenía necesidad de consultar a brujos o adivinos porque, en estos asuntos, él se consideraba un elegido. Durante uno de los encuentros que se celebran anualmente en Davos y al que asisten los principales jefes de Estado, Menem sorprendió a sus homólogos al pasear por la nieve en mangas de camisa.

—Esto para mí es muy sencillo. Yo me digo a mí mismo que no tengo frío y no lo tengo. Es una práctica de control mental. A mí me da mucha risa todo eso de la *new age*. Yo siempre he tenido todas estas técnicas espirituales y esotéricas dentro de mí.

Quizá es demasiado grosero o inoportuno pensar ahora mismo en aquellos trajes del poder argentino, aquellos trajes de alpaca, relucientes como la más feroz y altiva de las hojalatas. Lo es.

Poder, poderes. La voz del papa argentino habla en su homilía del poder.

—No olvidemos nunca que el verdadero poder es el servicio y que también el papa para ejercer el poder debe estar cada vez más cerca de los humildes.

También introduce un mensaje inequívocamente franciscano dirigido a los políticos.

—Seamos custodios de la Creación.

Dos colegas brasileños aventuran que lo que han escuchado estos días en algunos restaurantes y bares romanos puede hacerse realidad.

—Todos dicen de este papa que o bien afloja o lo pasara mal, muy mal.

—Pagará caro lo que dijo el otro día en la audiencia.

—¿A qué te refieres?

—A eso de que quiere un Iglesia pobre y para los pobres.

—Dijo que le gustaría.

—Es lo mismo. El problema es que con tanta pobreza igual se puede ayudar muy poco a los pobres.

Mientras observo el escudo del papa Francisco recuerdo la última vez que hablé con el cardenal Urbano Navarrete, también jesuita y que fue maestro de canonistas y rector emérito de la Universidad Pontificia Gregoriana. Nunca debió de imaginar que uno de los suyos llegaría a ser papa.

—¿Un jesuita es un hombre de pensamiento y acción?

—No todos los ministerios exigen un talento y una capacidad de acción excepcionales. El mismo san Ignacio entendió que no todos los jesuitas debían ser doctores de la Sorbona.

—¿Se acabó la leyenda negra?

—Hoy pueden perjudicar más al apostolado de la Compañía ciertas campañas de prensa.

—¿A qué campañas se refiere?

—A las que, a veces, se sustentan en una simple opinión personal de algún jesuita (fruto de la libertad personal de la que gozamos) presentada como si esa opinión fuera compartida por todos o la mayor parte de jesuitas.

—¿Aconsejaba Ignacio de Loyola no rehuir la política terrenal?

—No es fácil responder a esa pregunta. Por una parte, no cabe duda de que el influjo que Ignacio, personalmente, tuvo en la política fue muy grande. Sintetizando mucho le diría —y así consta históricamente— que en los siglos XVII y XVIII la presencia de algunos jesuitas palaciegos no fue positiva ni para la política ni para ellos, en cuanto a religiosos.

—¿Y en los tiempos actuales?

—En los tiempos actuales, los jesuitas, como los demás religiosos, no debemos meternos en la política. Pero obviamente no está prohibido ilustrar, como hicieron nuestros grandes clásicos, los principios morales y jurídicos que deben regir la sociedad humana, sea cual fuere el sistema político elegido en concreto por esa misma sociedad en cada momento histórico.

—Cuénteme con palabras sencillas a qué llaman ustedes *obediencia ignaciana.*

—Quien no tiene ni idea de lo que es la obediencia ignaciana ha podido caricaturizarla por algunas frases que tiene en sus escritos, susceptibles de falsas interpretaciones. Para quien vive plenamente el espíritu ignaciano el objeto de la obediencia puede ser difícil. Por ejemplo, lanzarse a evangelizar Oriente sin contar con medios humanos, que fue lo que hizo Javier. Pero el acto de obediencia en sí mismo puede ser aceptado con mucha consolación espiritual.

Observo al papa Francisco, que poco a poco va recuperando su aplomo, y no puedo evitar pensar en el consejo que acaba de enviarle a través del *Vatican Insider* el amigo Marco Tosatti. Le ha recordado que el santo de Asís, aquel primer Francisco, comenzó su andadura en solitario, pero pronto se le unieron amigos y compañeros como Bernardo de Quintavelle, Pietro Cattani, fray Egidio y otros más. Tosatti está plenamente convencido de que la «selva» curial no es menos oscura que los bosques de Umbría.

«Tal vez sería oportuno, pues, que eligiera a un compañero de confianza para este viaje que acaba de iniciar.»

Tosatti se refiere a un secretario de su máxima confianza. Y yo me atrevo a añadir un secretario de Estado también de su máxima confianza.

Cuando acaba la misa me acercó al cardenal Julián Herranz, el jefe de los *detectives* vaticanos, que hicieron posible ese informe que Benedicto XVI ha puesto en manos de su sucesor, el papa Francisco.

El cardenal Herranz tiene el perfil aparentemente severo, pero es una persona cordial y con mucho sentido del humor. Pero es también, ay, un hombre de palabra.

—Cardenal Herranz, ¿sabremos alguna vez lo que contiene el famoso informe?

—¿Usted sabe lo que es un pacto?

—Sí.

—Pues entonces no debería preguntarme nada relativo a eso que usted ha calificado como «el famoso informe».

—¿Podría decirse...?

—Entiendo que su obligación es preguntar, pero la mía, en el tema que a usted le interesa, es guardar silencio, ser fiel a la palabra dada, respetar un pacto. Me tengo por una persona de palabra.

—Lo sé, pero...

—No insista, por favor. Le pido que entienda que mi obligación es guardar silencio, respetar un pacto, dejarlo todo en manos del Santo Padre sin hacerme intérprete de nada.